에게해의 시대

고대 그리스 문명의 충돌, 자유를 향한 끝나지 않은 싸움

에게해의 시대

송동훈 지음

시공사

일러두기

1. 지명, 인명 등의 고유명사는 출신지의 발음 및 표기를 기준으로 삼아 우리에게 익숙한 방식에 따랐다.
   예) 알렉산더 대왕Alexander the Great → 알렉산드로스 대왕Alexander the Great, 미틸레네Mytilene → 미틸레네Mytilene
2. 모든 고유명사의 원어는 영어 표기로 대체하되, 로마 인명의 경우 라틴어 표기를 따랐다.
   예) 페리클레스Περικλῆς → 페리클레스Pericles, 마르쿠스 안토니우스Mark Anthony → 마르쿠스 안토니우스Marcus Antonius
3. 주요 등장인물은 인명과 함께 국왕은 재위 연도, 그 외 인물은 생몰년을 병기했다. 생몰년 및 재위 연도는 《브리태니커》백과사전에 등재된 내용을 기준으로 했다.
4. 영어 표기는 《브리태니커》백과사전에 등재된 단어를 기준으로 했다.
   예) 카이로네이아Chaeroneia → 카이로네이아Chaeronea
5. 지명의 경우, 역사 용어를 살려 당대의 표기를 따르고, 필요 시 오늘날의 지명을 병기했다.
   예) 헬레스폰트Hellespont 해협(오늘날 다르다넬스Dardanelles 해협)

살라미스에서 자유를 위해 목숨을 걸었던
시민들에게

머리말

　에게해를 중심으로 펼쳐진 그리스와 터키는 문명과 역사, 신화와 영웅의 고향이다. 역사에 이름을 남긴 유적지와 역사를 만든 격전지가 즐비하다. 그러나 오랜 시간의 풍파는 많은 것을 남겨놓지 않았다. 역사를 충분히 알고, 상상력을 한껏 동원하지 않으면 허탈할 수밖에 없다. 물론 역사와 상상에 기대어도 벅찬 감동의 끝에 오는 비애의 감정을 벗어나기 어렵다. 인간이 그러하듯, 인간이 만든 문명과 제국은 필멸을 피할 수 없다.
　역사 속에 영원히 기억되는 것과 영원히 역사를 만들어가는 것은 다르다. 전자는 가능하고, 후자는 불가능하다. 5,000년이라는 역사에서 '시작이 있다면 끝이 있다'는 필멸의 운명을 비껴간 예는 단 한 번도 없다. 위대한 문명도, 강력한 제국도 결국은 멸망했고, 사라졌다. 그런 문명과 제국이 남긴 유적 앞에서 느끼는 비애야말로 역사를 배워야 하는 가장 강력한 동인이다. 흥망성쇠의 원인을 알아야 해야 할 일과 하지 말아야 할 일을 구별하게 된다. 구별한 것을 실천에 옮겨야 쇠락을 직접 맞닥뜨리는 순간을 조금이라도 늦추게 된다. 문제는 우리 사회가 역사를 중요하게 여기지 않는다는 것이다. 더 심각한 건 그나마 조금 가르치고, 배우는 역사도 우리 현실과는 동떨어진 경우가 대부분이라는 것이다.

6

펠로폰네소스 전쟁의 예를 들어보자. 이 전쟁의 역사적 의미는 실로 지대하다. 오늘날까지도 여러 분야의 수많은 학자들이 이 전쟁을 연구한다. 이를 토대로 다른 세계적인 전쟁을 분석하고, 다가올 전쟁을 예측한다. 펠로폰네소스 전쟁을 한 편의 영화에 비유한다면 주연은 아테네와 스파르타였다. 역사에 어느 정도 흥미를 가진 사람이라면 알 만한 사실이다. 페르시아 제국이 주연급 조연을 맡았고 코린토스, 테베, 시라쿠사가 조연으로 등장한다. 이는 역사에 제법 관심이 있는 사람이어야 아는 사실이다. 에피담노스, 포티다이아, 암피폴리스, 플라타이아이, 미틸레네, 멜로스라는 단역을 기억하는 사람은 얼마나 될까? 이 주제를 전문적으로 연구했거나 배운 사람이 아니라면 알기 어렵다. 만약 이런 전쟁이 오늘날 벌어진다면 우리나라의 위치는 어디일까? 주연은 아니다. 조연과 단역 사이 어디쯤일 것이다. 그것이 냉정하고 현실적인 평가다.

다시 역사로 돌아가보자. 펠로폰네소스 전쟁의 승자는 누구인가? 스파르타다. 아테네는 졌고, 스파르타의 동맹이었던 페르시아는 크게 덕을 봤다. 스파르타와 손잡았던 코린토스, 테베, 시라쿠사 역시 살아남는 데는 성공했지만 원했던 만큼의 보상을 얻지는 못했다. 그렇다면 우리가 알지도 기억하지도 못하는 단역들은 어떻게 됐을까? 모두 비참한 최후를 맞았다. 단역의 폴리스들은 스파르타 편이기도 했고, 아테네 편이기도 했다. 전쟁 와중에 이리저리 편을 바꾸기도 했다. 무모한 폴리스도 있었고, 신중한 폴리스도 있었다. 용감하기도 했고, 비겁하기도 했다. 그렇다고 결과가 바뀌지는 않았다. 단역의 폴리스들은 멸망했거나 거의 무너져 내렸다. 주민들은 서로의 손에 죽거나 적의 손에 살해됐다. 가까스로 살아남은 이들은 노예로 팔리거나 노예나 다름없는 삶을 이어가야 했다. 전쟁이 끝난 이후에 재건되기도 했지만 이름만 같을 뿐 전혀 다른 폴리스였다.

가장 유명하고 인상적인 멸망의 이야기는 멜로스섬에 관한 것이다. 멜로스섬은 키클라데스 제도에서 유일하게 델로스 동맹에 가입하지 않았다. 스파르타와 같은 도리스인이었으니 당연한 선택이었다. 작은 섬이었기 때문에 아테네는 굳이 강제로 멜로스를 델로스 동맹에 가입시키려 하지는 않았다. 그러나 펠로폰네소스 전쟁이 터지고 장기간 계속되자 상황이 바뀌었다. 아테네는 이 작은 섬이 자신들의 권위를 무시하는 것을 더이상 방치할 수 없었다. 바다가 온전히 아테네의 것임을 만천하에 과시하기 위해서라도. 바다에서 멜로스를 봉쇄한 아테네는 전투에 앞서 사신을 보내 항복을 권유했다. 아테네 사신들과 멜로스 정무관들 사이에 오간 긴 대화가 투키디데스의 《펠로폰네소스 전쟁사》에 상세히 기록되어 있다. 아테네 사신들의 이때 발언을 요약하자면, 전쟁 발발 직전인 기원전 432년 스파르타로 간 아테네 대표들의 주장과 같다.

우리가 우리에게 주어진 제국을 받아들이고 또 포기하지 않는 것은 놀라운 일도, 본성에 어긋나는 일도 아니다. 우리는 가장 강력한 동기, 즉 명예, 공포, 이기심에 정복되었기 때문이다. 그리고 우리가 처음 이렇게 행동하는 것도 아니다. 약자가 강자 밑에 놓이는 건 언제나 숙명이었다.

강자 아테네인은 당당하게 약자 멜로스인에게 복종을 요구했다. 그것이 피할 수 없는 운명이라며. 멜로스는 거부했다. 스파르타가 도울 것이라 믿었다. 자신의 대의가 옳기 때문에 신들이 호의를 베풀 것이라 여겼다. 마지막으로 막연한 희망에 기댔다. 멜로스를 굴복시키겠다는 아테네의 의지와 힘은 읽지 못했다. 멜로스를 도울 수 없는 스파르타 국력의 한계는 파악하지 못했다. 아테네와 멜로스 사이의 전쟁(그것을 전쟁이라 부를 수 있다면)은 시작됐다. 멜로스는 결국 굶주림과 절망 속에서 항복했다. 아테네는 모든 남자를 죽였고 여자와 아이들은 노예로 팔았다. 그렇게 원래의 멜로스는 사라졌다.

펠로폰네소스 전쟁이라는 격렬한 투쟁 속에서 수많은 작은 폴리스들이 똑같이 멸망을 향해 내달았다. 냉정하게 생각해보자. 우리가 배워야 하는 역사는 아테네와 스파르타가 아니라 멜로스 아닐까? 기분 나쁠 필요도 자존심 상할 이유도 없다. 역사는 좋고 나쁨의 문제가 아니다. 옳고 그름의 문제도 아니다. 우리에게 주어진 잔인한 현실이다. 에게해를 무대로 펠로폰네소스 전쟁과 같은 제국의 투쟁은 500년 가까이 격렬하게 펼쳐졌다. 그리스 세계와 페르시아 제국의 문명의 충돌도 있었다. 처음 있었던 충돌도 아니고, 마지막 투쟁도 아니었다. 역사가 시작된 이래 지금까지 계속되는 보편적 현상의 하나다.

오늘날 미국과 중국의 충돌이 대표적인 예다. 세계적인 강대국인 미국과 지역 강국을 넘어 더 큰 꿈을 꾸기 시작한 중국. 두 나라의 충돌은 불가피한 숙명으로 막 시작됐다. 이제 우리는 더욱 현명해져야 한다. 지정학적으로 미국과 중국 사이에 정확하게 끼어 있기 때문이다. 우리와 같은 처지지만 주연급 조연인 일본의 전략적 입장은 명확하고 단순하다. 미국 편이다. 일본은 한때 짧은 기간이나마 아시아를 지배했던 제국이었다. 그때의 경험을 통해 제국이 가진 힘의 근원과 한계를 알고 있다.

우리의 처지는 일본보다 복잡하다. 제국을 만들어본 적도, 살아남기 위해 치열하게 제국을 연구한 적도 없다. 19세기부터 20세기 초에 이르기까지 비루하게 이어진 조선의 멸망 과정이 이를 증명한다. 우리는 냉혹한 국제정치의 작동 원리에 무관심하고, 제국들의 힘과 의도에 무지하다. 아테네의 공격을 눈앞에 둔 멜로스와 같은 처지라면 억측일까? 여기에 북한이라는 변수가 위험과 불확실성을 배가한다. 우리가 역사를 배우고 현명해져야 하는 첫 번째 이유가 여기 있다. 그리고 우리나라가 민주주의 국가라는 것이 두 번째 이유다.

이 나라의 주인은 그 누구도 아닌 우리 모두다. 그것이 민주공화국의 기본 원리다. 대국은 소인이 다스려도 된다. 그러나 소국은 소인이 통치하면 망한다. 아이러니는 나라를 망친 소인이 망국 후에도 살아남아 부귀영화를 누리는 것이다. 고통, 슬픔, 절망은 오로지 나머지 공동체 구성원들의 몫이다. 조선의 멸망 과정에서도 그러했다. 민주공화국의 주인인 우리가 현명해져야 리더도 나아진다. 그래야 이 비정한 투쟁의 시기에 살아남고, 100년 전 역사를 되풀이하지 않을 수 있다.

이 책의 지리적 배경은 지중해 동부에 위치한 문명의 바다 에게해다. 시간적으로는 기원전 6세기부터 기원전 1세기에 걸친 500년간이다. 멀고 낯설게 느껴질지 모르지만 그 속에서 펼쳐지는 끊임없는 문명의 충돌과 제국의 투쟁은 오늘날 우리 주변에서 일어나는 일과 다르지 않다. 이 책은 도전하는 청춘들을 위한 것이다. 동시에 위기의 시대에 생존을 모색하는 이 땅의 모든 깨어 있는 혹은 깨어나고자 하는 시민들을 위한 것이다.

책이 나오기까지 많은 분의 도움을 받았다. 함께 일하는 이현진, 송주영, 김미연 세 분과 시공사의 김예지, 김지연 님에게 특별한 감사의 마음을 전한다.

2020년 6월
송동훈

펠로폰네소스 전쟁

알렉산드로스 전쟁

헬레니즘 전쟁

페르시아 전쟁

테르모필레 ●

플라타이아이

● 마라톤

살라미스

● 아테네

에 게 해

● 사르디스

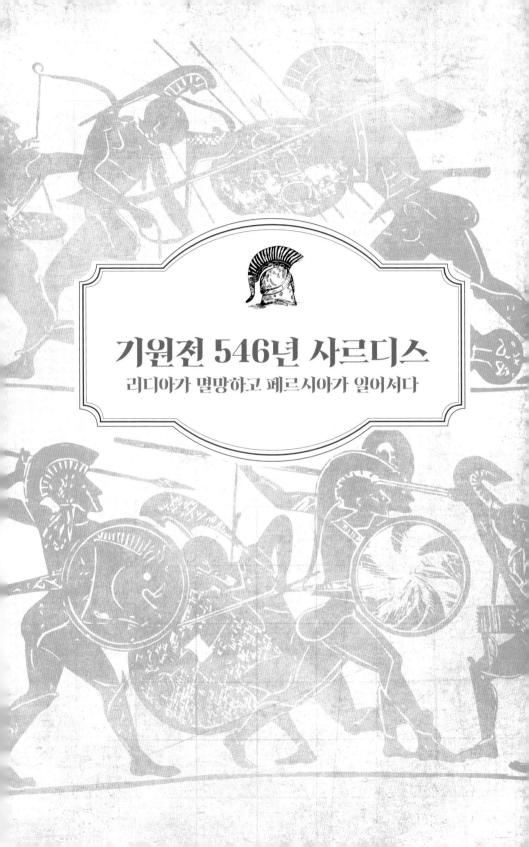

기원전 546년 사르디스

리디아가 멸망하고 페르시아가 일어서다

"솔론이여, 솔론이여, 솔론이여!"

크로이소스Croesus, 재위 B.C. 560?~546?는 오랜 침묵을 깨고 깊게 탄식하며 아테네 출신의 현인 솔론Solon, B.C. 630?~560?의 이름을 세 번 불렀다. 결박된 채 거대한 화장용 장작더미 꼭대기에 올라선, 불태워지기 직전의 절박한 상황에서였다. 왜 하필 솔론이었을까? 언젠가 솔론이 크로이소스에게 "인간은 살아 있는 한 그 누구도 행복하지 못하다"고 충고한 적이 있었기 때문이다. 이 말을 들었을 때 크로이소스는 권력의 절정에서 인생의 황금기를 누리고 있었다. 그런 크로이소스에게 솔론의 충고는 부질없었고, 불쾌했다. 그는 솔론을 냉담하게 떠나보냈으며 그저 잘난 척이나 하는 바보 정도로 치부했다. 이제 모든 것을 잃고 자신이 다스리던 왕국의 수도 한복판에서 비참하게 죽기 직전에 이르러서야 크로이소스는 솔론이 했던 이야기의 참뜻을 깨달은 것이다.

페르시아의 대왕 키루스Cyrus the Great, 재위 B.C. 550~529는 문득 궁금해졌다. 지금 자신의 눈앞에서 불태워져 죽을 운명에 처한 가련한 크로이소스는 어제까지만 해도 리디아Lydia 왕국의 당당한 지배자였다. 리디아 왕국은 풍요롭고 강력했으며, 크로이소스는 전설적인 부자였다. 그런 그가 죽음을 앞둔 상황에서 세 번이나 부른 '솔론'은 어떤 존재일까? 키루스는 크로이소스에게 솔론이 누구인지 물었다. 크로이소스가 대답하지 않자 실토할 때까지 다그쳐 물었다.

결국 크로이소스는 "모든 왕이 천금을 주더라도 반드시 만나서 이야기를 들어봐야 할 인물"이라며 예전에 솔론이 자신의 왕궁을 찾아왔을 때의 일화를 들려주었다. 크로이소스의 이야기를 들은 키루스는 큰 깨달음을 얻었다. 자신도 한낱 인간이면서 자기 못지않게 엄청난 행운과 권력을 누렸던 다른 인간을 산 채로 불태우려 했던 결정을 깊이 후회했다. 혹시나 승리에 도취해 벌인 잔인한 결정 때문에 천벌을 받을까 두렵기도 했고, 인생이 무상하다는 생각도 들었다. 키루스는 마음을 고쳐먹고 크로이소스를 풀어줬고, 포로가 아닌 친구로 삼는 관용을 베풀었다. 고대 세계에서 가장 강력했다는 페르시아의 왕 키루스, 가장 부유했다는 리디아의 왕 크로이소스, 그리고 가장 현명했다는 아테네의 현인 솔론. 도대체 이 세 사람 사이에는 무슨 일이 있었던 것일까?

리디아와 솔론에 대한 이야기

소아시아(오늘날 터키에 해당하는 지역) 서부에는 기원전 1200년경부터 리디아 왕국이 자리 잡고 있었다. 소아시아 중부의 히타이트Hittite 제국이 몰락한 직후부터였다. 워낙 풍요로운 지역이었기 때문에 리디아는 번영했고 기원전 560년 크로이소스가 왕위에 오르면서 전성기를 누렸다. 크로이소스는 이오니아Ionia의 그리스 폴리스들을 성공적으로 굴복시킨 최초의 리디아 왕이었다. 델포이Delphi 신탁을 애용할 만큼 친親그리스적이었던 크로이소스는 우호적인 참주僭主들을 통해 폴리스를 적당히 통제하는 데 만족했기 때문에 둘 사이에는 큰 분란이 없었다.

크로이소스와 솔론이 인연을 맺은 시기는 확실치 않다. 그리스의 대大

흑해

리디아

아테네

에게해

신바빌로니아

지중해

페르시아

이집트

페르시아만

홍해

아라비아해

역사가 헤로도토스Herodotus, B.C. 484?~420?에 따르면 솔론은 아테네에서 입법을 끝내고 세상을 여행할 때 리디아 왕국의 수도인 사르디스Sardis를 방문했다.

솔론은 현인으로 명성이 높았기 때문에 크로이소스는 그를 궁전에서 맞아 환대했다. 며칠 뒤 크로이소스는 시종들을 시켜 솔론에게 자신의 대단한 보물 창고를 보여주며 과시했다. 그러고 나서 솔론에게 "이 세상에서 누가 가장 행복하냐"고 물었다. '크로이소스'라는 답을 기대했지만 솔론은 '아테네의 텔로스Tellus of Athens'를 가장 행복한 사람으로 꼽

그리스의 역사가 헤로도토스
(메트로폴리탄 미술관).

〈솔론에게 보물을 보여주는 크로이소스〉(Gaspar van den Hoecke, 1630년대).

았다.

부유한 왕이 이유를 묻자 솔론은 "텔로스는 번성하는 폴리스에 살았고, 훌륭하고 탁월한 아들들과 손자들을 두었고, 적당히 부유했고, 조국을 위해 싸워 적을 물리치고 아름답게 죽었고, 아테네인들은 그를 기려 국비로 무덤을 만들어 텔로스의 명예를 드높였다"고 대답했다. 솔론의 답에는 그리스인이 추구하는 행복의 조건이 모두 들어 있었다.

크로이소스는 "텔로스 다음으로 행복한 사람은 누구냐"고 다시 물었고, 솔론은 "아르고스Argos의 클레오비스Cleobis와 비톤Biton 형제"라고 답했다. 이유는 비슷했다. 두 번째 답에서도 자신의 이름이 나오지 않자 왕은 솔론이 자신의 행복을 무시하고, 평범한 사람들보다 못하다 여긴다고 화를 냈다. 그러자 솔론은 "인생이란 내일을 알 수 없는 것이기에 죽기 전까지는 행복했다고 말할 수 없다"며 크로이소스왕을 '행복한 사람'으로 꼽지 않은 이유에 대해 설명했다. 그러나 부와 권력, 명성의 절정에 서 있었던 왕은 솔론을 바보라 생각했고, 냉담하게 떠나보냈다. 이른바 역사 속에서 수없이 되풀이되는 휴브리스hubris(교만)였다. 결국 크로이소스는 그 대가로 네메시스nemesis(천벌)를 받게 되는데, 그것 또한 순전히 자기 탓이었다.

메디아와 리디아를 멸망시킨 페르시아의 키루스 대왕

크로이소스가 리디아의 왕위에 오를 무렵, 페르시아(오늘날 이란 남부)에서는 키루스가 등장했다. 훗날 대왕이자 정복자라 불리게 될 키루스는 기원전 6세기 중동의 강국이었던 메디아Media 왕국을 정복하면서 역사에 데뷔했다(B.C. 550). 메디아 왕국은 중동 역사상 가장 강력한 제국이었던 아시리아Assyria를 멸망시키며 화려하게 등장했지만(B.C. 612), 그 영광을 오래 지키지는 못했던 것이다. 키루스는 탁월한 정복자인 동시에 정치가였다. 그는 '관용'이란 강력한 정책을 내세워 정복 지역을 동화시켜나갔다.

메디아 왕국의 갑작스러운 멸망과 페르시아 왕국의 예기치 못했던 부상에 리디아 왕 크로이소스는 긴장했다. 그는 페르시아 세력이 더 커지기 전에 성장세를 꺾어야 한다고 생각했다. 그러나 왕의 입장에서 전쟁은 함부로 결정할 문제가 아니었다. 이기면 얻을 게 많은 만큼 지면 잃을

흑해

페르시아

아테네

에게해

신바빌로니아

지중해

이집트

페르시아만

아라비아해

것도 만만치 않기 때문이다. 크로이소스는 신중하게 명성 높은 델포이 신탁에 엄청난 재물을 바친 후 페르시아와 전쟁을 해야 하는지 물었다. 답은 다음과 같았다.

"만약 크로이소스가 페르시아와 전쟁을 하면 대국을 멸하게 될 것이다."

크로이소스는 크게 기뻐하며 자신이 키루스의 신흥 왕국을 멸할 것이라고 확신했다. 전쟁은 리디아 군대가 할리스Halys강(오늘날 키질이르마크강)을 건너며 시작됐다(B.C. 547). 양 군대는 카파도키아Cappadocia의 프테리아Pteria 땅에서 격돌했다. 전투는 치열했다. 키루스에게는 탁월한 군사적 재능이 있었지만, 리디아의 저력 역시 만만치 않았다. 양측 모두가 수많은 전사자를 냈으나 결과는 무승부였다.

에게해의 시대

크로이소스는 철수를 결정했다. 군대를 보강해서 다시 오기 위함이었다. 수도 사르디스에 도착한 크로이소스는 군대를 해산하고 그로부터 4개월 뒤에 다시 집결하라고 명했다. 키루스는 전략의 대가답게 크로이소스의 행동을 예상했다. 그는 지친 군대를 독려해 빠르게 크로이소스의 뒤를 쫓았다. 헤로도토스의 멋진 표현대로 키루스는 '자신이 자신의 진격을 알리는 전령으로서' 크로이소스 앞에 나타났다.

크로이소스는 당황했으나 절망하지는 않았다. 당시 아시아에서 리디아인들보다 용감하고 강력한 기마 민족은 없었다. 군대를 해산시켰다고 해도 수도 사르디스와 인근에는 여전히 대군이 주둔하고 있었다. 결국 승패를 가른 건 키루스의 용병술이었다. 키루스는 보급품을 운반하기 위해 군대를 뒤따르던 낙타를 말처럼 활용해 크로이소스의 기병대와 맞서게 했

그리스 중부 파르나소스산 중턱에 있는 델포이의 현재 모습. 고대 그리스 세계의 가장 명성 높은 신탁의 중심지였다.

다. 말은 낙타를 무서워해 모습이나 냄새를 못 견딘다는 점을 이용한 것이다. 키루스의 작전은 다시 한 번 적중했고, 리디아가 자랑했던 무적의 기병대는 무력하게 흩어졌다. 크로이소스는 전투에서 패배했으며 포위된 사르디스 성에 갇혔다. 그 뒤 14일째 되는 날, 키루스는 성을 점령하고 크로이소스를 포로로 잡았다.

델포이의 신탁은 실현됐다. 크로이소스는 전쟁을 시작했고, 신탁이 예언한 대로 대국을 멸했다. 그러나 멸망의 대상은 페르시아가 아닌 자신의 왕국이었다. 크로이소스가 정말로 현명했다면, 그때 다시 한 번 물었어야 했다. 자신이 멸하게 될 대국이 어느 왕국인지. 돌이켜 보면 크로이소스는 솔론을 대할 때나, 델포이 신탁을 해석할 때나, 키루스와 싸울 때나 매번 조금씩 부족했다. 그 결과로 크로이소스는 모든 것을 잃었고, 적에 의해 불태워지기에 이르렀던 것이다. 다행히 마지막에 깨달음을 얻어 솔론의 이름을 세 번 외침으로써 구원받았지만 뒤늦은 앎이었다.

성장하는 제국 페르시아

페르시아는 리디아를 손에 넣음으로써 에게해Aegean Sea까지 진출할 수 있었다. 크로이소스에게 복속됐던 이오니아의 그리스계 폴리스들은 이제 키루스의 지배를 받아들여야 했다. 이때까지는, 아니 그 후로도 오랜 기간 동안 누구도 페르시아 제국과 그리스 문명의 조우가 얼마나 격렬한 충돌을 낳게 될지 몰랐다. 그 결과가 세상을 송두리째 뒤바꿀 것이라는 사실도.

어쨌든 리디아 왕국을 정복했을 때 페르시아인들에게는 이오니아의 폴리스들을 비롯한 그리스 세계는 전혀 중요하지 않았다. 키루스의 다음 목표는 메소포타미아Mesopotamia에 자리 잡은 신新바빌로니아 왕국Neo-Babylonian Empire이었다. 중동 지역에서 가장 오래됐고, 풍요로운 땅 메소포타미아. 그리고 그 중심인 바빌론Babylon. 이곳을 손에 넣으려는 욕망은 중동의 모든 왕국과 정복자에게 자연스러운 현상이었다. 당시의 신바빌로니아 왕국은 기원전 612년 메디아 왕국, 북방의 스키타이인Scythian이 힘을 합쳐 아시리아 제국을 멸망시킨 이후에 세워졌다. 팔레스타인Palestine의 유다Judah 왕국을 정복하고 유대인들을 대거 바빌론으로 이주시킨 바빌론 유수(B.C. 598?~538?)의 주인공, 네부카드네자르왕Nebuchadnezzar Ⅱ, 재위 B.C. 605?~561? 시절이 전성기였다.

바빌론을 중심으로 메소포타미아를 지배했던 신바빌로니아 왕국은 나보니두스왕Nabonidus, 재위 B.C. 556~539이 즉위하면서부터 흔들렸다. 나보니두스가 바빌론의 토착 신 마르두크Marduk를 숭배하지 않아 백성들과 불화했기 때문이다. 특히 마르두크를 모시던 사제 집단과의 갈등은 심각했다. 나보니두스는 주변 강국이었던 메디아 왕국과 리디아 왕국이 차례로 페르시아에 정복당하는 것을 보면서도 내분을 봉합할 생각을 하지 않았다. 메소포타미아와 바빌론을 소유할 자격이 없는 왕이었던 셈이다.

덕분에 키루스의 신바빌로니아 왕국 정복은 신속하고 수월하게 이뤄졌다. 백성들은 키루스를 해방자로 환영했고, 마르두크의 사제들은 키루스를 축복했다. 기원전 539년 10월, 고대 세계의 가장 위대한 도시 바빌론이 그의 앞에 무릎을 꿇었다. 신바빌로니아 왕국을 정복함으로써 키루스는 왕국에 포함되어 있던 시리아와 팔레스타인도 전리품 목록에 추가했다. 키루스는 중동 역사상 가장 넓은 영역을 차지한 대제국을 건설했다. 그가 세운 페르시아는 앞으로 더 성장할 운명이었지만, 키루스가 정

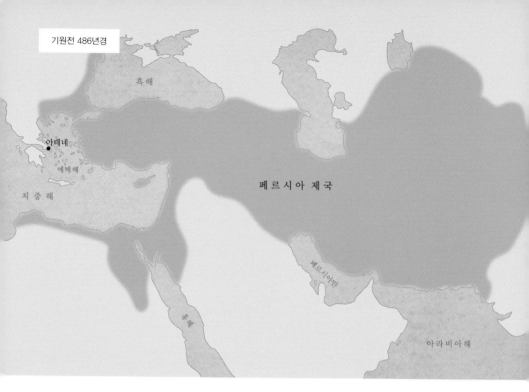

흑해

아테네

에게해

지중해

페르시아 제국

페르시아만

홍해

아라비아해

복한 지역만으로도 세상에 없던 제국이었다.

　그러나 넓은 땅을 정복하는 것과 정복한 지역을 잘 통치하는 일은 다른 문제다. 정복은 막강한 군대만으로 충분하다. 통치는 군대만 믿고 할 수 없다. 그런 의미에서 키루스는 위대한 정복자인 동시에 탁월한 통치자였다. 그는 페르시아 이전에 중동 지역에서 명멸했던 많은 제국과 다른 통치 방식을 선택했다. 바로 관용이었다. 키루스왕은 정복지의 주민들이 지켜왔던 기존의 종교와 관습을 존중했다. 페르시아 제국은 그러한 포용과 다양성을 토대로 그 전의 1,000년 동안 누구도 만들어내지 못한 드넓은 제국을 건설했고, 오랜 세월 평화를 유지했다.

　키루스는 제국의 위협 요소 중 하나였던 북방의 유목 민족을 제압하기 위해 출전했다가 전사했다. 정복자에게 어울리는 최후였다. 키루스의 아들 캄비세스 2세Cambyses II, 재위 B.C. 529~522는 제국에 이집트를 추가했다. 제국의 전성기는 '대왕'이라 불리는 다리우스 1세Darius I, 재위 B.C. 522~486 때 찾아왔는데 그는 제국의 경계를 서쪽으로는 유럽의 마케도니아Macedonia까지, 동쪽으로는 인더스Indus 계곡까지 넓혔다. 이로써 페르시아는 이집트에서 인도 국경 지대에 이르는 거대한 영토를 토대로 한 전무후무한 제국이 됐다.

페르시아인들은 당시 사람들에게 알려진 거대한 문명 지대를 통합했고, 질서를 부여했으며, 지속 가능토록 했다. 한마디로 페르시아는 '제국'을 창조한 것이다. 그러나 이 제국은 머지않아 그리스계의 작은 폴리스들로부터 도전받게 된다. 선두에는 '민주주의'라는 낯설고 기이한 제도를 만들어낸 아테네라는 폴리스가 서 있을 터였다. 페르시아는 물론이고 그 이전 1,000년 동안 중동의 어떤 제국도 눈여겨보지 않았던, 아니 눈여겨볼 필요가 없었던 보잘것없는 폴리스가.

기원전 509년 아테네

최초의 민주주의 국가가 탄생하다

"아테네의 모든 권력은 시민 모두에게 있습니다. 이제는 시민 여러분이 이 위대한 도시의 주인으로서 직접 권력을 행사해야 하지 않겠습니까?"

폭풍 같은 충격이 아테네 사회를 강타했다. 어느 누구도 클레이스테네스 Cleisthenes, B.C. 570?~508?가 이런 주장을 할 것이라고 예상치 못했기 때문이다. 어떤 역사에도 기록된 적 없고, 어떤 공동체도 시도해본 적 없는 뚱딴지 같은 제안이었다. 혹시 클레이스테네스가 미친 것일까? 아니면 권력을 잡기 위해 장난을 치는 것일까? 사람들은 믿을 수도 없었고, 이해할 수도 없었다. 그의 출신 배경 역시 이와 같은 의문을 증폭시키는 데 일조했다.

클레이스테네스는 알크마이온Alcmaeonid 가문의 수장이었다. 알크마이온! 아테네의 유서 깊은 귀족 가문이다. 그러나 그들이 유명한 것은 고결함이나 노블레스 오블리주 때문이 아니었다. 부와 권력에 대한 과도한 탐욕과 교만이 알크마이온의 특징이었다. 그런 가문의 클레이스테네스가 권력을 시민의 손에 쥐어준다? 그러나 시민들 입장에서는 밑져야 본전이었다. 그의 제안 깊은 곳에 숨겨진 진짜 욕망이 무엇인지는 다음 문제였다. 일단 시민들은 열렬하게 클레이스테네스의 제안을 지지했고, 그와 정치적으로 연합했다. 이에 반대해 무장봉기를 획책한 귀족들은 살해당하거나 아테네로부터 도망쳐야 했다.

프닉스의 현재 모습. 아테네 시민들은 이곳 프닉스에서 열린 민회를 통해 국가의 대소사를 직접 결정했다.

격렬한 내부 투쟁 끝에 권력을 장악한 클레이스테네스는 과감하게 자신의 약속을 제도화해나갔다. 그는 민회Ecclesia를 명실상부한 아테네 최고의 권력기관으로 격상시켰다. 18세 이상의 남성 시민 전부가 참여하는 민회는 이제 모든 정책과 법률을 토론하고 표결로 통과시키는 기관이 되었다. 또한 민회에서는 모두에게 발언의 자유가 주어졌다. 덕분에 소수의 귀족 혹은 일인의 참주가 밀실에서 나라를 움직이던 시대는 갔다. 아테네의 모든 공무는 백주에 민회에서 논의될 터였고 민회는 부와 지위, 가문과 상관없이 가장 논리적이고 설득력 있는 사람에 의해 이끌어질 터였다.

또한 클레이스테네스는 도편추방제Ostracism를 창안했다. 이 제도는 민주주의를 위협할 가능성이 있는 유력한 정치인이나 귀족을 견제하기 위한 제도였다. 민회에서 누구라도 6,000표 이상을 얻게 되면 그는 10년 동안 아테네를 떠나야 했다. 그 외의 처벌은 없고 10년이 지나면 아무 일 없었다는 듯이 아테네로 돌아올 수 있었다. 아테네 사회에 뿌리 깊게 박힌 지연과 혈연을 중요시하는 전통을 근절하기 위해 기존의 4부족 체제를 해체하고, 새롭게 10부족 체제로 재편한 것도 클레이스테네스였다.

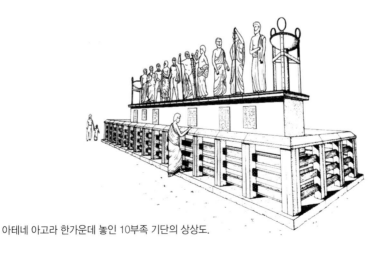

아테네 아고라 한가운데 놓인 10부족 기단의 상상도.

지금은 10부족에 이름을 제공한 영웅들의 입상을 세워두었던 기단만 남아 있다.

　이렇게 클레이스테네스와 시민 계급이 손잡음으로써 아테네에 새로운 시대가 열렸다. 아니 인류에 '민주주의'라는 새로운 빛이 던져졌다. 그러나 하루아침에 이뤄진 것은 아니었다. 클레이스테네스 이전에 민주주의의 선구자들이 있었다. 솔론과 페이시스트라토스. 그들이 없었다면 아무리 클레이스테네스가 뛰어났더라도 아테네에서 민주주의 실험을 감행하지는 못했을 것이다. 도대체 솔론과 페이시스트라토스는 어떤 사람들이었을까? 아테네는 어떤 역사적 과정을 거쳐 민주주의라는 낯선 제도를 창조하기에 이른 것일까?

에게해의 시대

솔론의 개혁

기원전 7세기 말부터 기원전 6세기 초에 이르는 기간에 아테네를 비롯한 그리스 세계의 폴리스들은 심각한 위기에 처했다. 폴리스 내부에서 빈익빈 부익부가 너무나 심해져 공동체의 안정적인 발전과 번영이 불가능한 상황에 이른 것이다. 대부분의 폴리스는 최악의 사태로 내몰릴 때까지 아무것도 하지 못했다. 기득권층의 반대가 격렬했기 때문이다. 결국 불만을 품은 도전 세력과 현재에 만족하는 유지 세력 사이에 투쟁이 되풀이되었다. 그렇게 유혈이 낭자해지면 질서와 안정을 명분으로 내세운 한 사람의 뛰어난 리더가 사람들의 지지를 얻어 무력 등 비합법적인 방법으로 권력을 독점하곤 했다. 참주tyrant였다. 참주 정치는 폴리스 세계의 보편적인 현상으로 떠올랐다.

아테네도 예외는 아니었다. 척박하기로 악명 높은 아티카Attica 땅에서는 농업으로 생계를 잇는다는 것 자체가 도박이었다. 소농들은 언제나 가난에 시달렸고, 살아남기 위해서는 빚을 져야 했다. 끝내 빚을 갚지 못한 농민들은 부자의 노예가 되거나 외국으로 팔려 나갔다. 빚쟁이의 등쌀에 못 이겨 자식을 팔거나 해외로 도주하는 시민도 속출했다. 부채 탕감과 토지 재분배를 요구하는 시민들의 목소리가 높아진 건 자연스러웠다. 이에 반대하는 기득권층도 힘을 결집해갔다. 차라리 유능한 참주에게 나라를 맡겨 안정과 질서를 회복하자는 의견도 나왔다. 아테네는 말 그대로 폭발 직전이었다. 줄기차게 변화를 거부해왔던 귀족들도 변화의 필요성만큼은 인정할 정도였다. 문제는 누구에게 아테네의 미래를 맡길 것인가였다. 모든 사람의 이목이 솔론에게 집중됐다.

솔론Solon, B.C. 630?~560?은 아테네의 유명한 상인이었다. 아테네 왕족의 후손이었으나 그의 아버지대에 이르러 몰락했다. 스스로의 힘으로 생계를 해결해야 했던 솔론은 상인의 길을 택했다. 밥벌이만을 위해서는 아니었다. 세상을 돌며 견문을 넓히고자 했기 때문이다. 선택은 탁월했다. 솔론은 상인으로 성공했고, 그리스 세계를 대표하는 일곱 명의 현인에 꼽힐 정도로 널리 지혜도 인정받았다. 문학적 소양이 탁월했던 솔론은 시인으로도 명성을 날렸다. 그의 시는 사회정의, 가난한 자들에 대한 연민, 삶의 주체로서 개인의 탁월함을 노래했다. 아테네의 서민들은 그런 솔론을 사랑했다.

이렇듯 솔론은 귀족계급 입장에서 보면 지체 높은 왕의 후손이었고, 상인계급 입장에서는 이해관계를 같이하는 동료였으며, 서민계급 입장에서는 자신들의 불행한 처지를 누구보다 잘 이해하고 함께 분노하는 동지였다. 아테네가 분열과 대립으로 붕괴의 위험에 처했을 때 모든 계급의 사람들이 솔론을 생각한 건 어쩌면 당연했다. 역사에서는 아주 드물게 위기 상황에 딱 맞는 리더가 존재하는 경우가 있다. 이때의 아테네와 솔론이 그랬다.

기원전 594년 아테네는 솔론을 최고 행정관직인 '아르콘Archon(집정관)'에 선출했다. 그에게는 공동체의 분쟁을 조정하고, 개혁을 추진하며, 새롭게 법을 제정할 강력하고 독점적인 권한이 위임되었다. 개혁은 전광석화로 진행되었다. 빚 때문에 노예로 전락한 시민들을 해방시켰고, 과도한 부채는 탕감됐으며, 잃어버린 토지는 되돌려줬다. 그러나 솔론은 이것만으로는 부족하다고 생각했다. 아티카의 척박한 환경을 고려하면 농민들이 다시 빚을 지는 것은 시간문제였다. 솔론은 이 기회에 경제구조 자체를 바꾸고자 했다.

우선 생산성이 떨어지는 곡물 재배를 포기하고 척박한 토양에서 잘 자라는 올리브와 포도 등 특화 작물 생산에 주력했다. 특히 올리브에서 추출한 기름의 생산과 수출을 장려했다. 그리고 올리브유를 팔아 번 돈으로 흑해 주변의 곡창지대에서 곡물을 수입했다. 솔론이 상인으로 지중해 전역을 돌아다녔기 때문에 가능한 조치였다. 이러한 경제개혁은 여러 가지 부수 효과를 가져왔다. 올리브와 포도 생산에 집중하다 보니 시간이 흐를수록 재배 노하우가 쌓이고 생산성이 향상되었다.

올리브유와 포도주를 생산하는 제조업, 이를 저장·운반하는 데 필요한 용기를 만드는 도자기 산업, 배를 건조하는 조선업, 올리브유를 수출하고 곡물을 수입하기 위한 해운업 등이 덩달아 성장하기 시작했다. 이미 이때부터 아테네는 토지와 농업을 중심으로 한 사회에서 바다와 교역에 의존하는 사회로 변화하기 시작했던 것이다. 이 같은 국가 발전 방향의 전환은 아테네가 미래에 해양 제국으로 성장하는 데 결정적인 기여를 하게 된다.

그러나 솔론 개혁의 하이라이트는 정치 분야였다. 당시 아테네는 임기가 1년인 아르콘에 의해 통치되었다. 아르콘의 출마 자격은 귀족에게만 주어졌고, 일정 수준 자산을 갖춘 시민들의 모임인 민회에서 선출했다. 즉 솔론 이전의 아테네 정치는 소수의 귀족이 주도하고, 돈 많은 일부 시민이 보조하는 구조였다. 솔론은 이 폐쇄적이고 특권 중심의 틀을 과감하게 깼다. 아르콘 출마 자격의 기준을 혈통에서 재산으로 대체함으로써 상인 출신에게도 최고 권력에 도전할 기회를 주었다.

솔론이 상인에게 최고 권력의 문호를 개방한 것은, 귀족 가문에서 태어난 것 외에는 아무 업적도 없는 이보다 열심히 일해 스스로 부를 일군 사람이 훨씬 훌륭하다고 생각했기 때문이다. 동시에 아르콘을 선출하는 민회의 참가 자격은 아테네 시민 전체로 확대했다. 이로써 아테네의 모

든 시민은 빈부와 귀천을 떠나 민회에 참여할 수 있게 되었다. 이 조치야
말로 아테네가 장차 민주주의 혁명을 이뤄내는 과정에서 가장 중요한 역
할을 할 제도 개혁이었다.

솔론은 자신의 개혁 정책과 법률을 목판에 새겨 아테네의 모든 사람이
볼 수 있도록 공개했다. 그리고 시민들로부터 자신이 만든 법과 정책을
최소한 100년 이상 지킨다는 약속을 받아낸 후 권력을 내려놓고 10년을
목표로 여행을 떠났다. 대부분의 정치인이 한번 잡은 권력을 놓치지 않
기 위해 아등바등하는 것과는 전혀 다른 선택이었다. 역시 그는 현인이
었다.

페이시스트라토스의 참주정

솔론이 현인이라고, 추진한 개혁 방향이 옳다고, 그가 권력을 내려놓
고 떠났다고 모든 일이 해결된 것은 아니었다. 옳고 그름을 떠나 인간의
욕망과 이해가 걸린 일에 만병통치약은 있을 수가 없기 때문이다. 시간
이 흐르자 아테네의 내부 갈등은 다시 격화됐다. 귀족들은 여전히 권력
을 독차지하기 위해 싸웠다. 상인들도 더 많은 권력과 부를 원했다. 농민
을 비롯한 서민의 가난도 쉽게 극복되지 못했다. 이해관계에 따라 당파
들이 등장했다. 바닷가에 살던 상인들은 해안파the Coast를, 도시에 살던
지주들은 평원파the Plain를 결성했다.

이때 페이시스트라토스Peisistratus, B.C. 600?~527가 등장한다. 아테네의 유
력한 귀족 가문 출신이며 솔론과 인척간인 페이시스트라토스는 가난하
고 소외된 농촌 사람들을 모아 '산악파the Hillsmen'라는 제3의 당파를 만들

아고라에서 가장 높은 콜로노스^{Kolonos} 언덕의 헤파이스토스 신전. 불과 대장간의 신인 헤파이토스를 모셨다는 데서 아고라가 각종 공업 활동의 중심지이기도 했음을 알 수 있다.

었다. 권력투쟁은 더욱 격렬해졌고, 정치적 혼란도 계속되었다. 페이시스트라토스는 무력과 속임수를 능수능란하게 구사해 최종적으로 아테네의 권력을 장악하는 데 성공했다(B.C. 546). 가장 많은 수를 차지하던 빈농 계층은 참주의 등장을 열렬하게 지지했다.

역사는 아이러니로 가득하다. 페이시스트라토스만 해도 그렇다. 비정상적인 방법으로 권력을 얻었지만, 그의 통치는 선정善政이었다. 현명한 페이시스트라토스는 솔론의 개혁 정책이야말로 아테네의 미래를 위한 최선의 길임을 알았다. 무섭도록 집념이 강했던 그는 솔론의 개혁을 굳건히 유지하는 데 힘을 집중시켰다. 자신의 이익을 위해 솔론의 개혁에 반대했던 수많은 귀족은 아테네에서 추방되었다. 이와 달리 자신을 지지했던 가난한 농민들에게는 농기구를 대여하고, 영농자금을 지원해 자립의 길을 열어줬다. 사법제도도 농민의 입장에서 개편했다. 바쁜 농민들이 소송 때문에 농지를 떠나 아테네의 법정으로 와야 하는 번거로움을 없애기 위해 재판관들을 농촌으로 파견하는 순회 법정을 창설한 것이다.

한발 더 나아가 페이시스트라토스는 공동체 전체를 위한 사업도 다양하게 펼쳤다. 아테네 시민들의 삶의 질을 높이기 위한 최대 숙원 사업이었던 수도를 건설해 물 공급 문제를 해결했다. 공공 생활의 중심인 아고라Agora를 대리석으로 새롭게 꾸몄다. 이러한 대규모 건축 사업은 한 뼘의 땅도 갖지 못한 빈민들에게 일자리를 제공했다. 페이시스트라토스 치세에서 아테네 시민들의 삶은 급속도로 나아졌고, 체제는 안정되었으며 효율도 올라갔다. 참주는 대외 정책에도 심혈을 기울여 아테네의 생명선인 흑해 교역로에 대한 통제권을 장악했다. 흑해 주변에서 곡물을 대규모로 수입해 와야 하는 아테네로서는 반드시 해결해야 할 일이었다.

페이시스트라토스가 가장 크게 업적을 남긴 분야는 문화와 교육이었다. 그 혜택은 당대의 아테네에 머물지 않고 그리스를 거쳐 전 인류에게 파급될 정도로 굉장했다. 바로 비극悲劇을 국가 차원에서 전폭적으로 후원하고, 시민들의 일상과 융합시킨 것이다. 최초의 비극경연대회는 기원전 534년에 열렸다. 시간이 갈수록 비극은 문화 예술 이상의 역할을 해냈다. 미증유의 길을 개척해가는 아테네 시민들에게 비극은 민주주의 체제의 우월성, 인간의 본질, 시민의 책무를 일깨우는 역할을 담당하게 된 것이다. 참주는 이 위대한 비극경연대회의 진행을 국비가 아닌 사비로 충당했다.

기원전 527년 페이시스트라토스는 20년간 선정을 베풀고 죽었다. 철

아테네에 있는 그리스 3대 비극 작가의 흉상(왼쪽부터 소포클레스, 아이스킬로스, 에우리피데스).

학자 아리스토텔레스Aristotle, B.C. 384~322가 지적했듯이 아테네인 스스로
도 '황금기'로 기억할 정도로 멋진 시기였다. 장기간의 평화와 번영으로
아테네는 페이시스트라토스 집권 이전보다 일취월장했지만, 여전히 그
리스 세계에서는 이류 폴리스에 지나지 않았다. 군사적으로는 스파르
타Sparta가 독보적으로 강했고, 상업적으로는 밀레투스Miletus나 코린토스
Corinth에 밀렸다. 그러나 아테네는 발전 속도에서 모든 폴리스를 압도하
기 시작했다. 장차 인류의 역사에 형언할 수 없는 무한한 영향력을 끼치
는 방향으로 나아가고 있었다. 여기에 페이시스트라토스의 역할이 컸고
중요했다.

참주정이 끝나고 민주정이 시작되다

그리스 세계에서 참주 정치는 2대를 넘어가는 경우가 거의 없었다. 참
주의 아들이 아버지에 필적하는 능력을 갖추기 어려웠기 때문이다. 비

합법적으로 권력을 잡았기 때문에 참주의 유일한 정통성은 '능력'이었다. 능력을 잃는 순간 참주의 권력은 모래성처럼 무너졌다. 아테네도 예외는 아니었다. 페이시스트라토스의 장자 히피아스Hippias, ?~B.C. 490는 참주 자리를 물려받았으나 아버지에 비해 많이 부족했다. 동생 히파르코스Hipparchus, ?~B.C. 514가 치정 사건에 얽혀 살해되면서 히피아스 체제는 흔들리기 시작했다. 스스로 의심과 두려움에 사로잡힌 히피아스의 통치는 점점 더 억압적이 되어갔다. 마침내 클레이스테네스를 중심으로 한 알크마이온 가문이 스파르타를 움직여 참주 가문을 축출했다(B.C. 510?).

참주정의 몰락은 오랜 세월 숨죽여 지내왔던 아테네의 귀족들에게 권력에 도전할 기회를 제공하는 듯했다. 실제로 이사고라스Isagoras, ?~?라는 귀족은 스파르타의 군사 도움을 얻어 권력을 장악하고 새로운 참주정, 혹은 옛 귀족정으로 돌아가고자 했다(B.C. 507?). 이 시도를 알크마이온 가문의 장자 클레이스테네스가 막아낸 것이다. 그는 모두의 예상을 뒤엎으며 시민들과 손잡고 민주주의라는 혁명적인 길로 아테네의 운명을 이끌었다. 민주주의 아테네는 리더들과 시민들의 열정과 헌신, 용기와 책임으로 그 전의 어떤 폴리스도 보여주지 못했던 성취를 이룰 터였다.

비슷한 시기에 수천 년 동안 문명의 요람이었고, 역사의 중심이었던 중동에서는 페르시아 제국이 등장했다. 민주주의 아테네와 제국 페르시아. 누구도 두 공동체를 같은 반열에 올려놓고 비교하지 않았다. 아테네는 페르시아에 견줄 상대가 아니었다. 그러나 동시대인들은 곧 목격하게 된다. 역사는 기록하고, 인류는 기억하게 된다. 민주주의 아테네가 어떻게 제국 페르시아에 맞서 자신들의 자유를 지켜내는지. 어떻게 페르시아를 그리스와 에게해에서 몰아내고 승리를 쟁취하게 되는지.

그리스 비극의 발생지인 아테네 디오니소스 극장. 오늘날은 폐허에 가깝지만 먼 옛날 이곳에서 상연되었던 비극은 아테네 시민들의 지력을 고양시켜 인류 최초의 민주주의를 가능케 했다.

기원전 490년 마라톤

인류 최초의 시민군, 세계 제국에 맞서 이기다

"공성전은 배신을 부를 따름이다. 페르시아의 황금은 그 어떤 군대보다 강력하다. 지금은 나아가 싸울 때다!"

밀티아데스Miltiades, B.C. 554?~489?의 사자후가 민회를 흔들었다. 충격과 공포 속에서 우왕좌왕하던 민회가 그제야 정신을 차렸다. 민회는 무장 가능한 모든 시민에게 동원령을 내렸다. 1만 명의 중장보병이 모였다. 아테네가 동원할 수 있는 전부였다. 아테네의 시민군은 페르시아 군대가 모습을 드러낸 마라톤Marathon을 향해 출발했다. 마라톤! 아테네가 있는 아티카반도 동쪽의 만灣이다. 해안선이 길고 완만해 대함대가 정박하기 좋은 곳이었다. 만 바로 옆에 평원이 펼쳐져 대군이 진을 치기에 적합했다. 아테네까지 거리도 40킬로미터 내외다. 페르시아는 최적의 장소를 고른 셈이다.

그러나 아테네군은 밀티아데스의 지휘 아래 선수를 쳐 마라톤에서 아테네로 향하는 길목을 모두 차단했다. 동시에 당대 최고의 달리기 선수인 페이디피데스Pheidippides를 스파르타에

마라톤에 있는 밀티아데스의 동상.

파견했다. 원군을 청하기 위함이었다. 페르시아의 정예군은 아테네의 힘만으로는 역부족이었다. 그러나 스파르타는 종교 행사인 카르네이아Carneia 제전이 한창이라는 이유로 원군 파견을 거절했다. 카르네이아 제전 기간에는 스파르타인 누구도 스파르타를 떠날 수 없다는 것이 그들의 법이었다. 대신 스파르타는 제전이 끝나자마자 원군을 보내겠다고 약속했다.

그들이 마라톤에 도착하려면 최소한 열흘은 걸릴 터였다. 페르시아 군대가 스파르타 원군이 도착할 때까지 기다려줄까? 정보력이 탁월한 페르시아가 그럴 리 만무했다. 결국 아테네는 유일하게 1,000명의 지원군을 보내준 플라타이아이Plataeae만을 전우 삼아 페르시아와 싸워야 했다. 민주주의를 시작한 지 20년 만에 찾아온 위기. 질 수 없는 싸움이었다. 만약 패배하면 아테네는 물론이고 인류 역사상 최초로 시작된 민주주의 실험도 끝날 게 불을 보듯 뻔했다. 기원전 490년 여름 막바지. 아테네와 민주주의는 운명의 갈림길에 서 있었다.

대제국 페르시아가 몰려오다

아테네와 페르시아의 전쟁은 성격이 전혀 다른 두 세계 사이에서 벌어진 피할 수 없는 충돌이었다. 문명 혹은 제국이 성장하는 과정에 벌어지는 자연스러운 투쟁이기도 했다. 원래 에게해는 그리스인들의 바다였다. 그리스 땅이 워낙 척박했기 때문에 그들은 살기 위해서 바다로 나아가야 했고, 식민지를 개척해야 했다. 기원전 8세기 중반부터 본격적으로 추진된 식민 사업은 200여 년에 걸쳐 지속됐다. 그 결과 그리스인은 에게해 주변은 물론이고 흑해, 이탈리아반도, 시칠리아, 남프랑스, 북아프리카에 이르는 지중해 전역으로 흩어졌다. 특히 에게해를 사이에 두고 그리

스 본토와 마주한 이오니아(오늘날 터키 서부)에는 '제2의 그리스'라 불러
도 손색없을 만큼 많은 그리스계 폴리스가 생겨났고 번영했다. 밀레투스
와 에페수스Ephesus가 대표적이었다.

　이들은 오랜 세월 터키 중부의 강국이었던 리디아와 관계를 맺고 있었
다. 그러나 페르시아가 리디아를 공격해 멸망시킴으로써(B.C. 546) 그리
스계 폴리스들의 운명은 자연스럽게 새로운 제국의 손아귀에 들어갔다.
페르시아는 리디아보다 강력하고 엄격했다. 폴리스마다 참주를 세워 시
민의 정치 참여를 제한했고, 과도하게 세금을 걷어 갔다. 이에 불만을 품
은 이오니아의 폴리스들은 페르시아에 대항하여 반란을 일으켰다(B.C.
499). 밀레투스가 주동이었다.

　반란은 순식간에 이오니아 전역으로 번졌다. 페르시아가 세운 참주들

이 권좌에서 쫓겨나고 폴리스의 권력은 시민에게 돌아갔다. 그러나 일시적으로 반란을 일으키는 것과 항구적으로 권력을 장악하는 것은 전혀 다른 문제였다. 특히 상대가 페르시아 같은 대제국이라면 더욱 그러했다. 이 같은 사실을 잘 알고 있었던 밀레투스의 반란 세력은 스파르타와 아테네에 도움을 청했다. 스파르타는 거절했고, 아테네는 수락했다. 아테네 민회는 열렬하게 이오니아의 반란을 지지했고, 전함 20척을 파견했다. 처음에는 상황이 좋았다.

이오니아 반란군과 아테네 지원군은 기세등등하게 페르시아 사령부가 자리 잡은 사르디스까지 진격해 도시를 불태웠다. 하지만 기세를 이어가기에는 역부족이었다. 페르시아의 반격은 거셌고, 이오니아 폴리스 간의 협력은 한계가 있었다. 특히 페르시아의 황금이 마법과 같은 힘을 발휘했다.

결국 반란은 실패로 돌아갔고(B.C. 494), 아테네인들은 빈손으로 돌아왔다. 정확하게 말하자면 빈손은 아니었다. 불행히도 그들은 페르시아 대왕 다리우스 1세의 분노라는 원치 않는 선물을 가득 싣고 돌아왔다. 다리우스는 아테네가 반란을 지원한 사실에 격분했다. 그리스는 보잘것없고, 아테네는 미미한 존재였지만 정의와 질서를 바로 세울 필요가 있었다. 다리우스는 응징을 맹세했다. 그는 제국의 다른 업무에 집중하다 아테네 징벌을 잊을까 걱정해 시종으로 하여금 식사 때마다 세 번씩 이렇게 말하도록 시켰다. "폐하, 아테네인들을 기억하소서."

에게해의 시대

자유를 위해 전쟁에 대비하다

아테네는 선택의 기로에 섰다. 시민 모두가 그 같은 사실을 깨닫고 있었다. 항복이냐, 전쟁이냐? 수립된 지 20년도 안 된 민주정은 갈피를 잡지 못하고 우왕좌왕했다. 그때 한 아테네인이 아고라에 도착했다. 밀티아데스. 아테네의 대귀족 출신으로 케르소네소스Chersonese(오늘날 터키의 겔리볼루반도)의 참주였다. 케르소네소스는 흑해를 통해 곡물을 수입하는 아테네 입장에서는 반드시 장악해야 하는 요충지였다. 밀티아데스의 가문은 페이시스트라토스 시대부터 참주로 이 지역을 지배하면서 아테네의 생명선을 지켜왔다. 페르시아가 그리스 북부를 장악하고 나서 밀티아데스는 참주 자리에서 쫓겨났다. 이오니아 반란을 틈타 페르시아에 반기를 들었으나 이마저 실패하고 쫓기는 신세가 되자 고향 아테네로 돌아온 것이다.

밀티아데스를 맞이한 아테네의 심경은 복잡했다. 그는 페르시아 군대를 누구보다 잘 아는 경륜 있는 장군이었다. 이오니아 반란 당시에는 케르소네소스에서 반란을 일으켜 아테네에 도움을 주기도 했다. 그러나 그의 가문은 케르소네소스의 참주를 지내왔고, 참주는 민주주의의 가장 큰 적이었다. 예상대로 밀티아데스는 귀국하자마자 '케르소네소스반도의 참주'라는 죄목으로 기소됐다. 밀티아데스에 대한 재판은 개인의 죄만을 다루는 단순한 일이 아니었다. 아테네의 운명과 미래를 가를 복잡하고도 중요한 재판이었다.

만약 아테네가 페르시아에 대항해 싸우겠다고 결심하면 밀티아데스는 반드시 필요했다. 그는 여러 차례 페르시아와 싸웠기 때문에 누구보다 페르시아 군대와 그들의 전략에 정통했기 때문이다. 하지만 아테네가 페

르시아에 항복한다면 밀티아데스는 필요 없는 존재였다. 항복이냐, 항전이냐? 민회는 밀티아데스에게 무죄를 선고했다. 항복 대신 항전을 선택한 것이다. 더 나아가 시민들은 밀티아데스를 열 명의 장군 중 한 명으로 선출했다. 장군은 클레이스테네스의 개혁으로 재편된 10개 부족에서 매년 한 명씩 뽑았다.

기원전 491년, 페르시아 다리우스 1세의 최후통첩이 날아왔다. 언제나처럼 '흙과 물'을 바치라는 요구였는데, 이는 곧 항복을 뜻했다. 아테네는 사절단을 처형함으로써 답을 대신했다. 사절단을 죽여 배수진을 친것이다. 페르시아군은 기원전 490년 여름이 끝날 무렵에 왔다. 헬레스폰

에게해의 시대

트Helespont(오늘날 터키 서부의 다르다넬스) 해협을 거치는 긴 항로 대신, 에게해를 가로지르는 짧지만 위험한 항로를 통해서였다. 누구도 예상치 못한 전격적인 등장이었다. 2만 5,000명의 정예군과 600척의 전함으로 이뤄진 대규모 군단이 도착했다. 사령관은 메디아 출신의 출중한 장군 다티스Datis였다.

역사는 마라톤을 기억하리라

아테네는 이 한 번의 전투에 모든 것을 걸었다. 가능한 모든 중장보병을 동원했고, 모든 장군이 출전했다. 통상적으로 아테네의 군 통수권은 선출된 열 명의 장군에게 있었다. 민주주의 원칙에 따라 출전한 장군들이 하루씩 돌아가면서 총사령관직을 수행했다. 일사불란한 명령 체계와 신속하고 일관된 대응이 절실한 전쟁터의 군대로서는 치명적인 결함이었다. 그럼에도 아테네는 전쟁터에서조차 민주주의 원칙을 고수했다. 밀티아데스 역시 한 명의 장군일 뿐이었지만 주전파主戰派를 대표했다. 적극적인 전투를 지지하는 여러 장군이 자신의 지휘권을 밀티아데스에게 양보함으로써 그는 사실상 사령관의 역할을 할 수 있었다.

밀티아데스는 적당한 때를 기다렸다. 그 순간은 페르시아의 강력한 기병을 무력화시킬 수 있을 시점을 뜻했다. 9월 초 어느 날, 새벽부터 페르시아 진영이 소란스럽더니 이내 아테네 지휘부에 기병대가 떠났다는 소식이 전해졌다. 그들이 갈 곳은 뻔했다. 아테네였다. 아테네군은 밀티아데스의 지휘 아래 즉시 전투 준비에 돌입했다. 전투에 앞서 밀티아데스는 아테네군의 진형에 변화를 주었다. 중앙군을 줄이고, 좌익과 우익의

마라톤

늪지대

페르시아군
캠프

그리스
연합군
캠프

페르시아 함대

마라톤만

늪지대

마라톤 전투 초기 상황
기원전 490년

수를 늘린 것이다. 중앙군이 페르시아의 중앙을 상대로 버텨주는 동안
수적 우위를 앞세운 좌우익이 페르시아의 좌우익을 격파한 후 페르시아
의 중앙군을 포위 공격하겠다는 전술이었다. 전투는 아테네군의 선공으
로 시작되었다. 아테네의 중장보병들은 방진方陣을 유지한 채 빠르게 진
격했다.

역사적인 순간이었다. 인류 역사상 첫 민주주의 시민군이 자신들의 자
유를 지키기 위해 전진하기 시작한 것이다. 그 순간 모두 같은 생각을 했
을 것이다. '나는 누군가의 노예가 아니라 자유로운 시민으로서, 누군가

에게해의 시대

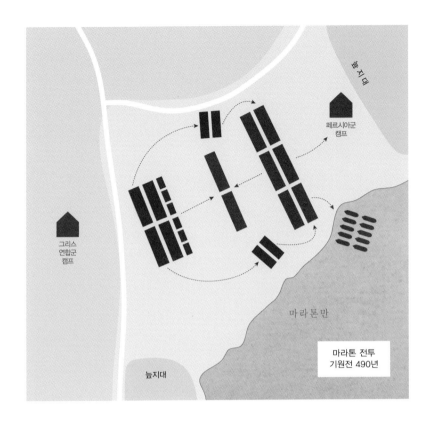

의 명령에 따라서가 아니라 나 자신의 의지로, 왕이나 귀족을 위해서가
아니라 내 고향과 가족을 지키고자 이 자리에 섰다. 그리고 지금 나와 함
께 나아가는 전우들은 같은 시민이며 자유인이다.' 지금까지 그 어떤 군
대도 가져보지 못했던 일체감이 한껏 고양되었다. 거대한 함성과 함께
아테네의 자유인들은 무적으로 알려진 페르시아군을 향해 달려갔다.

중장보병의 군장은 30킬로그램을 웃돈다. 무거운 장비를 입고 들고
아테네인들은 30분 거리를 달렸다. 페르시아인들은 그들을 보면서 '죽고
싶어 발광한다'고 비웃었다. 그럴 만했다. 수적으로 열세인데 기병과 궁

수의 지원도 없이 먼 거리를 달려오는 이들을 달리 어떻게 이해할 수 있을까? 그러나 기병의 도움을 받지 못하기는 페르시아도 마찬가지였다. 두 군대가 충돌하자 결과는 페르시아 측이 생각했던 것과 달랐다. 가만히 서서 기다리던 페르시아의 경장보병은 고양된 일체감으로 달려온 아테네 중장보병의 투지와 무게의 압력을 견뎌내지 못했다. 비록 전체 병력에서는 열세였지만 밀티아데스의 생각대로 수가 보강된 아테네군의 좌우익은 페르시아군의 양 날개를 꺾어버리는 데 성공했다.

그 후 아테네의 좌우익은 양옆에서 페르시아의 중앙을 압박해 들어갔다. 가까스로 버티던 아테네군의 중앙도 측면의 지원에 힘입어 공세로 전환하자 페르시아의 중앙은 서서히 무너져 내렸다. 전투는 끝났다. 페르시아군은 무질서하게 배를 향해 도주하기 시작했고, 아테네군은 그들을 추격했다. 탈출에 실패한 페르시아군은 아무도 살아남지 못했다. 죽은 페르시아 군인은 6,400명에 달했지만 아테네의 전사자는 192명에 지나지 않았다. 누구도 예상치 못했던 아테네의 일방적인 승리였다.

그러나 아테네군은 쉴 틈이 없었다. 아테네로 향했을 것이 틀림없는 페르시아 기병대보다 먼저 귀환해야 했다. 피와 땀으로 범벅이 된 상태로, 격렬한 전투로 기진맥진한 상태로 행군을 시작했다. 오전에 마라톤을 출발한 전사들은 오후 늦게 아테네에 도착할 수 있었다. 놀라운 체력과 의지였다. 그들이 도착한 직후 기병대를 태운 페르시아 함대가 아테네 앞바다에 모습을 드러냈다.

페르시아 함대는 당시 아테네의 외항이었던 팔레론Phaleron 앞에 닻을 내렸으나 거기까지였다. 굳건하게 도열한 아테네 군대를 무슨 수로 돌파할 수 있을까? 페르시아 함대는 한동안 정박해 있다가 아시아로 돌아갔다. 그렇게 아테네는 살아남았다. 무적이라 여겼던 페르시아군을 상대로

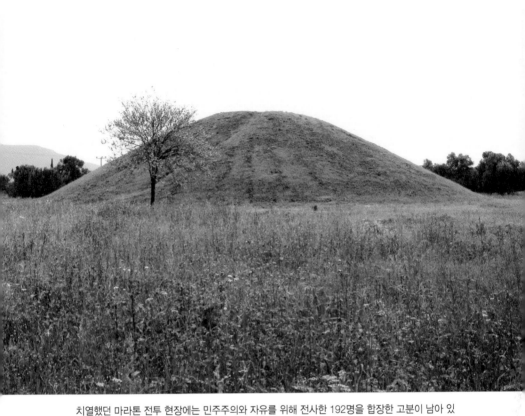

치열했던 마라톤 전투 현장에는 민주주의와 자유를 위해 전사한 192명을 합장한 고분이 남아 있다. 규모는 거대하지 않지만, 의미는 헤아릴 수 없을 만큼 큰 고분이다.

싸워 완벽하게 이긴 것이다. 자유와 민주주의는 지켜졌다. 동시에 민주주의 아테네는 그리스 세계에서 가장 위대한 폴리스임을 용기로 증명했다. 그러나 전쟁은 이제 시작일 뿐이었다.

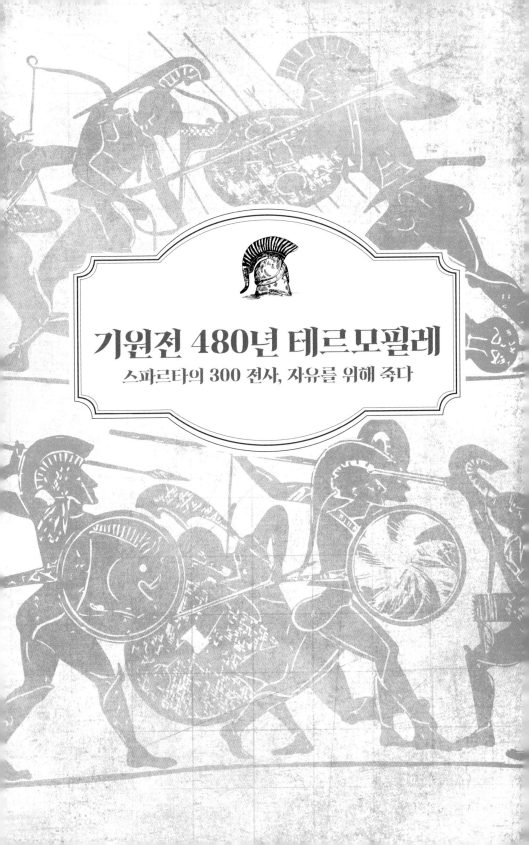

기원전 480년 테르모필레

스파르타의 300 전사, 자유를 위해 죽다

"Molon Labe!와서 가져가라!"

 스파르타의 왕 레오니다스Leonidas, 재위 B.C.490?~480의 대답은 짧고 단호했다. '무기를 내려놓고 항복하라'고 종용했던 페르시아 대왕 크세르크세스Xerxes I, 재위 B.C.486~465의 사절의 표정은 일그러졌다. 가소로웠다. 아무리 테르모필레 Thermopylae 협곡이 난공불락의 전략적 요충지라 해도 스파르타 전사의 수는 겨우 300명이었다. 감히 100만 명을 가볍게 넘어서는 대군 앞에서 나올 소리가 아니었다. 가소롭다는 표정을 짓기는 레오니다스왕도 마찬가지였다. '나에게 항복을 권유하다니!' 스파르타의 전사는 후퇴와 항복이라는 단어를 모른다. 그들이 전쟁에 나갈 때마다 귀가 따갑도록 어머니한테 듣는 이야기가 있다.

 "방패를 들고 돌아오든지, 방패에 실려 돌아오라." 이기면 살아서 돌아오고, 지면 죽어서 돌아오라는 뜻이었다. 그들에게 주어진 선택지는 승리 혹은 죽음, 그렇게 두 가지였다. 후퇴와 항복은 처음부터 고려 대상이 아니었던 것이다.

 그런 스파르타의 왕에게 감히 페르시아의 사신은 항복을 말한 것이다. 투항은 곧 엘레우테리아Eleutheria(자유)를 포기하는 행위였다. 엘레우테리아는 그리스인의 삶에서 가장 소중한 가치였다. 어찌 포기할 수 있을까? '와서 가져가라'는 짧은 대답은 자유를 스스로 내려놓을 수 없다는 지극히 그리스적인 담

스파르타 전사의 방패와 창.

대한 선언이었다. 또한 화려한 수식어로 장식하지 않은 담백한 선전포고였다. 전투는 그렇게 시작됐다. 페르시아 궁수들이 쏘아 올린 화살이 하늘을 가렸다. 지축을 울리는 굉음과 함께 수만의 선봉대가 들이닥쳤다. 용맹하기로 유명한 메디아인Medes 부대였다.

스파르타 전사들은 흔들리지 않았다. 좁은 협곡의 입구를 막아선 채, 방진을 이뤄 마치 한 사람처럼 일사불란하게 움직이는 스파르타의 중무장 보병은 최강의 전쟁 기계였다. 메디아인 부대는 한 발자국도 전진하지 못한 채 괴멸

　　　　　　　　　　　　　　　　　　　　　　에게해의 시대

페르시아 근위병의 머리 부조(Joseph Pulitzer Bequest, 1955).

에 가까운 타격을 입었다. 분노와 수치심에 휩싸인 크세르크세스는 자신의 친위대이자 페르시아에서 가장 강력하다는 '불사 부대Immortals'를 투입했다. 결과는 같았다. 해가 저물었고, 불사 부대는 수많은 전사자를 남긴 채 후퇴했다. 테르모필레의 신화가 탄생하는 순간이었다.

헤라클레스의 후예 스파르타

기원전 480년 여름, 미증유의 위기로 그리스 문명 전체가 뿌리째 흔들렸다. 페르시아의 대군이 마라톤 전투(B.C. 490)에서 아테네에 당한 패배를 설욕하기 위해 그리스를 향해 진군을 시작한 것이다. 다리우스의 뒤를 이어 즉위한 페르시아의 대왕 크세르크세스가 직접 대군을 이끌었다. 고대 그리스의 역사학자 헤로도토스Herodotus, B.C. 484?~420?에 따르면 보병만 170만 명에 달하는 대군이었다. 페르시아 입장에서는 절대 권력자인 대왕의 친정親征이니만큼 패배란 있을 수 없었다. 아테네에 대한 복수에서 그리스 세계의 정복으로 전쟁의 목표도 상향 조정됐다.

그리스 세계 전체가 공포에 떨었다. 그리스의 북부와 중부에 위치한 대부분의 폴리스는 자유를 포기하고 스스로 무릎 꿇었다. 스파르타와 아테네를 중심으로 한 31개의 폴리스만이 그리스의 자유를 지키기 위해 싸우고자 뭉쳤다. 7일 낮과 7일 밤에 걸쳐 헬레스폰트 해협을 건넌 페르시아 대군은 그리스의 좁은 해안가를 따라 천천히 남하했다. 승리를 단 한순간도 의심치 않은 여유로운 행군이었다. 이들을 육지에서 막을 책임은 그리스 세계 최강의 군사력을 자랑하는 스파르타의 몫이었다.

스파르타는 펠로폰네소스Peloponnese반도 남부와 서부에 걸쳐 있는 강력한 폴리스였다. 스파르타인들은 헤라클레스Heracles의 후예라 자부하는 전사였다. 정치체제는 소수의 유력자가 통치하는 과두제寡頭制, Oligarchy였다. 두 가문에서 각각 배출되는 두 명의 왕이 최고 군사 지도자와 종교 수장 역할을 도맡았다. 정책 입안의 권리는 60세 이상의 노인 28명으로 구성된 '원로회의(게루시아Gerousia)'에 있었다. 매년 성인 남자 시민 중에서 선출되는 다섯 명의 '행정관(에포르Ephor)'은 막강한 사법권을 행사했다. 자유로운 성인 남자들로만 구성된 민회는 사실상 거수기 역할에 그쳤다.

일상생활은 엄격했다. 시민 모두는 예외 없이 군인으로 살아야 했다. 남자 아이들은 일곱 살이 넘으면 집을 떠나 서른 살이 될 때까지 공동생활을 했다. 매일 운동, 사냥, 군사훈련을 했고 식사도 함께했다. 이러한 과정을 거쳐 젊은이들은 스파르타 사회의 가치를 체득하고 유대를 강화했다. 또한 스파르타인들은 법에 절대적으로 복종하는 것을 시민의 가장 중요한 의무로 여겼다. 그들은 이 모든 것이 '리쿠르고스Lycurgus'라는 전

에게해의 시대

스파르타에 있는 리쿠르고스의 동상. 리쿠르고스는 스파르타의 제도 대부분을 입법했다고 전해 지는 전설적인 지도자다.

설적인 지도자로부터 비롯됐다고 여겼다.

그러나 스파르타가 엄격하고 군사적인 폴리스가 된 정확한 이유는 따로 있다. 그리스는 척박한 땅이었기 때문에 언제나 식량이 부족했다. 인구가 늘어나서 더 이상 기존의 생산량으로 폴리스 전체를 부양할 수 없게 되면 일부 시민들을 선발해 떠나보냈다. 그들은 새로운 식민지를 개척하고 정착했다. 스파르타는 인구 증가와 식량 부족에서 비롯된 위기를 해결하는 과정에서 일반적인 경로를 걷지 않았다. 그들은 해외로 떠나는 대신 이웃한 메세니아Messenia를 공격해 식민지로 삼았다(B.C. 8~7세기). 메세니아 주민들은 헬롯Helot이라 불리는 노예 신분으로 강등됐고, 평생 스파르타인을 위해 생산에 종사해야 했다.

여기서 심각한 문제가 발생했다. 메세니아의 헬롯은 스파르타 인구를 압도했다. 그리고 자유를 빼앗긴 헬롯들은 '스파르타인을 산 채로 잡아 먹고 싶다'고 할 정도로 스파르타에 강한 적개심을 가지고 있었다. 이들을 효과적으로 통제하고, 헬롯으로부터 스파르타를 지키기 위해서는 강력한 군사력이 필요했다. 그 덕분에 스파르타는 그리스 최강의 군사력을 보유한 폴리스로 발전했고, 모두에게 두려움과 존경의 대상이 됐다. 반反페르시아 연합군의 수장을 스파르타가 맡는 것도 당연했다.

우리의 목적지는 테르모필레다

문제는 8월이라는 시기였다. 이때 스파르타인들이 가장 중요하게 생각하는 종교 축제인 카르네이아 제전이 열리는데 그 기간 동안 스파르타인은 스파르타를 떠날 수 없다. 그것이 그들의 법이었다. 따라서 법 앞에 절대적으로 복종하는 스파르타인에게 '8월 전쟁'은 불가능했다. 그러나 이번만큼은 예외였다. 스파르타는 물론이고 그리스 세계 전체의 운명이 걸려 있었기 때문이었다. 게다가 스파르타 입장에서는 동맹국들의 신의를 저버리고, 페르시아의 침공을 지켜만 볼 수도 없는 노릇이었다. 고민 끝에 스파르타는 일단 소규모 특공대를 파견해서 전쟁에 임하게 하고, 카르네이아 제전이 끝나는 대로 대군을 동원키로 절충했다.

진정성을 알리기 위해 특공대는 두 왕가 중 선임 왕가 출신인 레오니다스왕이 이끌기로 했다. 레오니다스는 뼛속부터 철저하게 스파르타인이었다. 뛰어난 전사였고, 불굴의 의지와 죽음을 두려워하지 않는 용기로 똘똘 뭉친 사내였다. 그는 혹독한 군인 양성 과정을 거쳤고, 이를 완벽하게 소화해냈다. 비록 왕자로 태어났지만 두 형이 있어 왕이 될 가능

스파르타에 있는 레오니다스왕의 동상.

성은 희박했다. 묵묵히 군인의 길을 걸었으나 두 형이 일찍 죽는 바람에 왕위를 계승했다. 기원전 490년경이었다.

그로부터 10년이 지난 기원전 480년, 레오니다스가 왕으로서 기량이 원숙해질 무렵 페르시아의 침공이 시작된 것이다. 레오니다스왕은 처음부터 죽음을 각오했다. 전쟁 직전 관례에 따라 스파르타가 델포이에 신탁을 청했을 때, 다음과 같은 예언이 내려왔다. '라케다이몬Lacedaemon(스파르타의 다른 이름)이 페르시아인들에게 파괴되거나, 라케다이몬의 대지가 헤라클레스의 후손인 왕의 죽음을 슬퍼하리라.' 신탁의 의미는 명확했다.

스파르타가 페르시아에 의해 파괴되지 않으려면 헤라클레스의 후손인 왕, 즉 레오니다스가 목숨을 바쳐야만 했다. 그리고 레오니다스는 목숨에 연연하는 사람이 아니었다. 왕은 함께 떠날 특공대 300명을 직접 선발했다. 용맹과 결단력, '대를 이을 아들이 있느냐'가 선발 기준이었다. 최고의 전사 중에서도 여한 없이 싸우다 죽을 수 있는 자만 뽑은 것이다. 레오니다스는 300명의 특공대를 이끌고 북쪽으로 향했다. 목적지는 그리스 중부의 '뜨거운 문Hot Gate', 테르모필레였다.

사흘간 테르모필레를 지켜내다

테르모필레는 깎아지른 산맥 끝머리와 바다 사이에 형성된 긴 협로였다. 그 앞에 뜨거운 온천이 솟아나는 샘이 있기 때문에 '뜨거운 문'이라 불렸다. 예부터 그리스 중부와 남부를 연결하는 요지였다. 페르시아 대군이 스파르타와 아테네가 위치한 그리스 남부로 가기 위해서는 반드시

에게해의 시대

말리아코스만

최후 격전지

테르모필레 전투
기원전 480년

페르시아
군대

테르모필레

●아테네

●스파르타

거쳐야 하는 유일한 통로이기도 했다. 오늘날
에는 오랜 세월에 걸친 퇴적작용으로 인해 해안
선이 바다 쪽으로 1킬로미터 이상 길어졌지만 기
원전 480년에는 가장 좁은 지점의 폭이 15미터 정도였
다. 지형적으로 소수가 다수를 상대하기에 최적의 장소였다.

　레오니다스는 300명의 스파르타 전사를 맨 앞에 세웠고, 다른 폴리스
에서 파견한 4,000명도 적절하게 배치했다. 페르시아 사절단의 항복 종
용을 거부하면서 시작된 첫날 전투는 스파르타군의 일방적인 승리로 끝
났다. 둘째 날도 상황은 크게 다르지 않았다. 크세르크세스는 압도적인
수적 우위를 믿고 쉴 새 없이 공세를 취했으나 스파르타군은 밀리지 않

〈테르모필레의 레오니다스〉(Jacques Louis David, 1814).

았다. 그들은 마치 톱니바퀴처럼 공격과 휴식을 번갈아 몰려드는 적에
맞섰다. 역사상 최대 규모의 군대는 테르모필레 협곡 안으로 한 걸음도
전진할 수 없었다. 그저 사상자만 늘어날 뿐이었다.

　다시 날이 저물고 전투가 끝났다. 대왕의 화려한 막사에는 침통한 정
적만이 흘렀다. 분노, 치욕, 불안 등 다양한 감정이 침묵 뒤에 팽배했다.
이때 한 그리스인이 나타났다. 지역 토박이인 에피알테스Ephialtes라는 밀
고자였다. 그는 험준한 산을 돌아 테르모필레 협곡의 뒤로 빠져나갈 수
있는 샛길에 대한 정보를 가져왔다. 그가 바란 대가는 그저 황금에 지나
지 않았다. 구세주였다. 침통했던 페르시아의 사령부에 환호성이 넘쳐났

에게해의 시대

다. 대왕은 일분일초라도 빨리 테르모필레를 통과하고자 했다. 이미 날이 저물었지만 즉각 1만 명의 불사 부대를 샛길로 투입하라 명했다. 역사에서 언제나 등장하는 배신과 황금을 주인공으로 한 불쾌한 스토리는 이곳 테르모필레에서도 예외 없이 펼쳐졌다.

전투가 시작되기 전, 레오니다스도 이 산속에 놓인 샛길의 존재를 알고 있었다. 그러나 스파르타 군사의 수가 너무 적었던 탓에 레오니다스는 샛길 방어를 포키스^{Phocis}라는 폴리스의 중무장 보병 1,000명에게 일임했다. 그들이 1만 명의 페르시아 최정예인 불사 부대를 상대로 샛길을 지켜내기란 불가능했다. 심지어 불사 부대는 시간을 아끼기 위해 포키스 군을 무시한 채 테르모필레 협곡으로 직행했다. 적들이 산속 샛길을 돌아 쳐들어온다는 소식은 빠르게 레오니다스에게도 전해졌다. 이제 스파르타의 300명을 비롯한 소수의 그리스 연합군이 페르시아의 대군에 포위당하는 건 시간문제였다. 전투가 시작되기 전 가장 우려했던 악몽이 현실로 나타난 것이다.

군의 사기가 땅에 떨어졌다. 모두가 스파르타의 왕이자 총사령관인 레오니다스의 결정을 기다렸다. 왕은 심사숙고한 끝에 다음과 같이 명했다. "나와 스파르타의 전사 300명은 남아서 목숨을 걸고 협곡을 지킨다. 나머지 그리스군은 즉각 후퇴함으로써 목숨을 건져 훗날을 도모한다." 스파르타의 왕다운 결정이었다. 자신들은 후회하거나 항복하지 않는다. 스파르타인이니까. 그러나 다른 그리스인까지 질 수밖에 없는 전투에 희생될 이유는 없었다. 전쟁은 이제 막 시작됐을 뿐이다. 수적으로 절대 열세인 그리스 연합군 입장에서는 한 명의 전사가 아쉬운 상황이었다. 왕의 결정은 지체 없이 이행됐다.

전투 사흘째의 날이 밝았다. 테르모필레 협곡 뒤로 돌아간 불사 부대에 공을 빼앗길까 조급해진 페르시아의 다른 부대들은 무작정 쳐들어갔다. 스파르타 전사의 투지는 꺾이지 않았고, 그들의 창날은 어느 때보다 날카로웠지만 승리를 확신하며 몰려드는 적도 이번만큼은 쉽게 물러서지 않았다. 전투 도중에 레오니다스가 전사하자 싸움은 더욱 격렬해졌다. 왕의 시신을 차지하기 위해 스파르타군과 페르시아군은 육박전을 벌였다. 네 번의 일진일퇴 끝에 스파르타군은 왕의 시체를 지켜냈다. 기쁨도 잠시, 최후의 순간이 다가왔다. 협곡 위로 불사 부대가 나타난 것이다. 화살이 빗발쳤다. 그러나 누구도 항복하지 않고 싸웠다. 창이 없으면 칼로, 칼이 부러지면 칼자루로, 이마저 없으면 주먹과 이빨로. 전투는 300명이 모두 죽고서야 끝이 났다.

크세르크세스는 겨우 테르모필레를 차지했다. 대왕은 조금도 기쁘지

테르모필레의 레오니다스 동상(레오니다스와 300 스파르타 전사 기념관).

에게해의 시대

콜로노스 언덕의 동판. 레오니다스왕과 300 전사의 죽음을 추모하는 시가 새겨져 있다.

않았다. 고작 300명의 스파르타인과 수천 명의 그리스인을 상대로 사흘을 끌었다는 사실이, 그들이 페르시아의 엄청난 대군을 보고도 항복하지 않고 죽을 때까지 싸웠다는 사실이 믿기지 않았다. 만약 밀고자가 없었다면 어찌 됐을까? 등골이 오싹해진 대왕은 레오니다스의 머리를 잘라 말뚝에 걸어 테르모필레에서 그리스 남부로 통하는 길 입구에 세웠다. 시신을 욕보이는 행동은 전혀 페르시아인답지 않은 조치였다. 예부터 페르시아는 어느 민족보다도 전쟁에서 공을 세운 인물을 예우했고, 그 대상은 적이라고 해서 예외가 아니었기 때문이다. 그만큼 대왕의 분노는 컸고, 수치심은 깊었다. 어쨌든 대왕은 승리했으며 아테네로 가는 길이 열렸다. 대왕의 군대는 서서히 남쪽으로 진군을 시작했다. 잠시 지체되긴 했지만 누구도 페르시아의 최종 승리를 의심하지 않았다.

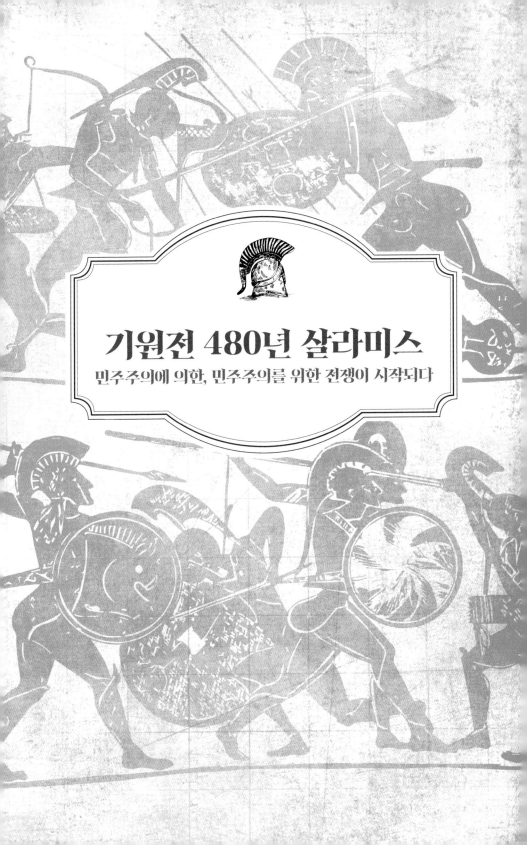

기원전 480년 살라미스

민주주의에 의한, 민주주의를 위한 전쟁이 시작되다

키몬과 테미스토클레스의 신성 동맹

기원전 480년 여름, 아테네는 흔들리고 있었다. 아테네를 향해 오는 페르시아의 대군을 상대로 대응 전략을 확정하지 못했기 때문이다. 지난 3년 동안 아테네는 삼단노선三段櫓船, Trireme을 열심히 건조했다. 해군을 길러 바다에서 페르시아의 보급을 끊어 전쟁을 승리로 이끌자는 테미스토클레스Themistocles, B.C. 524?~460?의 제안에 따른 결과였다. 그러나 막상 전쟁의 순간이 다가오자, 보수적인 사람들은 '모든 시민이 노잡이가 되어 바다에서 싸운다'는 아이디어에 반대했다. 이해할 수 있는 일이었다. 수백 년 동안 아테네를 비롯한 그리스 세계에서 군대의 주력은 중장보병이었다. 자신의 돈으로 무구를 갖춰 전장에 서는 중장보병들은 대부분 자영농이었다. 이들은 생산의 주력인 동시에 국방의 중추였고, 사회의 주류였다.

테미스토클레스 흉상(바티칸 박물관).

더욱이 아테네의 중장보병이 페르시아의 군대를 상대로 마라톤에서 결정적인 승리를 거둔 게 겨우 10년 전이었다. 마라톤 승리의 기억이 아직 생생한 중장보병들에게 싸워보지도 않고 무구를 내려놓고 하층계급과 함께 배를 타라? 무리한 요구였다. 그러나 페르시아의 대군이 쳐들어오는 상황에서 내분은 치명적이었다. 이때 키몬Cimon, B.C. 510?~451?이 나섰다. 큰 키에 강한 인상의 키몬은 말을 타고 일군의 기병 행렬을 이끌었다. 대열은 도심을 거쳐 아크로폴리스Acropolis까지 행진했다. 수많은 사람들이 몰려들었다. 아크로폴리스에 올라간 키몬은 아테네의 가장 거룩한 신전인 '아테나 폴리아스Athena Polias(도시의 수호신 아테나)'로 들어가 자신이 타고 온 말의 굴레를 여신에게 바쳤다.

그러고는 신전 벽에 걸려 있던 방패를 집어 들고 바다를 향해 나아갔다. 키몬은 딱 한마디를 했다. "국가적 비상사태가 귀족적 기마 계급과 노잡이인 하층계급의 차이를 불식시켜주었다." 그의 기마행렬과 발언의 의미는 명확했다. 페르시아 전쟁에서 아테네인들은 누구나 해군으로 싸워야 한다는, 자신도 말에서 내려 바다에서 싸우겠다는 선언이었다.

키몬은 누구인가? 마라톤 승전 장군인 밀티아데스의 아들이다. 아버지가 죽은 기원전 489년부터 보수파의 리더였다. 누구보다 마라톤의 승리를 영예롭게 여기는, 마라톤에서 싸운 중장보병의 가치를 높이 평가하는 키몬이 테미스토클레스의 전략을 공개적으로 지지하고 나선 것이다. 이번 전쟁은 사느냐 죽느냐의 문제였다. 그 앞에서 당파의 이익은 사소했다. 싸워 이길 수 있느냐, 이겨 살아남을 수 있느냐만이 중요했다. 키몬은 그런 점에서 테미스토클레스와 생각이 같았던 것이다. 애국심과 전략적 통찰력을 공유한 두 리더의 신성동맹으로 아테네는 하나가 되었다. 이제 아테네는 탁월한 리더십에 의해 하나로 통합된 공동체가 얼마나 막강한 힘을 발휘하는지 역사 앞에 선보일 터였다.

에게해의 시대

아테나 여신상(아테네 아카데미).

마라톤의 승리는 끝이 아니라 시작이다

키몬의 지지를 이끌어낸 대전략가 테미스토클레스의 출신은 보잘것없었다. 어머니가 아테네 시민이 아닌 거주 외국인이었기 때문이다. 능력은 출중했다. 탁월한 통찰력과 담대한 창의력의 소유자였다. 어려서부터 열정적이고 용감했다. 또한 그는 시민들에게 '불편한 진실'을 말하는 것을 두려워하지 않았다. 눈앞에 위기가 닥치면 있는 그대로 밝히고, 외면하거나 피하지 말고 돌파해 나가자고 주장하는 식이었다. 동시에 테미스토클레스는 탐욕과 기만의 일인자였다. 금전욕이 강해서 거액의 뇌물을 받아 챙기는 것으로 유명했고, 상대방을 매수해 일을 자기 뜻대로 이끌어가는 데도 능숙했다. 정적들을 상대로 거짓말과 속임수를 일삼았지만, 그에 대해 별다른 양심의 가책을 느끼지 않았다. 명예욕과 자부심이 지

나치게 강한 것도 단점이었다. 그럼에도 테미스토클레스는 자신의 장점을 바탕으로 아테네 정계에서 착실하게 입지를 다지며 성장했다.

기원전 493년 최고 행정관인 아르콘에 선출된 테미스토클레스는 아테네에서 8킬로미터 떨어진 피레우스Piraeus에 대규모 항만 시설을 건설했다. 피레우스는 장차 아테네의 외항으로, 해양 제국의 전진기지 역할을 하게 된다. 테미스토클레스는 오래전부터 바다야말로 아테네의 미래라는 생각을 갖고 있었던 것 같다. 기원전 490년 페르시아가 처음 아테네를 침공했을 때, 테미스토클레스도 밀티아데스와 함께 마라톤에서 싸웠다. 마라톤에서 승리하자 아테네인들은 모두 환호했다. 당연한 기쁨이었고, 그들에게는 자격이 충분했다. 하지만 테미스토클레스만은 그날부터 고민에 빠졌다. 마라톤에서의 승리가 끝이 아니라 거대한 전쟁의 시작일 뿐이라고 판단했기 때문이다.

'페르시아의 대왕 다리우스 1세는 마라톤에서 뜻하지 않은 패배로 위신이 깎였다. 자존심에 상처를 입은 대왕은 아테네를 용서하지 않을 테고, 다음번에는 전력을 다해 쳐들어올 것이다. 아테네같이 작은 폴리스가 대제국을 상대로 다시 승리할 수 있을까?'

고민 끝에 테미스토클레스는 해답을 찾아냈다. 바다 그리고 해군! 대군일수록 보급이 어렵다. 기본적으로 그리스는 풍요로운 땅이 아니기 때문에 현지에서 대군을 먹여 살리는 것이 불가능했다. 페르시아가 쳐들어온다면 결국 물자를 소아시아에서 가져와야 하는데, 그 경우 수레를 이용해 육로로 물자를 옮기는 데는 한계가 있기 때문에 결국 배와 바다에 의존할 수밖에 없다. 테미스토클레스의 전략은 미리 해군을 길러 힘을 키운 뒤 바다에서 페르시아 대군의 보급로를 끊음으로써 전쟁을 승리로 이끈다는 것이었다. 그의 천재성은 여기서 그치지 않았다. 테미스토클레스는 이번 기회에 아테네를 육지 국가에서 바다를 근간으로 한 해양 국가로 완전히 탈바꿈시키고자 했다. 해군을 육성해 페르시아의 침략에 대비하는 동시에 바다를 지배해 아테네의 미래를 개척해나가야 한다고 판단한 것이다.

문제는 돈이었다. 해군을 건설하려면 막대한 비용이 필요했다. 이때 행운이 찾아왔다. 아테네 남쪽의 라우리움Laurium 은광에서 어마어마한 광맥이 발견된 것이다. 테미스토클레스는 민회를 설득해 그 돈으로 해군을 만들었다. 그 결과 페르시아 침공 직전, 아테네는 고대 지중해 최강의 전함이었던 삼단노선을 200척이나 보유한 해양 강국으로 거듭나 있었다. 이는 국가의 발전 방향이라는 측면뿐 아니라 민주주의의 관점에서도 아테네 사회에 혁명적인 변화를 가져왔다.

삼단노선에는 선원 200명이 승선한다. 그중 노잡이가 170명으로 압도적이었다. 결국 200척의 전함을 유지하려면 노잡이만 3만 4,000명이 필요하다는 계산이 나온다. 이는 아테네 시민을 총동원해야만 가능한 일이었고, 테미스토클레스는 그렇게 했다. 이제 나라를 지키는 일이 자신의 돈으로 중무장 보병의 무구를 장만할 수 있는 중산층에서 건강한 신체를 지닌 모든 시민으로 확산됐다. 이로써 무산계급의 정치적 목소리가 커졌고, 아테네 민주주의의 참여 폭은 더욱 넓어졌다. 공동체의 결속력이 강해지면서 전과는 비교도 안 될 정도로 강력한 에너지와 활력이 분출되기 시작했다.

에게해의 시대

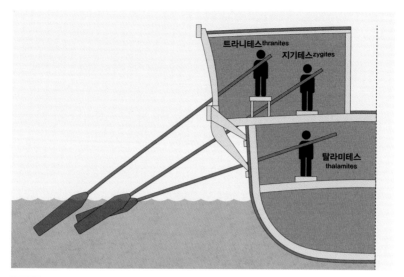

삼단노선의 단면도(위)와 모형(아래. 피레우스 해양박물관).

페르시아의 진군이 시작되다

아테네가 모든 준비를 마칠 즈음 페르시아의 대군이 그리스를 향해 진군하기 시작했다. 절묘한 타이밍이었다. 테미스토클레스가 우려했듯이, 페르시아 군대의 맨 앞에는 대왕 크세르크세스가 서 있었다. 마라톤 전투에서 패배한 다리우스 1세의 후계자였다. 그리스 역사가이며, 역사학의 아버지라 불리는 헤로도토스에 따르면 페르시아의 대왕은 무려 170만 명이 넘는 대군에 1,327척의 함선을 동원했다. 오늘날 역사가들은 당시의 인구를 고려했을 때 실제 페르시아 군대의 규모는 20~40만 명으로 추정한다. 어쨌든 당시로서는 상상하기 힘든 대군이었다.

아테네와 스파르타를 중심으로 그리스 세계를 지키기 위한 동맹 결성이 추진됐다. 결과는 초라했다. 기원전 480년 당시 그리스 세계는 그리스와 에게해를 중심으로 지중해 전역에 뻗어 있었다. 폴리스의 수는 무려 1,500개에 이르렀다. 그런데 페르시아에 맞서 싸우겠다고 나선 폴리스는 아테네와 스파르타를 비롯해 31개뿐이었다. 그리스 북부와 중부에 속한 폴리스들은 오히려 페르시아에 빌붙었다.

사실상 그리스 남부의 몇몇 폴리스가 세계 제국 페르시아와 그의 편에 선 대다수의 그리스계 폴리스에 맞서 전쟁을 벌이는 형국이었다. 그러나 아테네와 스파르타를 중심으로 뭉친 31개 폴리스는 항복하지 않았다. 아테네인들은 페르시아군이 아테네로 몰려올 경우 고향을 버리고 바다를 발판 삼아 전쟁을 계속하겠다는 항전의 의지를 천명했다. 스파르타인들은 레오니다스왕과 300명의 정예를 파견해 전략적 요충지인 테르모필레를 지키게 했다.

서전戰은 페르시아의 승리였다. 스파르타군은 몰살당했고, 테르모필

에게해의 시대

레는 뚫렸다. 그 소식이 전해지자 아테네의 모든 주민은 주저 없이 도시를 떠나 바다로 향했다. 목적지는 피레우스 항구 앞의 살라미스Salamis섬이었다. '그리스'라는 말보다도 더 오랜 역사를 가진 폴리스 사람들의 의연한 피란 행렬. 초라했을까? 아닐 것이다. 무서워서 도망치는 것이 아니라, 싸워 이길 장소를 찾아가는 사람들이었기 때문이다. 자유를 지키기 위해서 도시를 소개疏開하기로 결정한 날부터 아테네를 구성하는 모든 사람은 (장군과 병사, 노잡이들뿐 아니라 모두가) 전선에 선 것이다. 역사상 최초의 총력전은 그렇게 민주주의 아테네에 의해 수행되었다.

며칠 지나지 않아 페르시아의 대군이 몰려들었다. 크세르크세스 대왕은 텅 빈 폴리스를 보고 분노했다. 아크로폴리스를 비롯한 아테네 전 지역을 불태우고 약탈함으로써 화풀이를 했다. 그리 멀지 않은 살라미스섬에서 이 불길은 훤하게 보였다. 아테네인들은 커다란 슬픔을 가슴에 담고 최후의 전투를 준비했다. 페르시아 군대도 결전을 벼르기는 마찬가지였다. 100만 명이 넘는 대군을 이끈 크세르크세스 대왕의 친정이었다. 고작 테르모필레에서 거둔 작은 승리로 만족할 수는 없었다. 텅 빈 아테네를 불태우는 것으로 기뻐할 수는 없었다. 대왕의 위신을 세워줄 결정적인 승리가 필요했다.

승리가 필요하기는 테미스토클레스도 마찬가지였다. 페르시아 군대를 몰아내고 아테네를 구해야 했기 때문이다. 그리스의 자유를 지켜야 했기 때문이다. 그러나 그리스 연합군의 상황이 간단치 않았다. 페르시아 군대의 위세에 겁을 먹은 여러 폴리스의 장군들이 살라미스를 포기하고 코린토스Corinth 지협까지 후퇴하자고 나선 것이다. 말이 좋아 '작전상 후퇴'지 사실 자포자기였다.

테미스토클레스는 처음부터 살라미스 해협을 최후의 결전지로 생각하고 있었다. 아테네 바로 옆에 위치한 살라미스는 적당한 크기의 섬으로 천혜의 자연 항구를 가진 곳이었다. 아테네를 비롯한 그리스 연합군의 함선들이 정박하기 좋았다. 섬 앞과 피레우스 항구 사이의 좁은 해협은 물살이 거셌고 강한 바람이 불었기 때문에 368척의 그리스 연합함대가 두 배가 넘는 수의 페르시아 해군과 싸워 이길 수 있는 최적의 장소였다. 결국 테미스토클레스는 승부수를 띄웠다. 최측근을 페르시아 대왕 크세르크세스에게 보내 거짓 충성을 맹세한 것이다.

"나(테미스토클레스)는 아테네를 배신하고 크세르크세스에게 충성할 것이다. 지금 그리스군 내부는 완전히 분열되어 있다. 대부분 겁을 먹고 도망치려 하니 서둘러 그들을 공격해라. 공격이 시작되면 나는 내부에서 돕겠다."

살라미스의 현재 모습.

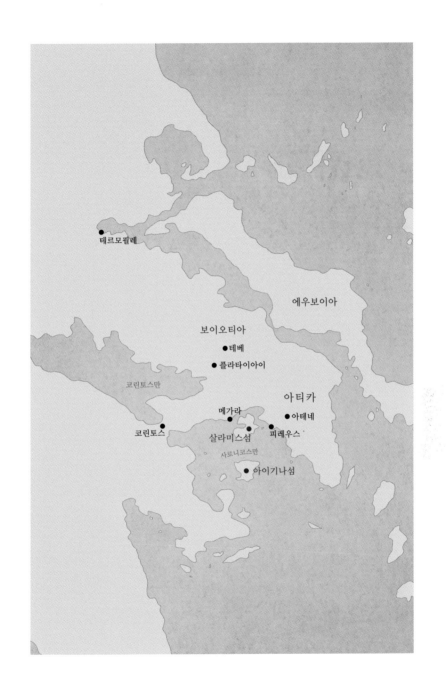

테르모필레

에우보이아

보이오티아
●테베
●플라타이아이

코린토스만

아티카

메가라
●아테네

코린토스
살라미스섬
피레우스

사로니코스만

●아이기나섬

기원전 480년 살라미스

그리스 연합함대가 후퇴하기 전에 페르시아 함대가 해협을 포위하면, 퇴로가 막힌 그리스 연합함대는 살기 위해 싸울 것이고, 싸우면 이길 것이란 게 테미스토클레스의 생각이었다. 승리를 위해 자기편과 적을 동시에 속이는 기막힌 계책이었다. 크세르크세스는 기뻐하며 제안을 받아들였다. 그로서는 테미스토클레스를 의심할 이유가 없었다. 배신은 그리스인의 특기였고, 테르모필레 전투Battle of Thermopylae의 승리도 배신자 덕분이었다. 더군다나 테미스토클레스는 돈 욕심이 많고 뇌물을 좋아하기로 유명했다. 아테네가 이미 정복당한 마당에 그가 충성의 대상을 페르시아로 바꾸겠다는 건 놀라운 일이 아니었다.

크세르크세스는 즉각 함대를 출동시켰다. 페르시아의 함선들은 밤새 살라미스 해협의 입구를 봉쇄하고 날이 밝기를 기다렸다. 해협이 포위되었다는 소식에 그리스 연합함대 사령부에서는 난리가 났다. 이제는 도망도 갈 수 없게 되어버린 것이다. 그러나 누구도 항복하자는 말은 하지 않았다. 퇴로가 끊겼음을 안 순간, 분열했던 그리스 연합군은 하나가 되었다. 겁먹었던 장군들은 죽음을 각오했다. 모든 것이 테미스토클레스의 예측대로였다.

진정한 민주주의에 의한 승리

해전은 기원전 480년 9월 25일에 시작됐다. 아테네를 중심으로 한 그리스 연합함대는 368척이었다. 페니키아Phoenicia 해군이 중심인 페르시아 함대의 규모는 두 배 이상이었다. 살라미스 해협의 거친 바람이 페르시아 함선들을 그리스 함대쪽으로 떠밀자 그리스 함선들은 신속하게 나

에게해의 시대

아갔다. 밤새 해협을 포위하느라 지친 페르시아 함선들은 전열을 유지하며 버텨내지 못했다. 삼단노선의 동력은 노잡이들로부터 나온다. 그런데 페르시아 함선의 노잡이들은 그리스 함대의 도주를 막기 위해 살라미스 해협을 봉쇄하느라 밤새워 노를 저어 지친 상태였다. 정신도 해이해져 있었다. 도망치는 적선들을 추격해서 섬멸하면 된다고만 생각했기 때문이었다. 그래서 그리스 함선들이 강하게 공격해오자 페르시아 함선들은 당황했다. 공포가 몰아닥쳐 순식간에 사기가 꺾였다.

후퇴도 불가능했다. 빠져나가려면 배의 방향을 바꿔야 하는데 좁은 해협에 너무 많은 배가 몰려 있었다. 게다가 물살은 빠르고 바람은 거칠었

〈살라미스 전투〉(Wilhelm von Kaulbach, 1868).

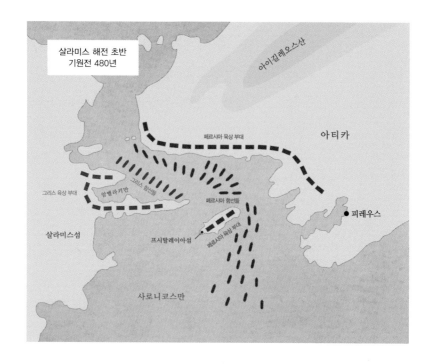

살라미스 해전 초반
기원전 480년

아이길레오스산

페르시아 육상 부대

아티카

그리스 함선들

그리스 육상 부대

암벨라키만

페르시아 함선들

피레우스

살라미스섬

프시탈레이아섬

페르시아 육상 부대

사로니코스만

으며 노잡이들은 지쳤다. 설상가상으로 전방의 상황을 모르는 후방의 함
장들은 공명심에 불타 계속 전함을 전진시켰다. 이제 맨 앞 열의 페르시
아 함선들은 폭풍처럼 몰아쳐 오는 그리스 함대와 계속해서 전진해 들어
오는 같은 편 사이에서 오도 가도 못하는 신세가 되고 말았다. 무질서한
가운데 치열하게 전개된 전투에서 페르시아의 대함대는 차츰 무너져갔
다. 아침에 시작된 전투는 저녁이 되어서야 끝났다. 그리스 연합함대의
완벽한 승리, 그리고 페르시아 함대의 처절한 패배였다. 모든 것이 테미
스토클레스의 뜻대로 됐다.

　무엇보다 중요한 것은 이 전투의 주역이 삼단노선의 노잡이들이라는
사실이다. 노잡이가 전원 승선했다고 가정하면, 368척의 그리스 함선에

에게해의 시대

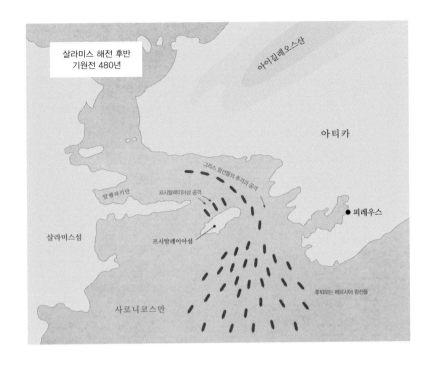

살라미스 해전 후반
기원전 480년

아이갈레오스산

아티카

암펠라키만

그리스 함선들의 추격과 공격

프시탈레이아섬 공격

프시탈레이아섬

• 피레우스

살라미스섬

후퇴하는 페르시아 함선들

사로니코스만

는 6만 2,000여 명의 노잡이들로 북적였을 것이다. 특히 180척으로 가장 많은 삼단노선을 제공한 아테네의 경우 3만여 명의 노잡이가 전투에 참전했다. 이들이 살라미스 해전의 주역이었다. 단 한 사람의 이름도 알려지지 않았지만, 그리스의 자유는 평범한 사람들에 의해 지켜졌던 것이다. 진정 민주주의의, 민주주의에 의한 전쟁이었다. 특히 아테네의 노잡이들은 장차 민주주의를 더 높은 단계로 성숙시키고, 아테네를 제국으로 확장시키는 데 결정적인 역할을 하게 될 것이었다.

살라미스 해전의 패배로 그리스 정복의 꿈은 깨졌다. 크세르크세스는 즉각 철군을 결정했다. 대왕은 살라미스에서의 패배가 더 큰 문제, 즉 보급의 단절과 이오니아의 반란으로 이어질 수 있음을 간파한 것이다. 세계 제국 페르시아 입장에서 그리스는 작고 가난한 변방일 뿐이었다. 제국에는 중요한 지역이 더 많았고, 대왕을 필요로 하는 중요한 일도 수없이 많았다. 더 이상 얻을 것도 없고, 큰 위험을 불러올 수 있는 원정에 대왕이 계속 참전하는 건 어리석었다. 대왕은 일각의 군대를 그리스에 주둔시킨 후, 서둘러 소아시아로 향했다. 아테네는 구원받았다. 그리스 연합군은 결정적인 승기를 잡았다. 모든 것이 테미스토클레스가 있었기에 가능한 일이었다.

살라미스 전투 기념 동상.

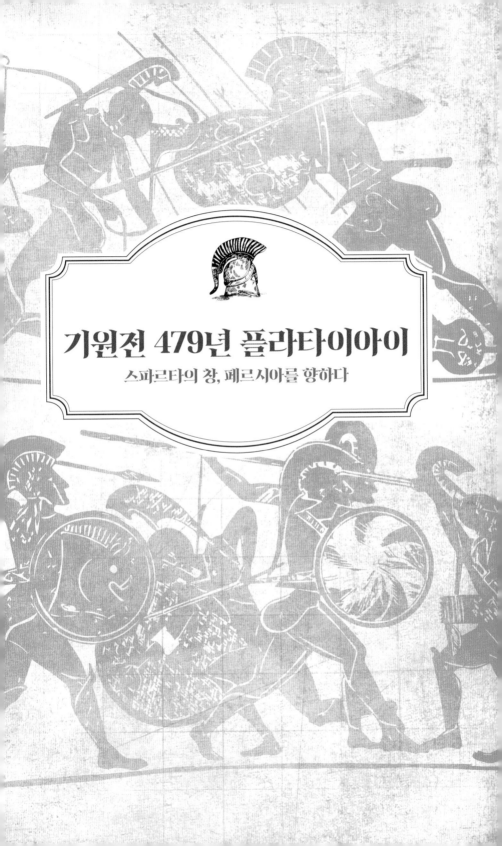

기원전 479년 플라타이아이

스파르타의 창, 페르시아를 향하다

아테네 사절단은 기가 막혔다. 천신만고 끝에 스파르타에 도착해 보니 축제가 한창이었다. 기원전 479년 6월이었다. 스파르타인들이 즐기던 축제는 태양신 아폴론Apollon의 애인이었다고 전해지는 히아킨토스Hyacinthus를 추모하는 행사었다. 보수적이고 신실한 스파르타인은 신들에 대해 지극정성을 들었다. 유독 축제가 많고, 그에 따른 규율이 엄격한 건 그래서였다. 그러나 지금의 아테네 입장에서는 스파르타의 행동은 참을 수 없는 모욕이었다. 페르시아와의 전쟁은 아직 끝나지 않았다. 지난해 살라미스 해전에서 그리스 연합군은 결정적인 승리를 거뒀다. 그 결과 페르시아의 대왕 크세르크세스는 군대의 일부를 이끌고 아시아로 돌아갔다. 대신 대왕은 가장 뛰어나고 열정적인 장군 마르도니우스Mardonius, B.C. ?~479와 정예병으로 이뤄진 군대를 그리스에 남겼다. 그는 전략을 바꿨다. 아테네를 정복해서 굴복시키는 대신 구슬리기로 했다. 세상에서 가장 강력하고 부유한 대왕의 '적'이 되지 말고 '벗'이 되라고. 아테네는 단호하게 거부했다. 페르시아 군대는 다시 쳐들어왔고, 아테네인들은 다시 피난길에 올랐다.

축제가 한창인 스파르타에 도착한 사절단은 살라미스로 피신한 아테네인들이 도움을 요청하기 위해 보낸 사람들이었다. 기가 막힌 게 당연했다. 더욱

어이없는 건 자신들의 구조 요청에 대해 스파르타에서 최고 권력을 가진 에포르들이 답을 미뤘다는 것이다. 다음 날도, 그 다음 날도 마찬가지였다. 그들의 침묵은 그렇게 열흘 동안 계속됐다. 아테네 사절단의 분노와 절망은 깊어만 갔다. 그동안 스파르타를 맹주로 하는 펠로폰네소스 동맹Peloponnesian League 소속 사람들은 코린토스 지협을 가로지르는 방벽을 완성시켰다. 페르시아 군대와 펠로폰네소스 사이에 드디어 방어막이 생긴 것이다. 결국 스파르타인들은 아테네를 버리고, 자신들은 안전한 방벽 뒤에 비겁하게 숨기로 작정했던 것일까?

아테네 사절단이 떠나기로 한 날이 하루 앞으로 다가왔다. 스파르타에서 가장 영향력 있는 이방인인 테게아Tegea 출신의 킬레오스Chileus가 에포르들에게 촉구했다. "만약 아테네가 페르시아의 동맹이 된다면, 우리가 아무리 견고한 방벽을 쌓았다 할지라도 펠로폰네소스로 들어오는 큰 문들은 페르시아인

에게해의 시대

에게 활짝 열리는 셈이다. 아테네인이 그리스 세계를 파멸시킬 결정을 내리기 전에 그들의 요구를 들어주어야 한다." '나만 살겠다'는 사심에서 벗어나면 누구에게나 보이는 명백한 사실이었다. 살라미스 해전을 통해 아테네는 그리스 세계 최강의 해양 강국임을 입증했다. 그들의 해군은 건재했다. 페르시아의 해군이 펠로폰네소스로 진입하지 못하는 것은 아테네 해군이 길목을 지키고 있기 때문이다. 만약 아테네가 페르시아 해군과 손을 잡게 된다면? 바다라는 '펠로폰네소스로 들어오는 큰 문'이 활짝 열릴 수밖에 없다.

그제야 정신을 차린 에포르들은 즉시 파병을 결정했다. 아테네 사절단에게조차 알리지 않고 그날 밤으로 5,000명의 중장보병이 스파르타를 빠져나가 코린토스 지협으로 향했다. 스파르타 역사상 해외로 파병한 가장 큰 규모의 군대였다. 그들은 1년 전, 레오니다스왕과 300명의 특공대가 결연하게 걸어갔던 길을 따라서 나아갔다. 다음 날 분노에 차 떠나려는 아테네 사절단에게 에포르들은 스파르타의 군대가 이미 페르시아인들을 향해 진격 중이라며 자초지종을 설명했다. 깜짝 놀란 아테네 사절단은 스파르타 군대를 뒤쫓아 갔다. 사실이었다. 드디어 그리스 세계 최강을 자랑하는 스파르타의 날카로운 창이 페르시아를 향했다.

전쟁은 아직 끝나지 않았다

대왕의 사촌인 마르도니우스는 처음부터 열렬하게 그리스 원정을 주장했던 주전파의 대표였다. 그에게 살라미스 해전의 패배는 국지전에서 진 것에 불과했다. 100만 명이 넘는 육군은 건재했고, 함선들도 남아 있었다. 그리스 중부와 북부에 위치한 보이오티아Boeotia, 트라키아Thrace, 마케도니아Macedonia, 테살리아Thessaly 모두 여전히 페르시아에 충성을 바쳤다. 결국 변한 것은 아무것도 없었다.

마르도니우스는 대왕 크세르크세스에게 본국 귀환을 주청했다. 그리고 자신에게 정예병을 남겨주면, 대왕을 대신해 그리스를 정복하겠다고 맹세했다. 마르도니우스의 주청은 살라미스에서의 패배가 혹시 이오니아 지방의 반항적인 그리스계 폴리스들에 반란의 계기를, 혹은 수도의 불순한 무리들에게 역모의 기회를 제공하게 될까 봐 걱정했던 대왕의 생각과 일치했다. 대왕은 강력한 기병대를 포함한 30만 명의 정예병을 추려 마르도니우스에게 맡기고 그리스를 떠났다. 이로써 페르시아 군대는 대왕이 이끄는 대규모 오합지졸에서 열정적인 장군을 중심으로 한 소수 정예로 거듭났다.

마르도니우스는 아테네에 대한 전략을 바꿔 공격하는 대신 회유하기로 했다. 평화안에는 아테네의 자유와 독립을 보장하고, 파괴된 도시는 페르시아의 돈으로 재건될 것이며, 그리스 세계에서의 패권도 인정해주겠다는 내용이 포함되었다. 아찔할 정도로 달콤한 제안이었다. 그러나 아테네인들은 과감하게 마르도니우스의 제안을 거부했다. 그 대가로 또 피난을 떠나야 할지 모르고, 다시 고향이 정복당할 수 있는데도 거절한 것이다. 유일하게 실질적인 도움을 줄 수 있는 스파르타가 '전쟁을 하면 피란민을 수용해줄 용의가 있다'느니, '페르시아인의 말에는 진실도 신의도 없다'느니 하면서 변죽만 울리는 상황임에도 거부했다. 이때의 아테네인들에게는 진정한 자유에 대한 열정이 황금보다 값지고, 그 어떤 권력보다 강했기 때문이다.

에게해의 시대

아테네,
자유를 위해 다시 길을 떠나다

무엇이 그들을 이토록 담대하게 만들었을까? 수십 년 동안 지속된 민주주의의 체험, 그리고 자유를 지키기 위해 유사 이래 가장 강력한 제국인 페르시아와 맞서 싸우고, 싸워서 이긴 경험이었다. 마르도니우스의 평화안을 거부한 즉시, 아테네인들은 임시로 만든 천막을 걷어내고 짐을 싸기 시작했다. 피레우스를 향해 수레를 밀었다. 첫 피란길에 나선 지 1년도 되지 않은 시점이었다. 그 짧은 기간 동안 아테네인들은 자유의 기치 아래 두 번이나 스스로를 역사의 망루에 세웠다. 역사에 다시없는 위대한 순간이었다.

얼마 후 수십만의 페르시아 군대가 또 쳐들어왔고, 아테네에 무혈입성했다. 마르도니우스를 비롯한 페르시아군의 수뇌부는 텅 빈 아테네를 바라보며, 자신들이 10개월 전에 폐허로 만든 도시를 거닐며 무슨 생각을 했을까? '자유란 게 이렇게까지 할 가치가 있는가'라고 반문했을 것이다. 자유를 위해 전부를 버리는 아테네인들을 어리석다 비웃었을 것이다. 왜 아니겠는가? 자유의 가치는 아테네라는 작은 폴리스에 의해서 이제 막 인류 앞에 모습을 드러냈을 뿐이다.

마르도니우스는 아테네인들의 이해할 수 없을 정도로 어리석은 단호함에 한편으로는 간담이 서늘했을 것이다. 그가 살라미스로 사절단을 보내 또 한 번 강화를 청한 건 그래서가 아니었을까? 헛수고였다. 마르도니우스의 강화 조건을 민회에 회부해서 논의하자고 주장했다는 이유만으로 아테네 시민들은 명문 귀족 리키다스Lycidas를 돌로 쳐 죽였다. 그의 처자식도 여인네들에게 맞아 죽었다. 테르모필레 협곡 앞에서 무기를 내려놓고 항복하라는 페르시아 대왕의 사절에게 "(무기를 원하면) 와서 가져가라"고 외쳤던 스파르타 레오니다스왕의 결기가 살라미스에서 되살아난 듯했다.

그러나 전쟁은 결기만으로 이길 수 없다. 전쟁의 신은 약한 자나 자유를 사랑하는 자의 편이 아니라, 강한 자의 손을 들어주기 때문이다. 단한 번의 예외도 없었던 자명한 이치다. 아테네인들이 잃어버린 고향을 되찾으려면 페르시아 군대와 육지에서 싸워 이겨야 했다. 침략자보다 더 강해야 했다. 바다에서는 그것이 가능했다. 테미스토클레스가 해군을 길러 대비했기 때문이다. 육지에서는 불가능했다. 스파르타의 도움이 절대적으로 필요했다. 아테네 사절단은 스파르타의 출전을 이끌어낸다는 중대한 임무를 맡고 펠로폰네소스반도로 향했다. 동시에 아테네는 자체적으로도 육지 전투에 대비했다. 테미스토클레스 대신 아리스티데스 Aristides, ?~?를 장군으로 선출해 육군을 맡겼다. 살라미스에서는 어쩔 수 없이 배를 타고 싸웠지만 중장보병들은 여전히 과거 마라톤의 향수를 잊지 못했다. 그들에게 테미스토클레스는 영광을 앗아간 자였다. 다른 선택이 불가피했던 것이다. 테미스토클레스의 오만한 태도도 그의 실각에 큰 역할을 했다. 아테네인들은 심지어 그의 해군 사령관직마저 박탈해 크산티포스Xanthippus, ?~?라는 명망 높은 귀족에게 맡겼다.

아테네의 민주주의는 짧은 시간 동안이지만 지나치게 냉정하다는 것을 스스로 증명해왔다. 민주주의 제도의 창안자인 클레이스테네스도 쉽게 잊었다. 마라톤의 승전 장군인 밀티아데스도 하찮은 전투에서 패배했다는 이유로 불명예 속에 숨졌다. 테미스토클레스도 예외는 아니었다. 아테네 민주주의는 영웅을 인정하지 않으려 했고, 고마운 마음을 오래 간직하지 못했던 것이다. 아테네 지도자들의 숙명이었다. 새롭게 육군을 책임지게 된 아리스티데스는 '공정한 자'로 불릴 만큼 명망 있는 지도자였다. 그와 8,000명의 아테네 중장보병은 이제나저제나 스파르타 군대의 도착을 기다렸다.

운명의 전장 플라타이아이

스파르타의 무수히 많은 창이 코린토스 지협에 모습을 드러내자 그리스 곳곳에서 지원군이 도착했다. 아리스티데스가 이끄는 8,000명의 아테네 중장보병도 여기에 합류했다. 총사령관은 스파르타의 섭정 파우사니아스Pausanias, B.C. ?~470/465였다. 테르모필레 전투에서 전사한 레오니다스의 아들이 너무 어렸기 때문에 섭정이 대신 총사령관직을 맡았다.

자유를 위해 뭉친 그리스 연합군의 규모는 3만 8,000여 명의 중장보병을 포함해 4만 5,000명에 이르렀다. 이 정도 규모의 중장보병이 번쩍이는 청동 갑옷과 방패, 창으로 무장하고 전진하는 광경은 그리스의 그 누구도 보지 못했던 장관이었다.

그들은 코린토스 지협을 넘어 보이오티아로 진군했다. 목표는 페르시아 군대의 전초기지 역할을 하던 테베Thebes였다.

당시 페르시아군도 아테네에서 회군해 보이오티아에 진을 치고 있었다. 이 지역은 유서 깊은 테베를 중심으로 그리스의 남부

중장보병이 그려진 도자기(아테네 고고학박물관).

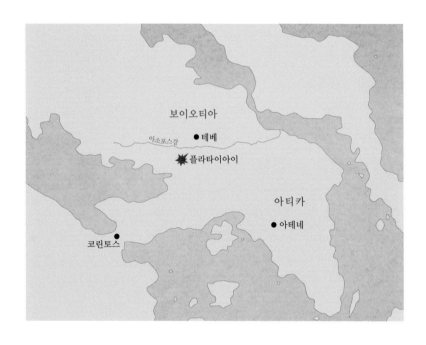

보이오티아
아소포스강 ●테베
💥 플라타이아이

아티카
●아테네

●
코린토스

와 중부를 잇는 요충지이며 다른 지역에 비해 상대적으로 너른 평야를
보유했다. 테베가 지속적으로 페르시아 편에 붙어 있었기 때문에 전체
적으로 친親페르시아 성향이 강했다. 평야 지역이 많아 기병대를 활용하
기에도 좋았다. 마르도니우스 입장에서는 최적의 전쟁터였다. 그리스 연
합군 입장은 반대였다. 다만 선택의 여지가 없었다. 페르시아 군대가 펠
로폰네소스반도로 들어오는 것을 막고, 아테네로부터 철수시키려면 치고
나가야 했다.

두 군대는 테베에서 남쪽으로 얼마 떨어지지 않은, 아소포스Asopus강과
플라타이아이라는 작은 폴리스 주변에 진을 치고 대치했다. 그리스 연합
군은 페르시아 기병대에 대응하기 위해 언덕 위에 진지를 세우고 굳건히
지켰다. 마르도니우스는 기병대의 기동성을 이용해 그리스 연합군의 보

에게해의 시대

급 부대를 계속해서 습격했다. 주변 식수원도 하나씩 못 쓰게 만들었다. 그리스 연합군은 굶주림과 갈증에 시달리기 시작했다. 페르시아의 기병대는 그리스 연합군이 기진맥진한 틈을 타 마지막 남은 샘마저 기습적으로 메워버렸다. 이로써 그리스 연합군의 생명선이 끊어졌다. 현재 위치에서 버티는 것은 불가능했다. 식수원이 있고, 보급이 원활한 지역으로 이동해야 했다. 그러나 막강한 기병대를 보유한 적과 대치한 상황에서 진지를 옮기는 것은 위험한 도박이었다. 이동 중에 진열이 무너지거나 틈이 생기면 적에게 공격할 절호의 기회를 제공할 것이 뻔했다. 진퇴양난의 위기였다.

총사령부는 군대를 이동시키는 것 이외에 선택의 여지가 없다는 결론에 도달했다. 다만 페르시아 기병대의 습격을 피하기 위해 대낮이 아닌 한밤중에 철군키로 했다. 현재 위치에서 3킬로미터 떨어진, 플라타이아이 동쪽에 위치한 산기슭이 목표였다. 그리스 세계의 자유와 운명이 그 3킬로미터 남짓한 거리에 달린 것이다. 어둠이 내리고 이동이 시작되었다. 어둠은 축복이었지만, 낯섦은 저주였다. 저주의 힘이 더 강했다. 각각의 부대들은 길을 잃고 사방으로 흩어졌다. 주력부대인 스파르타군과 아테네군은 날이 밝아올 때까지 철군을 시작도 못하고 있었다. 총체적인 혼란이 그리스 연합군을 덮쳤다. 페르시아군도 그리스 연합군의 상황을 눈치챘다. 마르도니우스는 승리를 예감했다. 그는 고립된 채 후퇴하는 스파르타군을 먹잇감으로 삼았다. 기병대가 맹추격에 나섰고 그 뒤로 전군이 따랐다.

스파르타의 총사령관 파우사니아스는 후퇴를 멈추고 전열을 정비했다. 중장보병들이 빗발치는 적의 화살 속에서 방진을 만들었다. 공격 명령과 함께 번쩍이는 청동의 숲은 빠르게 진격했다. 당대 유럽의 최강자인 스파르타 군대와 아시아의 지배자인 페르시아 군대의 일대 격돌! 승기는 스파르타가 잡았다. 죽음을 두려워하지 않고, 평생을 같이 훈련했으며, 냉혹하게 창을 내지르는 전사들로 구성된 방진은 천하무적이었다. 그들은 최악의 상황에서 시작된 전투를 승리로 이끌어냈다.

페르시아의 패배는 마르도니우스의 죽음과 함께 돌이킬 수 없는 현실이 되었다. 총사령관이 죽자 여전히 막강했던 군대였음에도 페르시아군은 빠르게 무너져 내렸다. 그들은 후퇴하지 못하고 도주했다. 그 대가는 학살이었다. 아테네군이 숙적인 테베군을 혈투 끝에 물리치고 합류하면서 학살의 규모는 더 커졌다. 미리 도망친 사람을 제외하고, 살아남은 페르시아 군인은 극소수였다. 테르모필레 협곡에서 레오니다스왕과 300명의 용사를 죽임으로써 시작된 전쟁은 이곳 플라타이아이에서 페르시아인들이 그 수백 배에 달하는 피를 흘리고 막을 내렸다. 화려하고 야심 찼던 시작에 비해, 너무도 초라하게 귀결된 대왕의 원정이었다.

미칼레에 타오른 승리와 자유의 불길

그리스의 승리는 육지뿐 아니라 바다에서도 이어졌다. 그리스 연합함대는 이 무렵 이오니아의 델로스Delos섬에 머물고 있었다.* 그리스 연합함대의 총사령관은 스파르타의 또 다른 왕인 레오티키데스Leotychides, 재위

---

* 델로스섬에 정박했던 그리스 연합군은 페르시아에 대항하여 반란을 일으키려는 사모스인들을 지원하기 위해 사모스로 출병했고, 사모스에 정박해 있던 페르시아 함대는 미칼레곶 인근으로 후퇴, 육지에서 전투를 벌였다.

에게해의 시대

레스보스섬 ●

키오스섬 ●

플라타이아이

●아테네

에게해

사모스섬 ●

미칼레 ●밀레투스

델로스섬 ●

스파르타

B.C. 491~469였다.

아테네가 140척으로 가장 많은 함대를 제공했지만 관례적으로 총사령
관은 스파르타가 맡았다. 레오티키데스는 스파르타인답게 해전에 소극
적이었지만 페르시아 함대가 사모스Sámos섬에 정박해 있다는 제보를 받
은 이상 진격하지 않을 수 없었다. 그리스 연합함대가 사모스섬에 모습
을 드러내자 페르시아 함대는 이오니아의 좀 더 안전한 항구를 찾아 후
퇴했다. 살라미스에서의 쓰라린 패배의 기억이 페르시아 함대 지휘관들
에게 여전히 트라우마로 작용했기 때문이다.

그리스 연합함대는 그들을 찾아 나섰다. 페르시아 함대는 사모스섬 너
머의 험준한 미칼레Mycale산 아래 펼쳐진 해변에서 발견되었다. 페르시

아 지휘관들은 함선을 뭍으로 끌어올린 뒤 그 주변을 방책으로 둘러치고 진지를 구축한 상태였다. 처음부터 그들은 바다에서 싸울 생각이 없었던 것이다. 그만큼 살라미스의 기억은 강렬했다. 그리스 해군은 난감해졌다. 싸우자니 육지에 내려야 했고, 그냥 가자니 기회가 아까웠다. 결국 적당한 곳에 배를 대고 육지에서 결판을 내기로 결정이 났다. 다행히 이번 원정에는 2만여 명의 중장보병이 동행 중이었다.

낯선 산악 지대를 통과해 페르시아군이 진을 친 해변으로 가다 보니 그리스 연합군의 행렬은 제각각으로 흩어져버리고 말았다. 아테네군을 비롯한 여러 부대가 페르시아 진 앞에 도착했을 때, 스파르타군은 아예 보이지도 않았다. 그럼에도 아테네 사령관 크산티포스는 전투를 시작했다. 아테네군은 적의 방책을 향해 전진했고, 페르시아군은 속수무책으로 방책 안으로 내몰렸다. 뒤처졌던 스파르타군이 등장하면서 전투는 끝났다. 다수의 페르시아 병사가 살해되었고, 나머지는 항복하거나 도망쳤다. 해군끼리 육지에서 싸운 기이한 전투는 그리스 연합군의 완벽한 승리로 끝이 났다. 수백 킬로미터*나 떨어진 플라타이아이에서 그리스 연합군이 승리를 거둔 바로 그날이었다.

우연이라 하기에는 너무나 극적인 그리스의 최종 승리였다. 미칼레의 승리를 자축한 뒤 그리스 연합함대는 페르시아 함대를 모두 불태우기로 결정했다. 선원 부족으로 노획한 배들을 가져갈 수 없었기 때문이었다. 페르시아 함대를 휩쓴 거대한 불길은 그날 밤새 타올랐다. 인근의 밀레투스에서도, 바다 건너 사모스섬에서도 불길은 선명했다. 그 선명함만큼

---

* 톰 홀랜드는 헤로도토스의 기록을 인용하여 약 160킬로미터라는 수치를 썼으나 실제 미칼레곶과 플라타이아이 사이의 거리는 훨씬 멀다.

이나 불꽃의 의미도 명백했다. 페르시아의 압제는 끝났다. 그리스는 승리했고, 이오니아는 자유를 되찾았다. 저 불길 속으로 사라진 것은 이오니아와 에게해를 지배했던 페르시아의 마지막 함대였다.

펠로폰네소스 전쟁

암피폴리스

미틸레네

아르

에게해

시라쿠사

아테네

스파르타

델로스

지중해

기원전 478년 델로스

아테네, 해양 제국을 향해 나아가다

델로스섬은 에게해, 이오니아, 헬레스폰트, 보스포루스Bosporus를 비롯한 그리스 세계 각지에서 온 사람들로 북적였다. 모두가 해안가나 섬에 위치한 폴리스를 대표하는 사절단이었다. 그들은 며칠째 성스러운 섬 델로스에서 머리를 맞대고 회의를 거듭했다. 목적은 얼마 전 이오니아인이 제안했던 '새로운 해군 동맹'의 결성이었다. 동맹은 에게해에서 페르시아 해군의 잔당을 완전히 소탕하고, 그들의 새로운 침략에 대비하는 것을 목표로 했다. 자연스럽게 동맹을 주도해나갈 권리는 아테네에 쥐어졌다. 가장 많은 전함을 보유한 해양 강국이며, 페르시아의 그리스 침공을 끝장낸 살라미스 해전과 미칼레 해전에서 결정적인 역할을 했기 때문이다. 스파르타는 기꺼이 새롭게 결성될 동맹의 주도권을 아테네에 양보하고 불참했다. 스파르타가 이끄는 펠로폰네소스 동맹에 소속된 코린토스 등도 덩달아 불참했다.

동맹은 언제까지 계속될지 모를 페르시아와의 전쟁에 대비해 상설 함대를 건설하고 운용키로 했다. 그러려면 막대한 자금이 필요했다. 새로운 삼단노선을 계속 건조하고, 낡은 배는 수리해야 했다. 수많은 노잡이들에게는 급여를 지급해야 했다. 아테네는 모든 동맹 가입국의 국력에 맞춰 은이나 선박을 공평하게 부담하자고 제안했다. 부담액 산정이라는 막중한 임무는 정의로운 자

델로스섬의 델로스 동맹 금고가 있던 터.

로 이름 높은 아테네의 아리스티데스가 맡았다.

그는 첫 해 부담액으로 은 460탈란트Talent(고대의 무게 단위로 그리스 탈란트는 약 25.8킬로그램으로 추산된다)를 산정했다. 당연히 아테네의 부담이 가장 컸다. 다음으로는 대규모 선단을 보유한 레스보스Lésbos, 키오스Chios, 사모스, 낙소스 Naxos, 타소스Thasos 섬이 아테네와 함께 함선을 제공하고 나머지 중소 동맹국 들은 은을 납부하기로 했다. 동맹의 본부와 금고는 델로스에 두고 매년 봄 가입국에서 보내 오는 은은 열 명의 아테네 출신 회계관이 관리하게 되었다.

동맹 결성과 관련된 모든 사항이 결정되자 각 폴리스의 대표들은 아테네를 주축으로 한 새로운 동맹에 충성을 맹세하고 증표로 쇠막대기를 바다에 던졌다. 이는 바다에 잠긴 쇠막대기가 수면으로 떠오를 때까지 동맹의 서약이 계속될 것이라는 상징적인 행위였다. 모두가 흥분한 가운데 의식이 끝났다. 이제

에게해의 시대

내일이면 전쟁의 국면이 바뀌고, 에게해의 역사가 새롭게 쓰일 터였다. 그 중심에 아테네가 존재했다.

민주주의 개혁과 페르시아 전쟁을 거치면서 아테네는 나날이 성장했다. 그들의 창조성과 모험심, 용기와 결단은 그 이전의 어떤 폴리스도 보여준 적 없는 경이로운 것이었다. 40년 만에 아테네는 완전히 새롭게 탈바꿈했다. 그리고 이제 폴리스를 벗어나 그리스 역사상 처음으로 '제국'을 건설해나갈 참이었다. 아테네의, 아테네에 의한, 아테네를 위한 제국을!

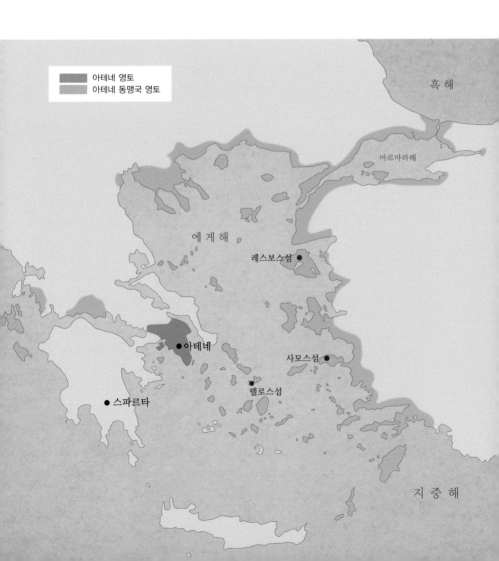

아테네를 중심으로
델로스 동맹이 맺어지다

기원전 479년의 플라타이아이 전투와 미칼레 해전에서 그리스 연합군이 승리함으로써 페르시아의 그리스 본토 침공은 일단락되었다. 그렇다고 모든 전쟁이 끝난 것은 아니었다. 페르시아의 국력은 여전했고, 그들의 야망도 그대로였다. 더욱이 페르시아는 왕 중의 왕이라 불리는 '대왕'이 통치하는 전제 국가였다. 대왕이 마음만 먹으면 전쟁은 내일이라도 다시 시작될 터였다. 그렇게 되면 이오니아의 폴리스들이 가장 먼저 전쟁의 피해자가 될 가능성이 컸다. 그들은 육지 쪽으로는 여전히 페르시아 제국에 둘러싸여 있었기 때문이다. 이오니아의 폴리스들은 국가의 운명을 적국의 사정과 대왕의 변덕에 맡길 생각이 추호도 없었다. 그들은 바다에 면한, 그리고 바다를 터전으로 살아가는 폴리스들에 새로운 해군 동맹을 결성하자고 제안했다.

이오니아인들은 처음부터 동맹의 지도자로 스파르타보다 아테네를 선호했다. 아테네인과 조상이 같다는 이유도 있었지만 더 중요한 것은 지난 30년간 아테네가 보여준 행동 때문이었다. 페르시아에 맞서 이오니아 지역이 반란을 일으킬 때, 스파르타는 원조를 거절했지만 아테네는 기꺼이 함께 싸워줬다. 그 결과 페르시아군의 침공을 받았지만 마라톤에서 승리했다. 크세르크세스가 직접 이끈 2차 침공에서도 아테네는 항전을 주도했다. 살라미스와 미칼레 해전은 사실상 아테네의 승리였다. 일련의 과정에서 아테네의 지도자들은 언제나 최상의 리더십을 발휘했고, 시민들은 열정과 용기를 불살랐다. 폴리스 국가 체제의 성격과 지정학적 위치 역시 스파르타보다는 아테네가 적합했다.

아테네는 테미스토클레스의 해군 창설 이후 줄기차게 해양 국가로 나아가고 있었다. 산업구조도 솔론의 개혁 이후부터 올리브유를 수출하고 곡물을 수입하는 방향으로 전환했다. 지정학적으로 피레우스 항구를 통해 바다와 닿아 있었다. 모든 면에서 아테네에 에게해는 사활적 이익이 달린 공간이었다. 이곳에서 페르시아 세력을 완전히 몰아내지 못한다면 아테네는 안전할 수도 번영할 수도 없었다.

스파르타는 정반대였다. 그들은 육군을 중심으로 한 대륙 국가였다. 함선도 많지 않았고 바다에서 싸우는 걸 천시했다. 산업구조 역시 아테네에 비하면 상당한 정도로 자급자족이 가능한 농업 중심이었다. 지정학적으로는 펠로폰네소스반도 깊은 곳에 자리했기 때문에 에게해의 주도권이 누구에게 있는지가 그다지 중요하지 않았다. 더군다나 국가 특성상 대규모 군대가 장거리 원정에 나서는 것이 지극히 어려웠다. 스파르타 인구를 압도하는 노예 헬롯이 언제 반란을 일으킬지 몰랐기 때문이다.

이와 달리 민주국가인 아테네는 체제 전복의 위험이 거의 없었다. 군사력의 중심은 해군이었고, 해군의 중심은 삼단노선의 엔진에 해당하는 노잡이들이었다. 그들은 민주주의의 열렬한 지지자였다. 그래서 아테네는 언제든지 몇 개월이고, 몇 년이고 대규모 함대를 해외에 파견할 준비가 되어 있었다. 스파르타 역시 새롭게 결성될 해상 동맹의 주도권을 아테네에 기꺼이 양보했다. 대륙 국가의 특성과 해군을 무시하는 전통에 미래에 대한 통찰력 부재라는 리더들의 무능이 더해졌기 때문이다. 이제 동맹의 주도권은 아테네에 돌아갔다.

키몬이 이끈 아테네가
에게해를 장악하다

 주도권을 쥔 아테네가 델로스를 동맹의 본부로 삼은 데는 복합적인 이유가 있었다. 우선 출범할 당시만 해도 아테네는 동맹을 이용해 에게해를 지배하는 제국이 되겠다는 야망이 없었다. 제국은커녕 언제 재개될지 모를 페르시아의 공격으로부터 자신을 지켜내고자 하는 절박함이 컸다. 동맹이 성공적으로 작동하기 위해서는 단단한 결속력이 생명이었다. 그런 의미에서 모든 그리스인이 추앙하는 태양의 신 아폴론과 달의 여신 아르테미스Artemis가 태어난 델로스는 동맹에 신성함을 부여하기에 충분했다. 지리적으로 델로스섬이 에게해 한가운데 있다는 것도 강력한 이유였다. 어떤 동맹국이든 쉽게 올 수 있고, 어디서든 문제가 생기면 빠르게 해군을 보낼 수 있기 때문이다.

델로스섬의 아폴론 신전.

낙소스인들이 아폴로 신전에 바친 사자상.

마지막 이유는 아폴론의 신탁이 위치한 델포이와 마찬가지로 델로스는 종교와 상업의 중심지였지만 너무 작은 섬이어서 독자적으로 정치 및 군사 강국이 될 가능성이 없다는 점이었다. 델로스는 동맹의 본부로 완벽했다. 이제 델로스를 본부로 삼은 아테네는 동맹 함대를 이끌고 페르시아와의 전쟁을 계속해나가게 된다. 원정의 첫 번째 사령관으로 아테네는 의외의 인물을 선출했다. 키몬이었다.

키몬은 마라톤 전투의 영웅 밀티아데스의 아들이다. 훤칠한 키, 준수한 외모, 개방적인 사고와 친근한 태도로 일찍이 정계에 두각을 나타냈다. 대귀족 가문의 후예라는 태생과 밀티아데스의 아들이라는 이유 덕분에 자연스럽게 보수적인 기병과 중장보병의 리더가 되었다. 그러나 냉철한 현실 감각과 통찰력, 당파를 초월한 애국심의 소유자였던 키몬은 페르시아의 침공이라는 국가 재난 앞에서 자신의 지지 기반의 염원을 저버렸다. 대신 정적이었던 테미스토클레스의 '모든 아테네인은 바다에서 해군으로 싸운다'는 전략을 공개적으로 지지했다.

키몬은 살라미스 해전에서 용맹을 떨쳐 말뿐 아니라 행동으로도 테미스토클레스에 대한 지지가 진심이었음을 입증했다. 이것 하나만으로도 키몬은 역사상 가장 위대한 지도자의 반열에 오를 자격이 충분하다. 자신의 정치 기반인 당파보다 나라를 소중히 여김을 행동으로써 보여준 지도자는 예나 지금이나 찾기 힘들기 때문이다. 시민들 역시 키몬의 진심을 이해했고, 그의 뛰어남을 인정했다.

살라미스 해전이 끝난 다음 해인 기원전 479년부터 무려 19년이라는 오랜 기간 동안 키몬은 연이어 '장군'에 선출됐다. 아테네의 10개 부족에서 매년 한 명씩 뽑는 장군은 전문성을 인정받아 선출되는 동시에 연임이 가능한 유일한 자리였다. 그런 특성 때문에 장군은 군대를 이끄는 사령관이자 정치 지도자였다. 장군 키몬은 여전히 중장보병을 중심으로 한 보수파의 지도자였으나, 시대가 바뀌었음을 기꺼이 인정했다.

페르시아 전쟁을 거치면서 아테네는 바다라는 무한의 잠재력을 가진 공간에서 자신들이 얼마나 탁월한지를 입증했다. 민주주의 체제가 길러낸 독립적인 선장과 키잡이 들은 광활한 바다를 무대로 한 혼란스런 해전에서 자체 판단으로 전투를 수행하는 데 독보적인 능력을 발휘했다. 삼단노선의 엔진에 해당하는 노잡이들 역시 아테네인이 에게해는 물론이고 지중해 전체에서도 최고였다. 그들에게는 자발적으로 참전한 위대한 폴리스의 시민이자, 그 폴리스를 위해 함께 싸우는 전우라는 강렬한 인식이 존재했다. 거기서 나오는 동질성은 170명의 노잡이를 하나로 묶어, 억지로 끌려온 죄수나 노예의 힘으로는 감히 흉내조차 낼 수 없는 스

에게해의 시대

피드와 다양한 전술의 구사를 가능케 했다. 이 역시 민주주의의 산물이었다.

보수주의자 키몬은 이 강력한 민주주의 함대에 아테네의 미래가 달렸음을 알고 있었다. 그는 기꺼이 아테네 함대를 이끌고 동맹의 이름으로 원정을 떠났다. 원정대는 에게해 전역에서 페르시아 잔당을 몰아내기 시작했다. 트라키아 해안에 위치한 페르시아의 요새들도 정복했다. 시간이 흐를수록 아테네 함대는 강력해졌고 에게해는 아테네의 바다로 변해갔다. 페르시아 입장에서는 두고 볼 수만은 없는 사태 전개였다. 크세르크세스는 다시 그리스를 침략하기 위해 대규모 함대와 육군을 징집했다.*

집결지는 소아시아 남부 해안의 에우리메돈Eurymedon강 유역 평원이었다. 소식을 접한 키몬은 선제공격에 나섰다. 그는 삼단노선의 선체를 개조해 대규모 중장보병을 태우고 소아시아 남부로 향했다. 무려 250척에 달하는 대함대였다. 키몬이 대규모 중장보병을 동행시킨 이유는 페르시아 육군과 충돌할 경우에 대비해서였다. 키몬의 함대는 에우리메돈강 하류에 정박한 적을 발견했고, 즉각 전투에 돌입했다. 무방비 상태로 동맹군인 페니키아 함대를 기다리던 페르시아는 패닉에 빠졌다. 함대의 제독을 맡은 크세르크세스 대왕의 아들 티트라우스테스Tithraustes, ?~?의 서투른 지휘는 불에 기름을 붓는 격이 됐다.

갈팡질팡하던 페르시아 함대는 아테네 함대와 충돌하자마자 해안가로 후퇴하기 시작했다. 해안가에 도착하는 순서대로 페르시아의 선원들은

---

* 에우리메돈 전투의 날짜는 정확히 특정되지 않았다. 낙소스 반란(B.C. 472/471)과 타소스 반란(B.C. 465~463) 사이의 어느 시점에 발생한 것만 알 수 있을 뿐이다. 현대 학자들도 기원전 469년설(Donald Kagan, Raphael Sealey, George Cawkwell 등)과 기원전 466년설(Tom Holland, John R. Hale, John Van Antwerp Fine 등)이 팽팽하게 대립하고 있다.

배를 버리고 육지로 달아났다. 아테네 해군은 200척이 넘는 전함을 침몰시키거나 포획했다. 육지에서는 아테네군의 기습 소식을 전해 들은 페르시아 육군이 해안을 향해 다가오고 있었다. 키몬은 승리에 목마른 중장보병들을 상륙시켜 적을 향해 돌격했다. 그리스의 중장보병은 페르시아군을 여지없이 격파함으로써 여전히 최강임을 입증했다. 바다와 육지에서 연이어 승리했으나 키몬의 전투는 아직 끝나지 않았다. 그는 이번 기회에 페르시아 해군의 기를 완전히 꺾어놓고자 했다.

키몬은 페르시아 함대가 기다리던 원군, 즉 페니키아 전함을 찾아 다시 동쪽으로 나아갔다. 그의 진격은 페르시아 함대의 패배 소식보다 빨랐다. 키몬은 페니키아 함대 앞에 모습을 드러내 자신의 승리를 알렸고, 곧바로 벌어진 전투에서 다시 이겼다. 완벽하고 위대한 승리였다. 키몬과 아테네의 함대가 페르시아 해군과 육군을 그들의 바다와 육지에서 연이어 격파한 것이다. 무엇보다 이 전투에서 아테네는 페르시아 제국을 상대함에 더 이상 스파르타와 펠로폰네소스 동맹의 도움을 필요로 하지 않는다는 것을 만천하에 입증했다. 아테네에서 키몬은 영웅이 되었고, 그리스에서 아테네는 제국이 되어가고 있었다.

키몬이 몰락하고
스파르타와의 충돌이 시작되다

키몬의 영광은 오래가지 않았다. 변덕스럽고 무자비한 아테네 민주주의의 특성상 누구에게도 장기 집권은 허용되지 않았다. 그나마 키몬은 개인의 품성에 계속되는 업적이 뒷받침됐기에 15년 가까이 권력의 핵심에 머물 수 있었다. 키몬의 몰락은 스파르타에서 발생한 헬롯의 반란으로부터 시작되었다(제3차 메세니아 전쟁, B.C. 464?~454?). 이는 누구도 예상치 못했던 일이었다. 키몬은 철저하게 친親스파르타 노선을 걸었다. 그 이유는 순전히 국익 때문이었다. 아테네가 해양 제국으로 성장하고 자리 잡기까지는 스파르타와 우호 관계를 유지해야 한다고 보았다. 만약 스파르타와 불화가 생긴다면, 어떻게 아테네의 함대가 마음 놓고 장기간의 원정을 떠날 수 있을까? 키몬의 판단은 정확했다.

일부 세력은 아테네의 지나친 성장에 위기를 느꼈지만 대부분의 스파르타 지도층은 키몬에 대한 신뢰를 바탕으로 아테네를 견제하는 데 소홀했던 것이다. 스파르타인들에게 헬롯의 반란은 전혀 새로운 일이 아니었다. 그러나 이때는 달랐다. 규모도 컸지만, 헬롯들이 자신의 영토인 메세니아 이토메Ithome산의 요새를 점령하고 장기전을 펼쳤기 때문이다. 혼자 힘으로 반란을 진압하기 힘들어지자 스파르타는 아테네를 비롯한 이웃 국가들에 원조를 요청했다. 아테네의 여론은 갈렸다. 에피알테스Ephialtes, B.C. ?~461를 중심으로 한 반反스파르타 세력은 원조에 반대했다. 키몬은 당연히 찬성 쪽이었다. 민회는 키몬의 손을 들어주었다. 4,000명의 중장보병이 키몬의 지휘하에 스파르타를 돕기 위해 떠났다(B.C. 462).

도편추방 투표 당시 사용된 도편. 페리클레스(1), 키몬(2), 아리스티데스(3)의 이름을 확인할 수 있다(아테네 아고라 박물관).

막상 아테네에서 지원군이 도착하자 스파르타의 분위기가 돌변했다. 예전과 달리 강력해진 아테네인들에게 치부를 내보였다는 수치심과 아테네가 반란 세력과 손을 잡을 수 있다는 공포 때문이었다. 스파르타는 달려온 여러 원군 중에 아테네만을 콕 집어 고향으로 돌아가달라고 요청했다. 사실상의 추방이었다. 스파르타의 모욕적인 처사는 민회에서 키몬의 입지를 위축시키는 데 결정적인 역할을 했다. 이듬해 키몬은 도편추방됐다(B.C. 461).

영웅으로 칭송받은 지 겨우 6년 만이었다. 테미스토클레스가 아테네 해양 제국의 설계자였다면, 키몬은 제국의 건설자였다. 그런 키몬조차도 성난 민심을 견뎌내지는 못했다. 아테네의 민회는 스파르타로부터 받은 모욕을 되갚기 위해 영웅마저 추방시켰지만, 그 대신 잠자던 거인을 흔들어 깨우고야 말았다. 키몬의 추방을 계기로 스파르타는 아테네에 대한 신뢰를 거뒀다. 스파르타는 이제 아테네의 성장을 의심스러운 눈으로 바라보게 되었다. 아테네와 스파르타. 두 위대한 폴리스의 충돌이 시작된 것이다.

에게해의 시대

기원전 439년 사모스

아테네 제국의 힘이 절정에 이르다

사모스인들은 충격에 휩싸였다. 느닷없이 아테네의 삼단노선 40척이 사모스섬 앞에 출몰해 항구를 봉쇄했기 때문이다. 더군다나 함대를 이끄는 이는 아테네의 일인자 페리클레스Pericles, B.C. 495?~429였다. 아테네가 이토록 즉각적이고 단호하게 행동할 것을 전혀 예상치 못했던 사모스인들의 반란은 순식간에 진압되었다. 페리클레스는 반란을 주도한 과두 정부를 폐지하고 민주 정부를 세웠다. 사모스에 상당한 배상금을 부과했으며 100명의 인질을 잡아 에게해 북부의 한 섬으로 끌고 갔다. 민주 정부를 지킬 약간의 주둔군까지 남기고 페리클레스와 아테네 함대는 귀향했다(B.C. 440).

델로스 동맹의 맹주인 아테네와 가장 강력한 동맹국인 사모스가 충돌한 건 사모스와 밀레투스 간의 분쟁 때문이었다. 좁은 미칼레 해협을 사이에 둔 섬나라 사모스와 이오니아 해안가의 밀레투스는 이 지역의 강자들이었다. 둘 다 델로스 동맹의 일원이었지만, 동맹에 가입하기 훨씬 이전부터 경쟁 관계였다. 그러나 동맹 결성 이후 밀레투스가 두 번이나 아테네를 상대로 반란을 일으켰다 실패하는 바람에 힘의 균형이 깨졌다.

밀레투스의 함대는 해체됐고, 사실상 아테네에 종속되었다. 사모스는 이 기회를 이용해 밀레투스의 세력권을 침범했다. 방어 수단이 없는 밀레투스는 아테네에 도움을 청했다. 아테네는 사모스에 중재로 이 문제를 해결하자고 제안했으나 단박에 거절당했다. 동맹 내 입지와 힘을 과신한 탓이다. 그러나 사모스의 행동은 제국의 질서를 어지럽히는 것이었으므로 아테네 입장에서는 수수방관할 수 없었다. 페리클레스가 직접 나섰고, 신속하게 반란을 해결했다. 아니, 해결했다고 착각했다.

반란 세력도 그대로 물러서지는 않았다. 그들은 이전보다 더 과감하게 움직였다. 밀레투스와의 지역적 경쟁을 에게해 전체의 제해권을 둘러싼 아테네와의 투쟁으로 격상시켰다. 이 계획이 성공하려면 혼자만의 힘으로는 부족했다. 페르시아의 도움이 절실했다. 사모스의 반란 세력은 이오니아 지역을 책임지던 페르시아 총독Satrap 피수트네스Pissuthnes, ?~?에게 도움을 청했다. 다리우스 1세의 손자인 피수트네스는 과감하게 반反아테네 세력과 손잡았다. 그들도 페리클레스처럼 불시에 사모스섬을 습격해 장악했다.

보스포루스 해협의 현재 모습. 터키의 수도 이스탄불이다.

사모스의 재반란과 페르시아의 개입 소식은 순식간에 에게해로 퍼져 나갔고, 반란은 확산되었다. 특히 보스포루스 해협에 위치한 비잔티움Byzantium(오늘날 이스탄불)이 반란에 가담, 위기를 심화시켰다. 이 도시는 흑해에서 아테네에 이르는 곡물 수송로를 봉쇄 가능한 전략적 요충지를 차지하고 있었기 때문이다.

이제 모두의 이목이 스파르타를 향했다. 아테네와 스파르타는 평화협정을 맺은 상태였지만, 스파르타 입장에서는 지금이야말로 아테네를 제압할 호기였다. 만약 스파르타와 펠로폰네소스 동맹까지 나서 아테네를 공격한다면 사태는 걷잡을 수 없이 악화될 가능성이 컸다. 이 절체절명의 순간에 스파르타는 아테네와의 약속을 지켜 평화를 선택했다. 이로써 사모스를 비롯한 반란 세력들의 운명은 결정되었다. 페리클레스가 다시 함대를 이끌고 사모스로 향했다. 페리클레스는 치열한 해전을 치르며 사모스 함대를 물리쳤고, 9개월의 포위 끝에 사모스를 항복시켰다(B.C. 439). 페리클레스는 사모스의 성벽을 허물고, 함대를 빼앗고, 민주정을 재건했다. 사모스가 함락되자 비잔티움도 뒤를 따랐다. 위기는 지나갔고, 평화가 찾아왔다. 아테네는 더욱 강해졌으며 페리클레스의 위상도 더욱 높아졌다. 이제 페리클레스와 그의 제국은 번영과 영광의 절정을 향해 치닫고 있었다.

심화된 아테네 민주주의

키몬의 리더십 아래 아테네는 제국으로 성장했다. 페르시아라는 거대한 적에 대항하기 위해 결성된 델로스 동맹은 아테네 제국의 도구였고, 테미스토클레스가 창안한 막강한 해군은 제국의 심장이었다. 그러나 아테네가 제국으로 성장할 수 있었던 또 다른 중요한 이유는 스파르타의 무관심과 불개입이었다. 페르시아 전쟁 이전에 스파르타는 자타가 공인하는 그리스 최강의 폴리스였다. 또한 스파르타는 느슨하지만 그리스 세계의 유일한 군사동맹인 펠로폰네소스 동맹의 수장이었다.

스파르타와 아테네가 페르시아 전쟁에서 함께 싸웠기 때문에, 아테네가 힘을 발휘하는 바다라는 공간을 스파르타가 무시했기 때문에, 아테네를 이끄는 키몬에 대한 깊은 신뢰가 있었기 때문에, 스파르타는 아테네의 성장을 용인했다. 키몬이 아테네 정계에서 축출된 사건은 그런 의미에서 양국 관계에 심각한 악영향을 미쳤다. 스파르타의 반(反)아테네 파벌은 이를 적대 행위로 받아들일 게 뻔했다. 아테네 민회가 몰랐을 리 없다. 그럼에도 키몬의 축출을 밀어붙인 건 아테네의 민중이 자신들의 힘에 대해 자신감을 가졌기 때문이다. 에피알테스라는, 키몬을 대체할 리더의 등장도 한몫했다.

에피알테스는 테미스토클레스의 동지였다. 아테네의 미래는 바다에 있고, 국방의 주역은 해군이어야 한다는 비전을 테미스토클레스와 공유했다. 당연히 에피알테스는 노잡이를 비롯한 하층계급이 아테네 권력의 중심이어야 한다고 생각했고, 과두제 국가인 스파르타를 불신했다. 그는 테미스토클레스와 달리 청렴하고 정의로운 원칙주의자였다. 많은 장점이 있었지만 에피알테스는 권력을 잡지 못했다. 키몬이라는 탁월한 보수주의자가 걸림돌이었다. 아테네와 스파르타 간의 불화가 제공한 절호의 기회를 놓치지 않고 에피알테스는 키몬을 제거하는 데 성공했다.

그는 더 나아가 귀족 권력 최후의 보루인 아레오파고스Areopagus(아테네 귀족정치의 핵심 사법·정무 기구)로부터 사법권을 빼앗았다. 대신 30세 이상 시민 중 무작위로 추첨된 6,000명의 배심원단에 그 권한을 넘겼다. 배심원으로 일하는 기간은 1년이었고, 실제 배심원단의 구성은 사건별로 전체 인원 중에서 선별했다.

새로운 사법제도로 탄생한 배심원단은 민회와 더불어, 행동하는 아테네 민주주의를 상징했다. 그러나 키몬을 권좌에서 축출하고 사법제도를 개편하는 과정에서 에피알테스는 불가피하게 많은 정적을 양산했다. 그 때문이었을까? 키몬이 도편추방된 해에 에피알테스는 살해되었다. 범인은 잡히지 않았고, 배후도 밝혀지지 않았다. 만약 범인과 배후의 의도가 에피알테스를 제거해 급진적인 민주개혁을 중단시키고, 보수파가 다시 권력을 잡는 데 있었다면 이번 암살은 실패였다. 에피알테스보다 훨씬 뛰어난 급진적 민주 지도자가 뒤를 이었기 때문이다. 그의 이름은 페리클레스! 아테네 민주주의 역사상 가장 위대한 정치가이자, 인류사 전체를 통틀어도 손꼽히는 리더다.

페리클레스의 등장

페리클레스는 기원전 495년경에 태어났다. 아버지 크산티포스Xanthippus, ?~?는 맹활약한 전쟁 영웅이었고, 어머니 아가리스테Agariste, ?~?는 아테네 민주주의의 아버지인 클레이스테네스의 조카딸이었다. 아버지도 대단했지만, 외가인 알크마이온 가문이 아테네에서 차지하는 비중에 견주면 보잘것없었다. 그들의 영향력과 지명도, 부는 다른 모든 귀족 가문을 압도하고도 남을 정도였다. 당연히 태어날 때부터 페리클레스에게는 엄청난 특권이 주어졌고, 특별한 기대를 받았다. 동시에 막중한 책임과 격렬한 질투도 피할 수 없었다. 평범했던 형 아리프론Ariphron, ?~?은 공적 영역을 회피함으로써 자신에게 주어진 모든 것으로부터 벗어났지만, 특별했던 동생 페리클레스는 기꺼이 정치에 뛰어들었다.

사실 페리클레스의 정치적 배경과 자산은 이중적이었다. 양가 모두 귀족이었고, 부유했으니 그는 보수적이고 귀족적인 당파에 들어갈 수도 있었다. 반면에 민주주의 제도를 도입한 클레이스테네스와 기꺼이 해군에 복무했던 아버지의 뒤를 따라 급진적이고 민주적인 당파에 투신할 수도 있었다. 페리클레스는 둘 중에 후자를 선택했다.

그가 급진적이고 민주적인 당파를 선택한 정확한 이유는 모른다. 그러나 당시 아테네의 상황을 보면 어느 정도 추측이 가능하다. 페리클레스는 격동의 시기에 태어나

페리클레스의 흉상(테베 고고학박물관).

에게해의 시대

서 청소년기를 보냈다. 그의 고향 아테네는 멸망의 위기에 몰렸으나 결국 대제국 페르시아와 싸워 이겼다. 델로스 동맹을 만들어 그들을 에게해에서 몰아냈으며, 그리스 역사상 유례없는 해양 제국을 건설해가고 있었다. 그 모든 성취의 원동력은 민주주의, 해군, 민중이었다.

페리클레스는 이를 목격한 한 시대의 증인이었다. 이미 그의 폴리스는 인류 역사상 누구도 시도하지 않았던 도전과 실험을 통해 기존의 한계를 뛰어넘고 있었다. 스스로를 아테네라는 작은 폴리스 안에 가두고 싶지 않았을 것이다. 자신의 탁월한 자질과 원대한 이상을 바탕으로 아테네를 바다를 지배하는 제국으로 만들고, 그 제국의 리더가 되고자 했을 것이다. 그러려면 아테네를 번영으로 이끈 조건들이 강화되어야 했다. 민주주의는 더욱 확대되어야 했고, 해군은 더욱 강력해져야 했으며, 민중은 더욱 헌신적이어야 했다. 그 대업을 위해 페리클레스는 기꺼이 급진적이고 민주적인 당파를 선택했다. 그리고 키몬의 추방과 에피알테스의 암살이라는 정치적 격변은 30대의 젊은 페리클레스에게 위대한 민주 도시이자 강력한 해양 제국의 중심인 아테네의 일인자가 될 기회를 제공했다.

아테네의 과감한 민주 개혁과 이중 전쟁

페리클레스의 리더십 아래에서 아테네는 더욱 완벽한 민주주의 정치체제를 향해 나아갔다. 체제 작동 원리의 핵심은 다수결이었다. 모든 법, 정책, 판결은 다수결로 결정되었다. 대다수 공직은 추첨으로 선발했고, 이렇게 뽑힌 공직자들 역시 민회의 엄격한 통제를 받았다. 이 체제는 시민들에게, 좀 더 정확하게는 민회와 법정Héliaia에 참가하는 적극적인 시민들에게 직접적이고 궁극적인 권력을 부여했다. 그들은 민회와 법정 안에서 스스로의 표현처럼 '왕에 버금가는' 권력을 행사했고, 그 범위는 아테네는 물론이고 에게해 전체를 아울렀다. 권력의 행사가 민주적 대표성을 가지려면 더 많은 시민이 의사 결정 과정에 참여해야 했다.

생업에 얽매인 가난한 사람들은 대가 없이 또는 자신의 일상을 대가로 민회나 법정과 같은 공적 업무에 참여하기 힘들었다. 페리클레스는 모든 공무에 대가를 지불하는 법안을 통과시킴으로써 이 문제를 해결했다. 이제 배심원은 물론이고 민회의 500인 평의회 의원, 추첨으로 선발된 모든 공직자, 육군과 해군에 복무 중인 군인 모두가 공무를 수행하는 대가로 급료를 받게 됐다. 가난한 시민들도 생계의 걱정 없이 마음껏 공적 임무를 수행하게 되었다. 철학자 아리스토텔레스는 그 수가 2만 명이 넘는 것으로 추산했다. 이는 당시 투표권을 지닌 전체 아테네 성인 남성 시민이 대략 3만 명이었음을 고려한다면 엄청난 수였다.* 페리클레스는 이같은 민주주의 개혁을 통해 대다수 민중에게 잠재된 엄청난 에너지가 발산될 수 있는 토대를 마련했다. 스파르타를 비롯한 다른 폴리스들이 과두제를 엄격하게 지킴으로써 내부의 잠재력을 갉아먹었던 것과는 정반대의 길이었다.

급진적 민주주의 개혁이 잉태한 활력과 자신감을 바탕으로 아테네의 대외 정책은 더욱 과감해지기 시작했다. 아테네 제국 함대는 키몬이 권좌에 있을 때 이미 페르시아 전쟁의 일환으로 키프로스Cyprus까지 진출해 군사작전을 벌이고 있었다. 키몬의 몰락 이후 페르시아의 속주였던 이집

---

* 기원전 4세기경의 아테네 성인 남성 시민의 수는 대략 3만 명 정도로 추산된다(Mogens H. Hansen, 1991). 펠로폰네소스 전쟁을 겪기 이전인 페리클레스 시대의 아테네 인구는 이보다 많았을 것으로 생각되며, 최대 6만 명으로 보기도 한다(John A. Rothchild, 2007).

에게해의 시대

트에서 반란이 일어났다. 이집트 반란 세력은 아테네인들에게 도움을 요청했다. 에피알테스와 페리클레스 당파가 지배하는 민회는 수백 척의 함대를 이집트로 파견하는 데 기꺼이 찬성했다. 이집트는 지중해 세계에서 가장 풍요로운 땅이었다. 그곳에서 반란 세력이 승리한다는 건 페르시아 제국이 결정적으로 약화될 것임을 뜻했다. 동시에 이집트의 부는 아테네 제국을 강화하는 데 사용될 터였다.

민회의 결정이 세상을 깜짝 놀라게 한 이유는 타이밍 때문이었다. 키몬의 몰락과 연이은 급진적 민주개혁은 스파르타와의 관계를 파국으로 몰아넣었다. 이제 그리스 본토에서 스파르타와 그를 따르는 펠로폰네소스 동맹과의 충돌은 불가피했다. 그리스 최강의 폴리스인 스파르타와 전쟁을 눈앞에 둔 상태에서 아테네는 세계 최강의 제국인 페르시아를 상대로 전쟁을 선포한 것이다. 이 무모한 결정에 놀라지 않은 것은 무한한 자

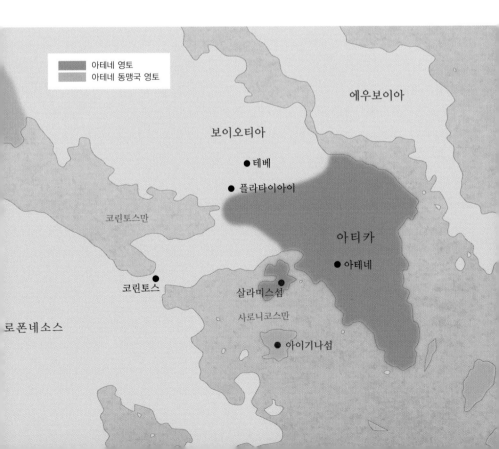

신감으로 무장된 아테네뿐이었다. 그리스 본토에서 스파르타와의 전쟁
은 일진일퇴를 거듭했다. 육지에서는 양측이 팽팽했다. 그러나 바다에서
는 오랜 세월 강력한 경쟁자였던 아이기나Aegina섬을 굴복시키는 데 성공
했다.

한때 손꼽히는 해양 강국이자 상업 중심지였던 아이기나를 손에 넣음
으로써 아테네는 아티카반도가 위치한 사로니코스Saronikós만을 자신들의
호수로 만들었다. 바다를 완벽하게 지배하게 된 아테네는 스파르타가 자
리 잡은 펠로폰네소스 곳곳을 공격하며 전체적으로 우위를 차지하기 시
작했다. 그러나 이집트에서의 패배가 전쟁의 경로를 바꿨다. 기원전 454
년, 페르시아의 대군이 아테네의 해군과 반란군을 격파했다. 페르시아는
이집트를 되찾았고, 아테네의 에게해에 대한 통제권이 흔들렸다. 페르시
아를 상대로 한 연전연승의 신화가 깨지자 아테네는 냉정을 되찾았다.
두 전선에서 동시에 전쟁을 수행하기에는 재원이 부족했던 것이다.

우선 에게해 한복판의 델로스섬에 마련된 동맹의 금고를 아테네로 이
전했다. 혹시라도 페르시아 해군의 급습을 받을까 두려워서였다. 그만큼
아테네의 제해권은 위축되었고, 제국의 토대는 흔들렸다. 아테네의 위압
적이고 무리한 원정에 반감을 가진 동맹국들 내에서의 반란도 충분히 예
상 가능했다. 페리클레스는 아테네에 필요한 것은 전쟁이 아니라 평화
임을 명확하게 인식했다. 그는 민회를 설득해 이중 전쟁을 끝내고 평화
의 길을 모색했다. 기원전 449년 아테네인 칼리아스Callias, ?~?는 페르시
아 제국과 평화 협상을 맺는 데 성공했다. 칼리아스 평화조약Peace of Callias
을 통해 아테네는 페르시아 제국과 더 이상 무력으로 충돌하지 않는 대
신 에게해 전역에 위치한 그리스 폴리스들에 대한 페르시아의 권리를 포
기시켰다. 페르시아는 아테네-헬레스폰트 해협-흑해로 이어지는 아테네

아테네 파르테논 신전. 기원전 454년 페리클레스는 델로스 동맹의 금고를 델로스섬에서 아테네 아크로폴리스로 옮겼다. 파르테논 신전이 완공된 후 이곳은 아테네 제국의 금고 역할을 수행했다.

의 곡물 루트에 대한 권리도 포기했다.

불안정한 상황에서 이루어낸 아테네의 완벽한 승리였다. 연이어 스파르타와 30년간의 평화조약을 체결함으로써 아테네는 페리클레스가 필요로 했던 평화를 확보했다(B.C. 446/445). 페리클레스는 이렇게 찾아온 평화를 페르시아 전쟁으로 파괴된 아테네를 재건하는 데 쓸 작정이었다. 아테네의 재건은 과거로의 회귀가 아니라 새로운 미래에 대한 전망이 되어야 했다. 이 작업이 끝나면 민주주의와 제국을 양대 축으로 한 아테네는 그리스 문명의 위대함을 대변하는 살아 움직이는 위대한 기념비로 우뚝 솟을 터였다.

기원전 432년 스파르타

스파르타와 아테네, 전쟁을 결심하다

"그들(아테네인)은 혁명적이며 신속하게 계획을 구상하고 행동으로 옮깁니다. 반면에 여러분(스파르타인)은 여러분이 가진 것을 보존하고 새로운 것을 창안하지 않으며, 행동할 때는 필수적인 것조차 완전하게 하지 않습니다. 또 그들은 자신의 능력 이상을 감행하고 지혜롭지 못할 만큼 위험을 감수하며, 위험 속에서도 낙관적입니다. 반면에 여러분은 여러분의 능력이 허용하는 것보다 덜 행동하며, 가장 확실한 판단도 불신하고, 조그만 위험에도 파멸될 수 있다고 생각합니다. 그들은 전 생애를 위험과 함께 보냅니다. 왜냐하면 고요한 평화를 고통스러운 활력보다 더 큰 재앙으로 여기기 때문입니다. 스스로 평화를 누리거나 다른 사람에게 평화를 허용하는 것은 둘 다 그들의 본성에 어긋납니다."

　코린토스 사절단의 주장은 정곡을 찔렀다. 아테네와 스파르타, 두 폴리스에 대한 코린토스의 평가는, 약간의 과장이 있지만 본질적으로 틀리지 않았다. 페르시아 전쟁을 거치면서 아테네는 놀라운 역동성과 무모한 과단성을 보여주었다. 그 기간 동안 스파르타는 지나치게 신중했고 매사에 주저했다. 그러나 최근 아테네가 코르키라Corcyra(오늘날 코르푸Corfu), 메가라Megara, 포티다이아

Potidaea에서 보여준 행동으로 스파르타의 민회Apella는 분노하고 있었다. 아테네와 전쟁을 원하는 여론이 높아졌다. 오로지 지혜롭고 신중한 아르키다모스 왕Archidamus Ⅱ, 재위 B.C. 469~427만이 전쟁이 가져올 위험성을 예감했다.

기원전 432년 유일한 현직 왕인 아르키다모스는 아테네가 지금까지와는 전혀 다른 성격의 폴리스로 변환되었음을 알고 있었다. 아테네는 강력한 함대와 풍부한 자원을 바탕으로 제해권을 장악한 해양 제국의 리더였다. 아테네와 피레우스를 둘러싼 강력한 성벽은 난공불락이었다. 스파르타가 지금까지 상대해왔던 것과는 전혀 다른 종류의 적이었다. 아르키다모스는 아테네와의 전쟁을 자식들에게까지 물려주게 될까 봐 두려워했다. 그러나 왕의 현명한 통찰력이 먹히기에는 스파르타인들의 분노가 너무 컸다.

"스파르타인이여, 스파르타인답게 전쟁을 찬성하는 투표를 합시다. 아테네인이 더 강해지도록 허용하지 말고, 우리의 동맹 시들을 배신하지도 말고, 잘못을 저지르는 자들을 향해 신의 도움으로 전진해나갑시다!"

호전적인 에포르 스테넬라이다스Sthenelaidas, ?~?의 간결하지만 단호한 연설이 분위기를 결정했다. 스파르타 민회는 전쟁을 선택했다. 그렇다고 당장 군사 행동에 나선 것은 아니었다. 스파르타는 세 번이나 사절단을 파견해 아테네의 선택을 물었다. 전쟁이냐, 평화냐? 아테네의 선택도 전쟁이었다. 그들은 최소한 지지 않을 자신이 있었다. 아테네는 스파르타가 아무리 강해도 육군만으로는 굴복시킬 수 없는 해양 제국이었기 때문이다.

양측의 충돌이 불가피해지자 테베가 먼저 행동했다. 분란을 이용해 자신의 이익을 극대화할 기회를 호시탐탐 노리던 스파르타의 동맹, 테베는 전쟁이 필요했고 전쟁을 원했다. 혹시라도 평화가 찾아올까 두려워한 테베는 아테네의

에게해의 시대

오랜 동맹이며 자신들의 성장에 최대 걸림돌이었던 플라타이아이를 기습했다. 기원전 431년 3월, 전쟁은 시작되었다. 아테네에 마지막으로 파견된 스파르타의 특사가 아무런 성과도 거두지 못하고 쫓겨나면서 예언했던 대로 '그리스인에게 거대한 재앙이 시작되는 날'이 될 터였다. 그렇다면 이 재앙의 원인은 무엇이었을까? 전쟁은 어디에서 비롯된 것일까?

머나먼 에피담노스에서
시작된 분쟁

에피담노스Epidamnus는 아드리아해Adriatic Sea 남동쪽 변방에 위치한 폴리스이며 오늘날 알바니아 제2의 도시 두러스Durrës의 전신이다. 그리스 세계의 중심으로부터 한참 떨어진, 그래서 아테네와 스파르타의 누구도 제대로 알지 못했고 관심 가질 이유도 없었던 작은 폴리스였다. 그런 에피

담노스에서 민주파와 과두파 사이에 내전이 터졌다(B.C. 436).

처음에는 민주파가 과두파를 도시에서 추방하고 우세를 차지했으나 얼마 지나지 않아 거꾸로 수세에 몰렸다. 과두파가 근처에 사는 비非그리스계 일리리아Illyria인을 끌어들여 자신의 고향을 공격했기 때문이다. 위기에 처하자 에피담노스의 민주파는 코르키라에 도움을 요청했다. 오늘날 그리스의 코르푸섬에 위치한 코르키라는 에피담노스를 건립한 모母도시였다. '모자母子도시'라는 특수한 관계였지만 코르키라는 에피담노스 민주파의 요청을 거절했다. 모든 폴리스와의 관계에서 고립 정책을 펴왔던 탓이다.

절박해진 에피담노스는 코린토스로 달려갔다. 코린토스는 코르키라를

〈코르푸의 옛 요새〉(Simon Pinargenti, 1573).

건국했기 때문에 에피담노스에는 조모祖母도시에 해당했다. 코린토스는 기꺼이 돕겠다고 나섰다. 에피담노스에 대한 선의라기보다는 코르키라에 대한 증오 때문이었다. 그리스 폴리스들은 대부분 모자도시의 사이가 좋으면 좋았지 나쁠 이유는 없었다. 코린토스와 코르키라는 예외적으로 사이가 굉장히 나빴다. 건국 초기에는 보잘것없었지만, 코르키라는 그리스 세계와 이탈리아반도를 연결하는 입지에 힘입어 강력한 해양 국가로 성장했고, 보유한 삼단노선은 120척에 달했다.

이는 아테네에 이은 2위의 해군력이었다. 코르키라는 이런 자신들의 힘을 믿고 모도시인 코린토스를 무시하고 모욕했다. 자존심에 깊은 상처를 입은 코린토스인들은 식민시 코르키라를 증오하고 있었다. 에피담노스의 요청은 코린토스에 당장 그 지역으로 군대를 파견할 명분을 제공했다. 장기적으로도, 우호적인 동맹 에피담노스는 북쪽으로부터 코르키라를 압박하는 좋은 카드가 될 터였다.

코린토스의 개입은 코르키라를 자극했다. 코르키라는 코린토스가 개입할 명분을 제거하기 위해 즉각 에피담노스로 군대를 파견해 과두파와 함께 민주파를 공격했다. 코린토스도 이에 질세라 에피담노스로 군대를 파견했다. 결국 '이오니아만으로 배를 타고 들어가면 오른쪽에 자리 잡은 폴리스'일 뿐이었던 에피담노스의 내전이 그리스 세계

코린트식 헬멧(테살로니키 고고학박물관).
눈과 입만 노출시키고, 얼굴과 머리를 가리는 형태의 투구다.

의 강국인 코린토스와 코르키라가 개입하는 지역 분쟁으로 발전했다.

첫 승리는 코르키라가 거뒀지만, 코린토스는 포기하지 않고 다시 전쟁을 준비했다. 무엇보다 코린토스에는 펠로폰네소스 동맹이라는 강력한 우군이 있었다. 코르키라가 아무리 강력해도 스파르타가 이끄는 펠로폰네소스 동맹을 상대로 싸울 수는 없었다. 겁에 질린 코르키라는 아테네에 도움을 청하는 사절단을 파견했다. 코린토스 역시 아테네에 사절단을 보냈다. 그들의 목표는 반대로 아테네 개입을 차단하는 것이었다. 기원전 433년 9월, 아테네 민회는 두 사절단의 의견을 들었다. 그리고 선택했다. 당시로서는 그저 남의 일처럼 여겨졌던, 그러나 장차 아테네는 물론이고 그리스 문명 전체의 운명을 결정하게 될 선택의 순간! 아테네는 코르키라의 편을 들어 개입하기로 했다.

아테네의 개입으로
분쟁이 확산되다

아테네가 무작정 코린토스와 코르키라의 분쟁에 개입한 것은 아니었다. 스파르타와의 30년 평화조약Thirty Years' Peace(B.C. 446/445)을 깨고 싶지 않았던 아테네는 코린토스와 직접 충돌하는 것은 피하고 싶었다. 그렇다고 스파르타의 가장 강력한 동맹인 코린토스가 코르키라를 제압해 이탈리아반도로 가는 길목을 장악하는 것도 원치 않았다. 고민 끝에 아테네는 코르키라와 완전한 공수동맹을 맺지 않고, 방위 동맹을 체결했다. 코르키라가 코린토스로부터 공격받을 경우에만 돕겠다는 아테네의 선택은 지금의 현상을 유지하겠다는 뜻이었다. 그러나 아테네의 신중한 전략은 좌절해서 더욱 분노한 코린토스와 의기양양해서 더욱 교만해진 코르키라의 전의를 잠재울 수 없었다. 둘은 코르키라섬과 그리스 본토 사이에 위치한 시보타Sybota섬 해역에서 충돌했다.

아테네 해군은 참패의 위기에 처한 코르키라 해군을 구하기 위해 개입했고, 코린토스는 다 이긴 전투를 포기했다. 코린토스는 스파르타에 구원을 청하기 위해 달려갔다. 과연 스파르타는 어떻게 움직일 것인가? 아테네에도 위기감이 짙어졌다. 페리클레스는 전쟁을 원치 않았지만, 평화를 유지하기 위해서는 전쟁에 대비해야 했다. 누구보다 탁월한 리더였던 그가 이 간단한 인간사의 이치를 모를 리 없었다. 혹시라도 일어날지 모를 전쟁에 대비해, 아테네에서 흑해로 이어지는 교역로의 전략적 요충지인 그리스 북부 테르메Thérmai만에 위치한 코린토스의 식민시 포티다이아에 최후통첩을 보냈다.

포티다이아는 비록 델로스 동맹의 일원이었지만, 코린토스와도 좋은 관계를 유지하고 있었다. 평상시에는 모자 관계인 코린토스와 포티다이아의 친분은 당연한 것이고, 아무리 동맹의 맹주인 아테네라도 간섭할 문제가 아니었다. 그러나 전시라면 이야기가 달라진다. 코린토스와 포티다이아의 친분은 아테네에 명백한 위험일 게 뻔했다. 포티다이아 배후에 위치한 마케도니아 왕국이 아테네에 적대적이라는 사실은 위험을 배가했다.

포티다이아를 매개로 코린토스와 마케도니아 왕국이 결합해 아테네에 대항한다면 에게해 북부가 전란에 휩싸이고, 흑해 교역로가 봉쇄될지 모른다. 또한 아테네 제국의 생명줄이 끊겨 전면적인 붕괴에 직면하는 최악의 사태로 발전할 수 있었다. 아테네 입장에서는 무조건 사전에 이를 차단해야 했다. 포티다이아의 무장해제와 코린토스와의 단교는 그 전제

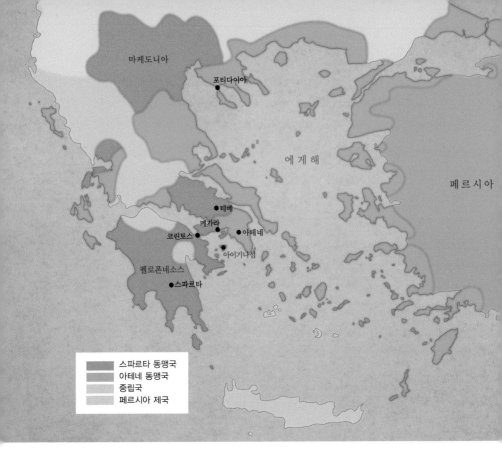

마케도니아

포티다이아

에게해

페르시아

테베

메가라

코린토스

아테네

아이기나섬

펠로폰네소스

스파르타

스파르타 동맹국
아테네 동맹국
중립국
페르시아 제국

였다. 포티다이아 입장에서는 아테네의 통보가 느닷없고 불쾌할 수밖에 없었다. 포티다이아는 은밀하게 스파르타에 도움을 청해 약속을 받아냈다. 그들은 당당하게 아테네의 요구를 거부했고, 아테네는 포티다이아에 대한 포위 공격으로 대답했다.

포티다이아에 대한 무장해제에 나서기 전, 아테네는 이웃한 항구도시 메가라에도 조치를 취했다. 메가라는 아테네가 자리 잡은 아티카반도의 북쪽과 펠로폰네소스반도를 연결하는 전략적 요충지에 위치했다. 메가라의 서쪽에는 코린토스가, 동쪽에는 테베를 맹주로 한 보이오티아가 있었다. 스파르타의 펠로폰네소스 동맹이 아테네에 위협적인 이유는 코린

에게해의 시대

토스-메가라–테베로 이어지는 동맹국들이 아티카반도를 육지 쪽에서 둘러싸고 있기 때문이었다. 그런 메가라를 상대로 페리클레스는 아테네 제국의 항구와 시장을 이용하는 것을 금지했다. 인류 역사상 최초의 경제제재였다.

아테네가 이른바 '메가라 포고령Megarian Decree(B.C. 432)'을 제정한 이유는 메가라가 코린토스를 편들어 시보타 해전에 참전했기 때문이다. 아테네가 코르키라와 방어동맹을 체결한 것을 알면서도 엘리스Elis와 더불어 코린토스 편으로 참전한 두 폴리스 중 한 곳이 메가라였다. 그만큼 메가라와 아테네는 사이가 좋지 않았다는 방증이기도 했다. 처벌이 불가피했다. 만약 메가라를 응징하지 않는다면 다른 폴리스들이 다음 전쟁에서 코린토스에 합류할 수도 있었다. 더 많은 폴리스의 참전은 스파르타의 개입으로 이어질 터였다.

그렇다고 메가라를 직접 군사적으로 공격하는 것은 각자의 동맹을 공격하지 않겠다는 스파르타와의 30년 평화조약에 어긋나는 행동이었다. 페리클레스는 군사 공격과 조치를 취하지 않음 사이에서 경제제재라는 새로운 방식을 고안해낸 것이다. 그러나 이 전략은 지나치게 이성적이고 논리적이었다. 페리클레스는 모든 인간이 자신처럼 사고하지 않는다는 것을, 특히 집단화되었을 때는 더욱 그렇지 않다는 것을 간과했다.

메가라와 포티다이아에 대한 아테네의 조치는 전쟁을 예방하기 위함이었으나, 적들에게는 정반대로 읽혔다. 아테네가 전쟁을 준비하는 것으로 보였다. 그 결과 스파르타 내부에서도 아테네에 적대적인 세력이 주도권을 잡게 됐다. 기원전 432년 7월, 스파르타 최고 행정관인 에포르들은 민회를 소집했고, 아테네에 불만이 있는 사람들을 그 자리에 초청해 의견을 듣기로 했다. 메가라인들도 포고령 이후 불만이 많았지만, 가장 아테네를 미워하고 전쟁을 지지했던 사람들은 역시 코린토스인이었다.

코린토스 사절단은 아테네와 스파르타의 기질과 특성을 적나라하게 비교함으로써 스파르타인들이 마음속 깊이 품고 있던 의구심과 불안감을 자극했다. 보잘것없던 아테네가 너무나 성장했고, 앞으로 더욱 강력해질 것이라는 불안! 그렇게 강해진 아테네가 그리스 세계에서 스파르타가 누려왔던 군사 강국의 명예를 빼앗고 우리를 공격할지 모른다는 두려움! 많은 스파르타인이 코린토스, 테베, 메가라 모두가 전쟁을 지지하는 오늘이 바로 아테네가 가장 약한 때이자 스파르타가 가장 강한 순간임을 느꼈을 것이다. 스파르타의 민회는 전쟁으로 기울었다. 다만 30년 평화조약을 깼다는 오명을 피하기 위해 '메가라 포고령'을 철회하고, 포티다이아에서 철군하며, 아이기나에 자주권을 반환하면 전쟁은 없을 것이라고 통보했다.

이제 공은 아테네 민회로 넘어왔다. 이때의 민회는 페리클레스의 영향력 아래 있었다. 그는 최근의 위기 상황에서 변함없이 스파르타인들에게 양보해서는 안 된다는 강경한 의견을 유지해왔다. 냉철하고 현명한 페리클레스는 이번 스파르타의 제안도 허울뿐임을 단박에 알아챘다. 두 나라 간에 체결된 30년 평화조약에는 엄연히 중재 조항이 포함되어 있었다. 정말 문제를 평화적으로 해결하고자 한다면, 조약에 명시된 중재 절차를 따르면 되는데도 스파르타는 그렇게 하지 않았다.

연이어 오는 사절단이 제시한 평화의 조건도 이상했다. 메가라와 포티다이아에 대한 요구는 이해가 되지만, 아이기나에 자주권을 반환하라는 요구는 뜬금없었다. 사로니코스만 서쪽에 위치한 아이기나는 오랜 세월 아테네의 경쟁자였고, 1차 펠로폰네소스 전쟁이 한창이던 기원전 458년에서 기원전 457년 사이에 아테네의 손에 들어왔다. 아이기나 문제는 에피담노스 내전에서 비롯된 최근의 위기와는 전혀 무관했다. 그런데도 아이기나에 자주권을 반환해야 평화가 온다는 스파르타의 맥락 없는 요구는 무엇을 뜻하는가?

마지막으로 온 스파르타의 사절단은 더 이상했다. 그들은 이전에 제시했던 '평화의 조건들'에 대해서는 한마디도 언급하지 않고 '아테네가 그리스인들에게 자주권을 반환하면 평화가 가능하다'고 새로운 조건을 내걸었다. 이 추상적이고 모호한 말로 주장하는 바는 명확했다. 아테네 제국의 해체! 아테네 입장에서는 도저히 받아들일 수 없는 요건을 제시했다는 자체가 스파르타의 진짜 의도는 '전쟁'뿐임을 명시한 것이다.

페리클레스는 민회에 나서 이 점을 명확히 했다. 동시에 아테네가 어떤 도시인지 시민들에게 다시 상기시켰다. 부유한 제국을 이끌고 있고, 막강한 해군으로 바다를 지배하며, 난공불락의 성벽을 가진 아테네! 그들이 아무리 육지에서 잘 싸운들, 아티카의 농촌을 파괴한들, 궁극적인 승리는 아테네의 것이 될 수밖에 없음을 페리클레스는 자신했다. 아테네 민회는 페리클레스의 전쟁에 대한 전망과 승리에 대한 확신을 공유했다. 또한 스파르타의 어떤 요구도 들어주지 않겠다고 결의했다. 스파르타 사절단은 빈손으로 귀환했다. 아니, 그리스 세계에 거대한 재앙이 될 전쟁을 한가득 들고 돌아갔다.

기원전 429년 아테네

페리클레스가 죽고, 아테네가 흔들리다

기원전 429년 봄, 아테네인들은 다시 페리클레스를 장군으로 선출했다. 지난해 가을부터 이때까지 페리클레스는 공직에서 물러나 있었다. 원해서가 아니라 정치투쟁에서 패배했기 때문이다. 정계에 등장하자마자 정상에 오른 페리클레스로서는 30년 정치 인생에서 맞닥트린 첫 패배나 다름없었다. 스파르타를 수장으로 한 펠로폰네소스 동맹과의 갈등 속에서 아테네인들은 페리클레스의 조언에 따라 전쟁을 결정했지만 그의 정책에 반대하는 당파도 이번만큼은 쉽게 물러서지 않았다. 정치와 외교 영역에서 패배한 정적들은 법정으로 전쟁터를 옮겼다. 부정부패의 죄목으로 페리클레스를 고발한 것이다. 기원전 430년 9월, 페리클레스는 장군 자리에서 면직됐고, 공금횡령 혐의로 재판에 회부됐다.

　페리클레스의 가문이 아테네에서 가장 부유한 알크마이온이고, 그가 평생 검소하게 살아왔음을 고려하면 얼토당토않은 정치 공세였지만 정적들의 계략은 성공했다. 전쟁으로 인한 불안과 불편에 전염병의 공포까지 겹쳤기 때문이다. 그해 5월부터 아테네에 퍼지기 시작한 전염병은 무서운 기세로 퍼져 나가고 있었다.

　페리클레스의 전쟁 정책에 따라 농촌 지역을 포기하고 수많은 농민들이 아

〈친구들에게 파르테논 프리즈를 보여주는 페이디아스〉(Lawrence Alma-Tadema, 1868). 페리클레스의 정적들은 페리클레스의 측근인 페이디아스가 파르테논 신전에 봉헌될 금을 횡령한 혐의로 고발했다(B.C. 432).

테네 도심으로 피신해 있었기 때문에 전염병의 피해는 더 컸다. 전염병이 가져온 죽음, 공포, 혼란은 지도자인 페리클레스와 그의 강경한 정책에 대한 신뢰를 잠식했다. 만약 전염병이 돌지 않았다면 아테네인들은 결코 페리클레스로부터 등을 돌리지 않았을 것이다. 그러나 전염병은 발생했고, 기승을 부렸으며, 민심은 흉흉했다. 페리클레스의 정적들은 그 틈을 성공적으로 비집고 들어갔다.

재판에서 배심원들은 페리클레스에게 유죄를 선고했고, 무거운 벌금형을 내렸다. 페리클레스는 벌금을 바로 납부했지만 공직에서는 물러나야 했다. 그가 물러났다고 아테네의 상황이 나아지진 않았다. 스파르타는 아테네가 요청한 강화 협상을 거부했다. 전염병은 여전했고, 전쟁 비용은 높아져만 갔다. 전반적인 상황이 악화되는 가운데 강력하고 현명한 리더십의 부재는 아테네인들의 불안감을 높였고, 전쟁의 불확실성만 키웠을 뿐이었다.

아테네인들이 페리클레스를 다시 장군으로 선출한 건 이런 이유 때문이었다. 이제 여름이 오면 이 위대한 아테네인은 다시 권력의 정점에 서서 한창 전쟁 중인 제국의 키를 쥐게 될 터였다. 그는 다시 민주주의 제국의 지도자로서 민심을 추스르고, 정책의 일관성을 유지하며, 전쟁이라는 최악의 상황에 능수능란하게 대처해 아테네에 궁극적인 승리를 가져다줄 것이었다. 그러나 불행히도 그들의 희망은 짧고 헛되었다.

아테네는 이번 전쟁에서 지지 않는다

아테네와 스파르타, 두 강국은 전쟁을 결심했지만 막상 무력 충돌은 발생하지 않았다. 스파르타는 현실적으로 전쟁을 승리로 이끌 전략과 재원이 마땅치 않았고, 아테네는 처음부터 싸울 의사가 없었기 때문이다. 먼저 전쟁을 결심한 스파르타의 민심은 아테네에 분노하고 있었고, 당장이라도 쳐들어가면 이길 것 같았다. 그러나 분노와 열정만으로는 이길 수 없는 게 전쟁이다. 군대를 이끌어야 할 아르키다모스왕은 이 같은 사실을 명확히 알고 있었다. 육지와 육군이 스파르타의 근본이고 힘이라면 아테네의 그것은 바다와 해군이었다. 그리고 아테네와 피레우스 항구는 거대한 성벽으로 철통같이 방어되었다. 스파르타의 중장보병이 아무리 강력해도 아테네의 육군이 대응해주지 않으면 무슨 소용이 있겠는가?

더군다나 공성전 기술이 발달하지 않은 때였기 때문에 아테네를 포위

〈피레우스와 장벽〉(John Steeple Davis, 1900).

해서 굴복시키는 것도 불가능했다. 아테네는 자신들이 지배하는 바다를 통해 식량과 자원을 무한정 공급받으며 버틸 터였다. 결국 지쳐 물러서게 되는 쪽은 스파르타일 가능성이 컸다. 만약 스파르타가 전쟁에서 이기고자 한다면 육지뿐 아니라 바다에서도 아테네를 상대로 이길 수 있어야 했다. 그러나 스파르타에는 아테네에 맞설 함대를 조성할 돈이 없었다. 페리클레스가 아테네의 민회에서 냉철하게 지적했듯이, 그들은 '공적으로든 사적으로든 빈털터리'였던 것이다. 코린토스를 비롯한 스파르타의 동맹들이 가진 삼단노선도 100여 척에 불과했다. 해전 수행에 필수적인 선장, 조타수, 노잡이 등 인력 수준도 아테네에 비할 바가 아니었다.

결국 전쟁은 시작됐지만 현재의 스파르타에는 이길 방법이 없었다. 거꾸로 아테네의 전쟁 목표는 스파르타와 싸워 이기는 것이 아니었다. 스

에게해의 시대

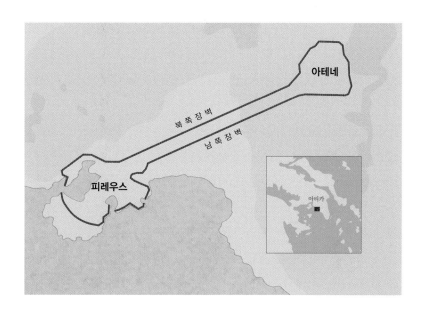

파르타로 하여금 그리스 세계의 절반에 해당하는 바다를 아테네가 지배하고 있다는 현실을 인정하게 하는 것이었다. 육지에서 스파르타의 도전에 응하지 않고, 성벽에 의지해 굳건하게 아테네를 지키고, 해군으로 바다와 제국을 유지하면 궁극적인 승리는 아테네의 것이었다. 이것이 페리클레스가 기꺼이 스파르타의 도전을 받아들인 까닭이었다. 그러니 아테네에는 전쟁을 먼저 시작할 이유가 없었다.

테베가 플라타이아이를 공격하다

무력 충돌은 엉뚱하게도 보이오티아에서 테베에 의해 시작됐다. 테베의 입장에서 플라타이아이는 가장 중요한 전략적 거점에 위치한 폴리스였다. 이곳만 손에 넣는다면 보이오티아 전역으로 영향력을 확대하고, 동맹국인 스파르타와 원활하게 연계해서 아티카반도 남부로의 진출까지도 모색할 수 있었다. 기원전 431년 초봄, 전쟁은 테베의 기습으로 시작되었다.

비록 플라타이아이가 작은 폴리스였지만 튼튼한 성벽으로 보호되고 있었기 때문에 테베는 야습이라는 통상적이지 않은, 비겁한 방법에 의존했다. 테베다운 방법이었지만 실패했다. 오히려 수백 명의 테베 군인이 포로로 사로잡혔다. 분노한 플라타이아이인들은 포로로 잡은 테베군, 그리고 그들과 내통한 반역자 등 180명을 처형했다. 테베는 복수를 다짐했고, 플라타이아이 역시 도시를 지킬 400명의 중장보병만을 남기고 나머지 시민들을 도시에서 소개시켰다. 전쟁은 이제 돌이킬 수 없는 현실이 되었다.

테베와 이웃한 플라타이아이는 시민이 1,000여 명뿐인 작은 폴리스였지만 명예로웠으며 널리 존경받았다. 이유는 페르시아 전쟁 기간 동안 그들이 한결같이 보여주었던 도덕적 성실성 때문이었다. 기원전 490년 늦여름 마라톤에서 아테네가 홀로 페르시아의 대군과 대치하고 있을 때, 유일하게 플라타이아이는 아테네와 함께 싸웠다. 동맹의 약속을 지키기 위해서였다. 아테네가 이길 것이라 누구도 예상치 못했던 때였다. 페르시아의 목표가 플라타이아이도 아니었고, 플라타이아이가 아테네의 동맹이란 건 페르시아에 중요하지도 않았다. 그런 순간에 단지 '동맹'이라는 이유 때문에 아테네와 운명을 함께한다? 충직하다기보다는 어리석다고 보는 게 상식적이지 않을까? 그러나 어리석을 정도로 무모하게 신의를 지킨 데 대한 보상은 컸다. 전투에서 아테네는 승리했고, 플라타이아이는 영광을 나눠 가졌다.

에게해의 시대

그것이 처음이자 마지막이 아니었다. 10년 후 페르시아의 대대적인 그리스 본토 침공이 시작됐을 때도 플라타이아이는 그리스 세계의 자유와 독립이라는 대의 편에 섰다. 그 결과 고향은 정복되고 불태워졌지만, 플라타이아이인은 투쟁을 멈추지 않았다. 기원전 479년 자신들의 고향에서 페르시아와 최후의 결전이 벌어졌을 때 난민으로 떠돌던 플라타이아이의 중장보병 600여 명도 참전해서 함께 싸웠다. 이때의 승리로 그리스는 자유와 독립을 되찾았다.

그 마지막 전투의 현장이었던 '플라타이아이'는 승리와 자유의 상징으로 칭송받았고, 마라톤에서 플라타이아이에 이르기까지 작은 폴리스의 사람들이 보여준 용기는 모두에게 귀감이 되었다. 그런 폴리스를 공격한 테베의 행동은 정말 무도한, 용서받을 수 없는 것이었다. 페르시아 전쟁 기간 내내 테베가 페르시아의 주구였음을 생각하면 더 그랬다. 아테네는 오랜 동맹인 플라타이아이를 위해 원군을 보내고 전쟁 준비에 박차를 가했다. 아테네와 스파르타의 30년 평화조약은 기한을 절반도 채우지 못하고 휴지 조각으로 전락하고 말았다.

스파르타, 아테네로 진격하다

드디어 스파르타와 펠로폰네소스 동맹의 대군이 아티카를 침공했다. 기원전 431년 5월 말, 아티카의 곡물이 익어갈 무렵이었다. 그들은 풍요롭게 익은 평야를 약탈했고, 포도 넝쿨과 올리브 나무를 뿌리째 뽑아버렸다. 아티카의 농민들은 아테네 시내로 피신했고, 아테네의 중장보병들은 스파르타의 약탈 행위에 일절 반응하지 않았다. 모두가 페리클레스의 전략에 따른 것이었다. 그러나 아테네인들에게 그런 인내는 참기 어려운 고통이었다. 수백 년간 살아온 삶의 터전이 약탈되는 모습을 바라보는 것은 누구에게나 힘든 일이겠지만, 지난 60년간 열정과 용기로 새로운 세상을 개척해온 아테네인들에게는 더욱 그러했다.

그들의 마음을 헤아렸던 페리클레스는 아티카에서 스파르타 중장보병들과의 전면 충돌은 피했지만, 1만 3,000명의 중장보병을 이끌고 메가라 주변의 평야 지대를 공격해 황폐화시켰다. 이런 보복 작전은 페리클레스의 위상을 더욱 확고히 해주었다. 그러나 아테네가 전쟁 첫해에 막대한 비용을 치렀다는 것은 숨길 수 없는 사실이었다. 아티카는 철저하게 약탈당했으며, 그리스 북부에 위치한 포티다이아 공성전은 여전히 계속되었다. 포티다이아 공성전이 예상외로 길어지면서 사용 가능한 전쟁 비용의 25퍼센트 이상이 투입되었다. 이는 전혀 예상치 못했던 지출이었다.

〈고대 도시의 전염병〉(Michiel Sweerts, 1652~1654).

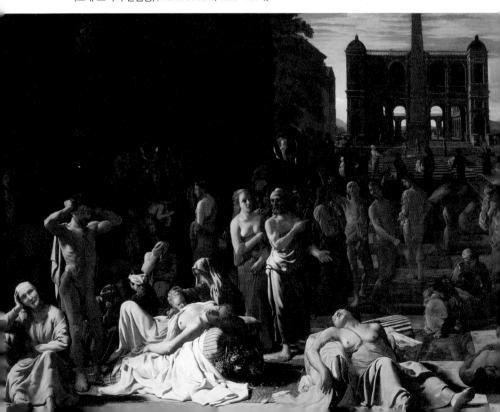

기원전 430년 봄이 되자 아르키다모스왕은 다시 펠로폰네소스 연합군을 이끌고 아티카로 왔고, 약탈을 재개했다. 아티카의 평야, 농지, 마을을 파괴해서 아테네를 전쟁으로 끌어들일 수 없다는 것을 알고 있었지만, 스파르타가 달리 할 일도 없었다. 이때 전쟁의 경로를 완전히 뒤바꿔 놓을 '천재지변'이 발생했다. 아테네에 전염병이 창궐한 것이다. 아프리카에서 시작된 이 전염병은 페르시아 제국을 휩쓸고 아테네에 상륙했다.

이 병을 직접 앓고도 살아남은 역사가 투키디데스Thucydides, B.C. 460?~404?에 의해 증상에 대한 상세한 기록이 남아 있지만 아직까지 정확한 병명은 모른다. 우리가 아는 것은, 기원전 430년부터 기원전 427년까지 이 병으로 아테네 주민의 약 3분의 1이 목숨을 잃었다는 사실이다.* 기원전 427년 겨울 아테네를 덮친 두 번째 역병으로만 중장보병 4,400명과 기병 300명, 다수의 해군 병사들이 사망할 정도였다. 이때까지 스파르타와의 전투에서는 거의 인명 피해를 입지 않았던 아테네가 전염병으로 치명적인 손실을 입었다. 이로써 아테네의 전쟁 수행 능력은 급격하게 떨어졌고 사기는 꺾였다.

무엇보다 결정적인 손실은 곧 다가올 페리클레스의 사망이었다. 그의 죽음 이전부터 전염병은 민심의 동요를 가져옴으로써 페리클레스의 정치적 입지를 약화시켰다. 결국 그는 정치투쟁에서 패배했다. 페리클레스의 정적들은 그를 제거하면 스파르타와 손쉽게 평화조약을 맺을 수 있다

---

* 기원전 431년과 기원전 425년의 인구 분석을 통해 역병과 전쟁으로 아티카 인구의 31퍼센트가 감소했다는 연구가 있으며(A. W. Gomme, *The Population of Athenes in the Fifth and Fourth Centuries B.C.*, Greenwood Press, 1967), 기원전 430년부터 기원전 427년까지 아테네 중장보병의 34퍼센트가 사망했다고 보는 견해도 있다(Robert Sallares, *The Ecology of the Ancient Greek World*, Cornell University Press, 1991).

고 생각했지만 이는 심각한 착각이었다. 아테네에서 창궐한 전염병과 뒤이은 페리클레스의 실각은 스파르타의 주전파에게 오히려 힘을 실어주었다. 그들은 아테네의 힘과 리더십이 약화된 지금이야말로 전쟁을 계속해야 될 때라고 확신했다. 아테네의 평화 협상 요청은 주전파의 이런 주장이 옳았음을 확인시켜주었을 뿐이다.

현재의 상황이 군대의 힘이 아니라 전염병에 의한 것이었음에도 스파르타인들은 마치 자신들의 능력으로 우위를 쟁취한 듯 착각했다. 착각에서 비롯된 오만은 냉철한 이성을 마비시켜 아테네의 평화조약 요청을 거부했다. 비록 아테네의 국력이 약해졌지만, 스파르타에 해군이 없는 한아테네를 굴복시킬 수 없다는 사실은 변한 것이 없었는데도 말이다. 스파르타의 행동은 오히려 아테네인들에게 명백한 진실을 깨닫게 해줬다. 이제 살아남기 위해서는 스파르타를 상대로 이기는 길밖에 없음을, 그러려면 페리클레스가 필요하다는 것을.

전염병에 의해 실각했던 페리클레스는 결국 스파르타에 의해 다시 권좌에 복귀했다. 페리클레스는 지속적으로 아테네인들에게 아테네 제국의 위대함과 힘을, 그리고 이 제국을 모든 바다의 주인이 되게 해준 해군력을 칭송해왔다. 이제 그는 자유와 제국을 상실하는 순간 아테네는 모두를 잃을 것이기 때문에 스스로의 힘을 믿고 싸울 수밖에 없음을 강조했다. 그리고 페리클레스의 주장이 옳음을 증명이라도 하듯이 바다에서 승전보가 들려오기 시작했다.

아테네 해군이 승리를 거둔 곳은 코린토스만의 입구에 해당하는 나프팍토스Nafpaktos 주변 해역이었다. 나프팍토스는 지정학적으로 코린토스의 해군과 상업을 결정적으로 견제할 수 있는 곳에 위치했고, 아테네는 일찍감치 이곳을 해군기지로 활용해왔다. 코린토스는 스파르타의 동맹 중 가

에게해의 시대

장 부유한 상업 국가이자 가장 강력한 해양 국가였다. 해군이 없는 스파르타로서는 코린토스의 부와 해군을 적절하게 활용하는 것이 승리를 가져올 중요한 요소였다. 정반대로 아테네 입장에서는 스파르타가 코린토스의 자산을 쓰지 못하도록 막아야 했다. 결국 코린토스 해군이 나프팍토스를 무력화하고 코린토스만을 자유롭게 통과할 수 있다면 스파르타가, 그 반대면 아테네가 결정적으로 유리했다.

나프팍토스를 지키는 아테네 삼단노선은 20척뿐이었다. 전염병 이후 아테네는 너무 큰 인명 손실을 입었고, 사기가 꺾인 상태였기 때문에 나프팍토스로 원군을 보낼 처지가 아니었다. 코린토스를 필두로 한 펠로폰네소스 연합함대는 이때를 이용해 나프팍토스를 제압하고, 코린토스만의 제해권을 획득하고자 했다. 그러나 그들은 나프팍토스 사령관 포르미온Phormion, B.C. ?~428?의 존재를 무시했다. 포르미온은 사모스 반란 당시 페리클레스와 함께 함대를 지휘했던 뛰어난 베테랑이었다. 나프팍토스 같은 요충지를 맡고 있다는 것이 그의 재능에 대한 증거였다.

포르미온은 주변의 지형과 날씨 등 전쟁에 필요한 모든 정보를 이미 숙지하고 적이 도발할 때를 기다렸다. 처음에는 47척을 상대로, 두 번째는 무려 77척을 상대로, 그가 이끄는 20척의 아테네 해군은 대승을 거뒀다. 포르미온의 대담하고 정교한 전략 전술, 아테네 전함의 뛰어난 기동성, 노잡이들을 비롯한 승무원의 우월한 숙련성이 합쳐져서 적의 절대적인 수적 우위를 무력화해버렸다.

무엇보다 승리한 시점이 중요했다. 전염병으로 사기가 땅에 떨어진 순간에 거둔 포르미온의 연승은 아테네에 자신감을 되찾아주었다. 만약 이때 바다에서 패배했다면 아테네의 사기는 더욱 떨어지고, 적들은 더욱 과감해졌을 것이다. 그렇게 되면 제국에서 반란이 일어나고, 반란은 페르시아의 개입을 초래할지도 모를 일이었다. 말 그대로 포르미온은 아테네를 살렸다.

반대로 스파르타는 실망했다. 아테네가 바다에서는 무적이라는 사실을 인정해야 했다. 77척의 삼단노선을 가지고도 20척을 상대로 이기지 못한다면, 200척에 달하는 아테네 전함대와 싸워 이기려면 도대체 몇 척이 필요하단 말인가? 냉철한 스파르타인이라면 전쟁의 미래가 암담하다고 느꼈을 것이다. 그러나 언제나 그렇듯이 냉철한 사람은 소수에 불과하다. 아테네와 스파르타의 전쟁은 계속됐다.

〈페리클레스의 장례식 추도 연설〉(Philipp von Foltz, 1852). 페리클레스는 기원전 431/430년 겨울, 전몰장병들의 장례식에서 연설을 했다. 그는 아테네 민주정과 문화에 대한 자부심을 드러내고 시민 의식을 고취시켰으며 펠로폰네소스 전쟁을 수행하는 자유 시민의 의지를 천명했다.

에게해의 시대

〈아크로폴리스 재건 상상도〉(Leo von Klenze, 1846).

　전쟁이 진짜 무서운 점은 예상할 수 없는 일이 무수히 많이 일어난다는 것이다. 전쟁의 묘미이기도 하다. 아테네에서 전염병이 발생한 것이 그랬다. 페리클레스의 갑작스러운 죽음 역시 예측하지 못했던 사건에 속한다. 기원전 429년 9월, 페리클레스가 전염병으로 사망했다. 전쟁 발발 2년 6개월 만이었다. 그의 죽음으로 아테네는 전쟁이라는 극한 상황에서 탁월한 자질로 30년 이상 국가를 이끌어온 지도자를 상실했다.

　페리클레스는 자신의 인생을 통해서 과감한 군인, 뛰어난 전략가, 탁월한 정치가임을 증명했다. 그는 지도자로서 민주주의의 위대한 이상을 드높였고, 수많은 사람들에게 민주주의 공동체인 아테네에 자발적으로 헌신하도록 설득할 수 있었다. 과단성 있게 스파르타에 맞서 아테네가 이룩한 민주주의, 자유, 제국의 유산을 지키도록 격려했다. 아테네는 그런 지도자를 잃었다.

만약 살아 있었다면 페리클레스는 전쟁 도중에 아테네인을 하나로 통합하고, 절망으로부터 구원하고, 아테네의 정책이 승리로부터 어긋나지 않도록 유지했을 것이다. 위대한 사람은 살아서뿐만 아니라 죽어서도 자신의 가치를 증명한다. 페리클레스 역시 그랬다. 그가 죽은 다음 날부터 아테네 민주주의는 흔들리기 시작했고, 제국은 무너지기 시작했다.

기원전 427년 미틸레네

수많은 폴리스가 비참한 운명에 처하다

미틸레네Mitilene는 더 이상 버틸 힘이 없었다. 도시는 오랜 봉쇄로 인해 굶주렸다. 아테네의 포위망을 뚫을 군대도 부족했다. 군대를 보충하기 위해 충원된 하층계급의 평민들은 중장보병의 장비를 지급받자마자 식량을 내놓으라며 과두 정부에 윽박질렀다. 내우외환의 위기를 맞이한 미틸레네 과두 정부는 선택의 여지가 없었다. 그들은 아테네의 포위군 사령관 파케스Paches, ?~?에게 무조건 항복했다.

유일한 위안은 파케스가 온화하고 합리적인 인물이라는 사실이었다. 파케스는 항복 조건을 협의하기 위해 미틸레네가 아테네로 사절단을 보내는 것을 허락했고, 사절단이 돌아오기 전까지는 누구도 감금하거나 살해하지 않겠다고 약속했다. 심지어 스파르타 편에 붙어서 가장 격렬하게 아테네에 반대했던 과두파의 핵심 인사들까지도 안전하게 지켜줬다.

그럼에도 아테네 군대의 지배하에 놓인 미틸레네의 처지는 비참했다. 1년 전까지만 해도 레스보스섬의 지도적 폴리스로서 델로스 동맹의 핵심이었던 미틸레네는 어쩌다 이 지경에 몰렸을까? 레스보스섬은 키오스섬과 더불어 동맹 내에서 자치권과 해군을 보유한 곳이었다. 미틸레네는 이런 레스보스섬의 맹주였다. 아테네 동맹국들 중 드물게 과두정이 지배했던 미틸레네는 오래전

흑해

마르마라해

에 게 해

레스보스섬 ● ──── 미틸레네

키오스섬 ●

●아테네

사모스섬 ●

델로스섬

● 스파르타

■ 아테네 영토
■ 아테네 동맹국 영토

지 중 해

부터 레스보스섬 전체를 지배하려는 야심을 품고 있었다.

델로스 동맹에 가입할 때는 페르시아로부터 자유와 독립을 지키는 것이 최우선이었지만, 에게해에서 페르시아 해군이 제거되자 미틸레네의 오랜 야망이 다시 고개를 들기 시작했다. 그러나 발톱을 함부로 드러내기에 아테네의 힘이 너무 강했다. 레스보스섬에 못지않은 사모스섬의 반란(B.C. 440~439)이 아테네에 의해 무자비하게 진압되는 과정을 봤기 때문이다. 그런 미틸레네에 아테네와 스파르타의 전쟁은 절호의 기회였다. 미틸레네는 조심스럽게 레스보스섬 전체를 장악하고 아테네에 반란을 일으키기 위한 행동에 돌입했다. 그

에게해의 시대

러나 미틸레네의 이 같은 움직임은 즉각 아테네에 알려졌고, 아테네는 함대를 보내 항복을 종용했다. 미틸레네는 당연히 거부했고, 기원전 428년 여름, 아테네의 공격이 시작됐다.

미틸레네가 비록 레스보스섬의 맹주로 강력한 해운국이었지만, 아테네에 비할 수는 없었다. 이제 미틸레네의 운명은 스파르타와 그의 동맹에 달렸다. 미틸레네는 스파르타에 사절단을 파견해 상황을 설명하고 도움을 청했다. 그들은 역병과 과도한 전쟁 비용 지출로 아테네가 무너진 지금이야말로 아테네를 굴복시킬 적기라고 주장했다. 무엇보다 그들은 통찰력 있게 이번 전쟁의 진짜 전쟁터는 아티카의 평야가 아니라 '아테네에 해군을 운용할 비용을 공급하는 제국의 해양 전역'임을 역설했다.

스파르타와 동맹국들은 미틸레네를 동맹에 받아들이고, 그들을 위해 군대를 일으켰다. 그러나 아테네의 결단이 빨랐다. 40척의 삼단노선이 레스보스를 봉쇄한 상황에서 무려 100척의 삼단노선을 추가로 무장시켜 펠로폰네소스반도 곳곳을 공격했다. 전염병으로 수많은 사람이 죽거나 아픈 상황이었기 때문에 중장보병들까지 노잡이로 배를 타야 했다. 아테네의 과감한 공격은 스파르타를 위축시켰다. 펠로폰네소스 동맹은 바다는 물론이고 육지에서도 미틸레네를 지원하기 위한 군사작전을 포기했다.

미틸레네는 홀로 아테네에 저항해야 하는 최악의 상황에 처했다. 결국 식량과 병력의 부족, 내부 반란 때문에 항복했다. 이제 그들의 운명은 아테네 민회의 결정에 달렸다. 사절단은 어떤 답을 가지고 올까? 미틸레네의 모든 사람들은 두려움에 떨며 바다만 바라보며 사절단의 귀환을 기다렸다.

강경파와 온건파가 맞붙다

미틸레네의 운명을 결정할 민회는 언제나 그러하듯 프닉스Pnyx에서 열렸다. 웅장하고 화려한 아크로폴리스가 올려다 보이는 프닉스에 모여 아테네 시민들은 미틸레네 사절단의 해명을 들었다. 사절단에는 과두파 대표와 민주파 대표가 모두 포함됐다. 그들은 서로 다른 주장을 했다. 과두파는 모든 미틸레네인에게 책임이 있다고 주장했다. 자신들의 죄를 희석시키는 동시에 설마하니 아테네가 모든 미틸레네인에게 책임을 묻지는 못할 것이라고 믿었기 때문이었다. 반면에 민주파는 이번 반란의 책임은 전적으로 정부를 구성하고 이끌었던 과두파에 있다고 주장했다. 민주주의를 지지하는 다수의 평민이 아테네에 대항해서 반란을 일으킬 이유가 없다는 것이었다. 평민들은 과두파의 협박에 의해 강제로 동원됐을 뿐이라는 게 민주파 대표의 주장이었다.

미틸레네 사절단이 과두파와 민주파로 갈렸듯, 아테네 민회도 강경파와 온건파로 양분됐다. 민회 강경파의 리더는 클레온Cleon, B.C. ?~422이었다. 페리클레스가 살아 있을 때부터 그의 정적이었던 클레온은 호전적인 선동 정치가로 상인 계층 출신이었다. 그는 '미틸레네의 모든 남성을 죽이고 여자와 아이는 노예로 팔자'는 극단적인 처벌을 제안했다. 온건파를 대표한 디오도토스Diodotus, ?~?는 미틸레네인들을 도륙하는 데 극구 반대했다. 그러나 모든 정치적 논쟁이나 투쟁에서는 강경파가 이길 확률이 높다. 주장이 선명하고, 민심을 자극하기 때문이다.

특히 지금처럼 민심이 분노하고 불안해하는 상황에서는 더 그랬다. 기원전 427년이면 이미 전쟁 5년 차였다. 아테네인들의 터전인 아티카는 스파르타의 공격으로 폐허가 됐고, 전염병으로 수많은 사람이 사망했으며, 믿고 의지하던 페리클레스마저 죽고 없었다. 모든 아테네인이 충분히 고통 받았고, 여전히 고통 받는 중이었다. 평화와 승리에 대한 전망도 불투명했다. 그런 상황에서 미틸레네에서 반란이 터진 것이었다. 다행히 스파르타의 소심함 덕분에 제때 진압할 수 있었지만, 만약 운이 없었다면 미틸레네를 시작으로 아테네 제국 곳곳으로 반란이 확산되고 그 틈을 타 페르시아 제국이 개입하는 최악의 시나리오가 현실화되었을지도 모를 일이었다.

아테네인들을 더욱 분노하게 한 건 미틸레네가 동맹 내에서 자치와 함대 보유라는 특권을 누려왔던 폴리스라는 사실이었다. 그들은 특권을 악용해 동맹의 리더인 아테네가 위기에 처했을 때 반란을 일으켰고, 적과 손을 잡았다. 클레온의 극단적인 제안은 평상시 같으면 고려의 대상이 아니었을 것이다. 그러나 지금은 비상시였고, 특단의 조치가 필요하다는 데 시민들은 동의했다. '미틸레네의 모든 남성을 죽이고 여자와 아이는 노예로 판다'는 제안이 민회를 통과했다. 국가 삼단노선 한 척이 판결을 즉시 집행하라는 잔인한 명령을 전하기 위해 미틸레네로 파견됐다. 레스보스섬의 맹주를 꿈꿨던 강력하고 유서 깊은 폴리스 미틸레네가 곧 지구상에서 사라질 참이었다.

그러나 곧 민심에 미묘한 변화가 생겨났다. 미틸레네에 대한 분노를 마음껏 표출하고 나자, 일부 시민들을 중심으로 판결이 너무 잔인한 듯하다는 우려의 목소리가 나온 것이다. 온건파는 민심의 변화를 이용해 다음 날 미틸레네 문제를 재검토하기 위해 민회를 다시 개최하는 데 성공했다. 투키디데스는 이날의 민회에서 오갔던 강경파와 온건파의 설전을 자세하게 전하고 있다.

강경파의 대표로는 다시 클레온이 나섰다. 당대의 가장 난폭한 시민이

빈 의회의사당에 있는 역사가 투키디데스의 동상.

며 시민들에게 가장 영향력 있는 인물이었던 클레온은 아테네인들에게 제국의 지배자로서 엄격하고 냉철할 것을 요구했다. 지금 정의는 신속하고 가혹한 처벌을 요구하고 있다고, 관대한 처벌은 오히려 다른 곳의 반란을 부추기게 될 것이라고 말했다. "반란을 일으킨 자가 받는 벌은 죽음뿐이라는 것을 분명히 함으로써 다른 동맹국들에 본때를 보이자"는 사자후로 클레온은 연설을 마무리했다.

온건파의 대표 역시 어제와 마찬가지로 디오도토스였다. 그는 지금 민회가 고려해야 하는 가장 중요한 기준은 미틸레네의 과오도, 정의의 실현도 아닌 아테네의 이익임을 강조했다. 디오도토스는 클레온의 가혹한 처벌이 오히려 반란자들로부터 항복이란 탈출구를 제거함으로써 최후까지 버티도록 만들 테니, 이겨도 폐허밖에 손에 넣지 못해서 손해라고 주장했다. 또 현재 모든 도시의 민중은 아테네 편인데 미틸레네의 민중을 처벌한다면 장차 제국 전체의 민중을 적으로 돌릴 위험이 있음을 경고했다. "반란의 주동자만 처벌하고 민중은 용서하는 것이 우리의 장래에 유리하고, 지금 우리의 적에게 두려움을 불러일으킬 것"이라는 말로 디오도토스는 연설을 마쳤다.

격렬한 토론이 이어졌고 표결이 시작됐다. 아슬아슬한 차이로 디오도토스의 안이 가결됨으로써 결정을 뒤집었다. 그러나 미틸레네의 운명이 정말로 뒤바뀐 것은 아니었다. 이미 모든 시민을 죽이라는 명령을 실은 배가 하루 전날 아테네를 떠나 미틸레네를 향하고 있었기 때문이다. 민회는 즉시 새로운 명령을 파케스에게 전달할 국가 삼단노선을 급파했다. 자신들의 도시를 살리기 위해 미틸레네 사절단은 두 번째 배의 선원들에게 식량을 제공했고, 먼저 파견된 배를 따라잡으면 후하게 보답하겠다는 약속까지 했다. 두 번째 배의 선원들은 그런 이유로 항해를 서둘렀다.

항해 도중 끼니는 포도주와 올리브유에 갠 보릿가루로 대신했고, 교대로 취침하며 쉼 없이 노를 저었다.

이와 달리 첫 번째 배는 내키지 않는 임무를 띠고 가고 있었기 때문에 항해를 서두르지 않았다. 첫 번째 배가 도착해 민회의 결정을 전달하고 파케스가 이를 집행하려는 순간 두 번째 배가 입항하여 피비린내 나는 대학살을 막을 수 있었다. 클레온이 지적한 대로 아테네로부터 존중받고 특권을 누렸으나 이를 감사히 여기지 않고 교만해져 주제 파악도 못하고 반란을 일으켰던 미틸레네의 운명은 가까스로 지옥에서 벗어났다. 그러나 반란의 주동자로 지목된 1,000명 이상의 미틸레네인은 아테네로 보내져 죽음을 맞았다.

미틸레네의 성벽은 허물렸고, 함대는 아테네가 인수했다. 아테네는 미틸레네뿐 아니라 레스보스섬 전체를 새롭게 재편했다. 민주정 폴리스로 미틸레네에 맞서 아테네 편에 섰던 메팀나Methymna를 제외한 모든 레스보스의 땅을 몰수해 일부는 신에게, 나머지는 추첨으로 뽑힌 아테네인들에게 분배했다. 미틸레네가 지배하던 이오니아 쪽 소도시도 모두 인수해 아테네의 속국으로 삼았다. 이로써 아테네는 레스보스섬에서 발생한 위기를 해결하고 스파르타를 상대로 전열을 가다듬었다.

플라타이아이의 불행한 운명

미틸레네 반란이 해결될 즈음 플라타이아이 수비대가 스파르타군에 항복했다. 400명의 플라타이아이인과 80명의 아테네인으로 이뤄진 수비대는 2년 이상을 외부의 도움 없이 버텼다. 그러나 더 이상은 무리였다. 플라타이아이의 운명은 미틸레네와는 전혀 다른 각도에서 펠로폰네소스 전쟁의 비극성을 적나라하게 드러냈다. 플라타이아이가 스파르타군에 포위당한 건 기원전 429년 5월이었다. 테베는 전쟁을 촉발한 야간기습이 실패로 돌아가자 스파르타에 플라타이아이 공격을 제안했다. 막 시작된 전쟁에서 테베의 지속적인 지원을 필요로 했던 스파르타로서는 거절하기 어려운 제안이었다. 그 작은 폴리스를 정복하기 위해 그리스에서 가장 강력하고 스스로 위대하다 자부했던 스파르타가 직접 나섰다.

플라타이아이 수비대는 군대를 이끌고 온 스파르타 왕 아르키다모스 Archidamus Ⅱ, 재위 B.C. 469~427에게 사절단을 보내 강하게 항의했다. 그들은 지난 기원전 479년 플라타이아이 전투에서 페르시아군을 상대로 승리를

제우스 또는 포세이돈 동상(아테네 고고학박물관). 동상의 오른손에 있었던 무기가 지금은 사라져서 신상의 대상을 정확하게 특정하기 어렵다. 번개(제우스)나 삼지창(포세이돈)이었을 것으로 추정된다.

거둔 후 벌어졌던 일을 언급했다. 그때 그리스 연합군은 승리를 자축하기 위해 폐허뿐인 플라타이아이의 아고라 한복판에 모였다. 총사령관이었던 스파르타 섭정 파우사니아스Pausanias, B.C. ?~470?는 모두 앞에서 최고의 신이자 해방자인 제우스Zeus에게 제물을 바치며 선언했다. "플라타이아이인들에게 영토와 도시를 돌려주어 그들을 독립국가로 살아가게 하자. 어느 누구도 그들을 부당하게 공격하거나 노예로 삼는 일은 없을 것이다."

파우사니아스는 더 나아가 플라타이아이가 공격당하면 여기 모인 동맹군 모두가 '있는 힘을 다해' 도울 것이라고까지 맹세했다. 위대한 승리에 이름을 부여했고, 마라톤에서 플라타이아이에 이르기까지 도시의 모든 것을 걸고 지속적으로 페르시아와 싸운 폴리스에 대한 감사이며 배려였다. 플라타이아이의 주적은 언제나 테베였으니, 이 선언은 사실상 테베를 향한 경고였다.

그러나 운명의 장난처럼 50년이 지난 후 파우사니아스의 후예 아르키다모스는 선조의 약속을 깨고 플라타이아이를 공격하기 위해 왔다. 아르키다모스는 자신들이 부당하지 않다는 것을 강조하기 위해 플라타이아이 수비대에 "독립을 누리려면 아테네의 지배를 받는 다른 그리스인들을 해방하는 일에 협력하라"고 말했다. 그조차도 힘들다면 아테네와 스파르타 사이에서 중립을 지키라고 요구했다. 수비대 입장에서는 스파르타를 상대로 싸우기도 힘들었지만 마음대로 자신들의 운명을 결정할 수도 없었다. 테베의 습격을 받은 직후 만일에 대비하기 위해 자신들을 제외한 모든 시민과 식솔을 아테네 관할로 소개시켰기 때문이다.

수비대는 아르키다모스왕의 허락을 받고 아테네로 사절단을 보내 스파르타에 항복하거나 중립을 지켜도 좋을지를 물었다. 아테네는 전력으

로 도울 테니 항복하지 말고 동맹의 약속을 지키라고 했다. 플라타이아
이 수비대는 선택의 여지가 없었고 도시의 성벽을 방패 삼아 항전에 들
어갔다. 그들은 무려 2년 동안이나 스파르타의 포위를 버텨냈다. 그 엄
혹한 기간 동안 자기 코가 석 자였던 아테네는 약속했던 도움을 주지 못
했다. 스파르타는 기진맥진한 수비대에 항복하면 공정한 재판을 받도록
해주겠다고 했다. 수비대는 그 말을 믿고 항복했다.

  스파르타는 기원전 479년 파우사니아스의 맹세를 저버렸듯이 공정한
재판에 대한 약속도 헌신짝처럼 내다 버렸다. 수비대는 처형됐고, 스파
르타는 플라타이아이를 동맹인 테베에 넘겼다. 드디어 테베는 소원을 이
뤘다! 테베는 플라타이아이를 완전히 파괴해 평지로 만들어버렸다. 페
르시아 전쟁에서 펠로폰네소스 전쟁에 이르는 격렬한 투쟁의 시기에 플
라타이아이는 보기 드물게 도덕적으로 성실하고 명예로웠다. 그런 폴리
스를 페르시아는 정복했고, 테베는 불태웠다. 스파르타는 협박했고, 아
테네는 외면했다.

플라타이아이의 현재 모습. 공중에서 바라봐야 옛 도시의 흔적을 찾을 수 있을 정도로 폐허로 변했다.

플라타이아이는 펠로폰네소스 전쟁 중에 비참한 운명을 맞이한 대표적인 폴리스다. 폐허에 잔해조차 얼마 남지 않아 강대국 간 분쟁 속에 멸망한 약소 폴리스의 슬픈 운명을 전해준다.

아테네는 살아남은 플라타이아이인들에게 시민권을 부여함으로써 동맹에 대한 최소한의 예의를 지켰지만 합당한 보상이었는지는 의문이다. 이처럼 폴리스들 사이에서 귀중하게 여겨졌던 약속, 정의, 명예, 평판은 장기화되는 전쟁의 와중에 빛을 잃어갔다. 전쟁의 승리만이 중요해졌다. 플라타이아이의 멸망은 이제 시작일 뿐이었다. 제2, 제3의 플라타이아이들이 아무것도 모른 채 곧 닥쳐올 가혹한 운명을 기다리고 있었다.

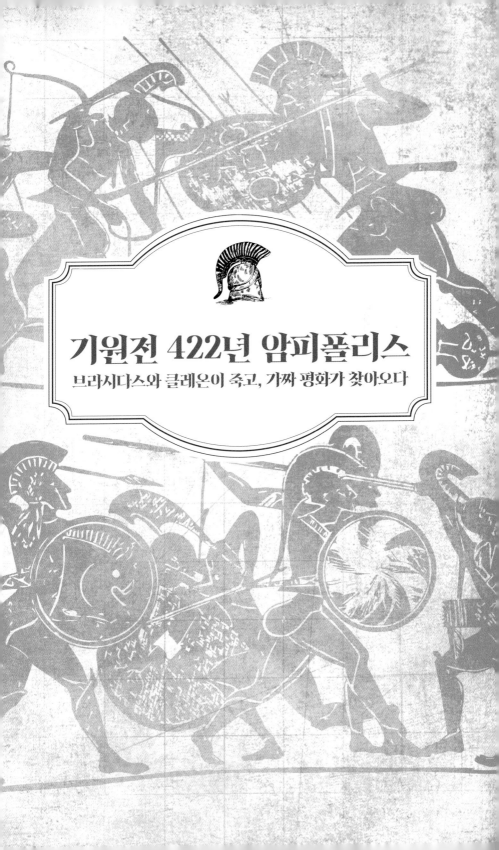

기원전 422년 암피폴리스

브라시다스와 클레온이 죽고, 가짜 평화가 찾아오다

여름이 다가오자 클레온은 전함 30척에 중장보병 1,200명, 기병 300기를 태우고 북쪽으로 향했다. 그의 목표는 스파르타 장군 브라시다스Brasidas, B.C. ?~422가 차지하고 있는 트라키아의 암피폴리스Amphipolis를 되찾고, 광범위하게 확산된 그 지역의 반란을 종식시키는 것이었다. 비록 브라시다스가 암피폴리스를 확고하게 장악했고, 주변의 많은 폴리스가 반란에 가담했지만 그의 전략적 입지는 취약했다. 배후에 위치한 마케도니아가 브라시다스에 적대적이었고, 스파르타로부터 추가 지원을 확보할 수도 없었기 때문이다. 이와 달리 아테네는 바다를 통해서 많은 증원군을 파견할 여력이 있었다. 그런 이유로 브라시다스는 최대한 빨리 결판을 내고자 했다.

반대로 클레온은 암피폴리스 바로 밑에 위치한 에이온Eion에 사령부를 설치하고 증원군을 기다렸다. 그동안 클레온은 다가오는 결전에 대비해 암피폴리스의 성벽과 주변 지형을 직접 파악하기 위한 정찰에 나섰다. 브라시다스는 예리하게 지금이야말로 아테네군의 사기를 꺾을 절호의 기회임을 파악했다. 만약 증원군이 도착한다면 다시는 아테네군을 고립시킬 수 없을 터였다. 브라시다스는 암피폴리스 성문과 성벽 뒤쪽에 은밀하게 병력을 배치하고 기습할 때를 기다렸다. 정찰을 마친 클레온이 부대를 이끌고 사령부가 설치된 에이온

으로 돌아갈 때 공격이 시작됐다.

아테네인들은 브라시다스의 대담함에 놀라 무질서하게 도주했다. 클레온은 멀리서 날아온 창을 맞고 전사했다. 총사령관이 죽었음에도 그의 동료들은 용감하게 싸웠다. 용맹이 아테네 측의 피해를 더 키웠다. 이 작은 충돌로 아테네인은 무려 600명의 병사를 잃었다. 스파르타의 전사자는 일곱 명에 불과했다. 그러나 스파르타는 승리를 기뻐할 수 없었다. 그 일곱 명 안에 브라시다스가 포함되어 있었기 때문이다.

과감하고 창의적이며, 스파르타인답지 않게 겸손하고 남을 설득하는 능력까지 갖춘 브라시다스는 스파르타가 배출한 최고의 장군이었다. 암피폴리스의 정복과 그리스 북부에서 벌어진 아테네 제국을 향한 반란은 브라시다스가 없었다면 처음부터 존재하지 않았을 것이다. 그는 아테네 제국을 치명적으로

에게해의 시대

약화시켰고, 스파르타가 패권을 회복하는 데 누구보다 크게 공헌했다. 그런 브라시다스의 사망은 장군 한 명의 죽음이 아니었다. 한 군단의 소멸이었다.

그러나 결과적으로 암피폴리스 전투는 평화의 전망을 드높여주었다. 아테네와 스파르타 양편에서 가장 평화에 반대했던 두 사람, 클레온과 브라시다스가 같은 날 사망했기 때문이다. 전쟁이 시작된 이래 양편은 여러 전역에서 일진일퇴를 거듭했다. 승리와 패배가 뒤섞였고, 수많은 사람이 죽었다. 이제 10년 만에 평화의 순간이 눈앞에 성큼 다가왔다. 그러나 정말 평화가 찾아온 것일까?

아테네가 결정적인 승기를 잡다

대부분의 사람들이 전쟁이 이토록 길어질 것이라고는 예상치 못했다. 스파르타의 왕 아르키다모스처럼 뛰어난 통찰력을 가진 극소수만이 이를 우려했었다. 그러나 아르키다모스에게조차 전쟁의 발발을 막거나 평화를 앞당길 능력은 없었다. 서로에게 누적된 불신은 거대했다. 특히 위신을 박탈당한 스파르타인들의 분노와 아테네의 급격한 성장에 대한 공포는 상상을 초월했다. 전쟁은 서로에게 치명상을 입히지는 못한 채 전체적으로 지지부진하게 진행됐다.

아테네는 기존의 전략을 재검토하기 시작했다. 전쟁 전에 페리클레스가 주장했던 방어 위주의 전술은 여러 허점을 드러냈다. 스파르타인은 별다른 소득이 없었음에도 전쟁 의지를 꺾지 않았으며 제국에서는 자발적인 반란이 계속됐다. 전쟁 비용도 생각보다 많이 들었다. 스파르타의 의지를 꺾기 위한 특단의 조치가 필요했다. 이를 위해 아테네는 방어에서 벗어나 적극적인 공세로 전환하기 시작했다. 아테네 입장에서는 천만 다행으로 데모스테네스Demosthenes, B.C. ?~413라는 탁월한 장군이 때맞춰 등장했다. 대담하고 상상력이 풍부한 데모스테네스는 아이톨리아Aetolia 를 정복한 후 동쪽으로 진격해 보이오티아를 공격하고자 했다.

테베를 중심으로 한 보이오티아는 스파르타의 가장 강력한 동맹이었 다. 보이오티아에 일격을 가한다면 스파르타에 치명상이 될 터였다. 이를 위해 데모스테네스는 과감하고 신속하게 움직였으나 적의 매복에 걸려 패했다. 비록 졌지만 데모스테네스는 실패로부터 배울 줄 아는 보기 드문 장점의 소유자였다. 그는 이번 패배로부터 매복을 비롯한 변칙 전술과 경 장보병·투창 부대 등 비주력 병종의 효용에 대해 많은 것을 배웠고, 앞으 로는 이를 활용해 위대한 승리들을 거둘 터였다.

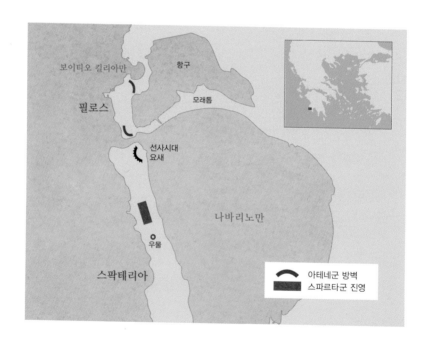

에게해의 시대

기회는 생각보다 빨리 왔다. 데모스테네스는 시칠리아Sicily를 향해 가는 함대의 인력을 이용해 펠로폰네소스 남서쪽 모퉁이에 위치한 필로스Pylos에 항구적인 요새를 건설했다(B.C. 425). 데모스테네스는 필로스의 전략적 가치를 한눈에 간파했다. 오늘날 나바리노Navarino만에 위치한 필로스는 크고 안전한 항구를 제공했고, 아테네 해군의 장점을 살린 해전을 펼치기에 적합한 지형이었다. 주변은 스파르타의 곡창지대였고, 그곳에는 스파르타인이라면 이를 가는 헬롯이 즐비했다. 적의 곡창지대를 불태울 수도, 스파르타가 언제나 가장 두려워한 노예 반란을 촉발할 수도 있었다. 가장 가까운 경로를 선택해도 스파르타로부터 75킬로미터나 떨어져 있었기 때문에 공격에 대비할 시간도 충분했고, 주변은 황무지라 적의 움직임이 훤히 보였다. 항구적인 요새를 세워 장악할 수만 있다면 필로스는 스파르타의 목덜미를 겨눈 단검이 될 터였다.

스파르타가 필로스를 방어하기 위해 어떤 조치도 취하지 않았다는 게 이상할 정도였다. 그러나 그것이 천재의 능력이다. 모두에게 공개되어 있지만 아무도 진정한 가치를 알지 못하는 것을 간파하는 사람! 함대를 이끌던 소포클레스Sophocles, B.C. 496?~406와 에우리메돈Eurymedon, B.C. ?~413도 데모스테네스의 안목을 따라가지 못하기는 마찬가지였다.

다행히 필로스를 지날 무렵 불어온 폭풍 때문에 아테네 함대는 그곳에 발이 묶였다. 폭풍이 계속되자 무료해진 병사들이 자발적으로 나서 엿새 만에 그럴듯한 요새와 1차 방어선을 구축했다. 폭풍이 그치자 장군들은 데모스테네스에게 요

데모스테네스의 두상(아테네 고고학 박물관).

새를 지킬 소규모 수비대와 다섯 척의 전함을 남기고 원래 목적지였던 시칠리아를 향해 떠났다. 뒤늦게 아테네인의 요새 건설 소식을 들은 스파르타는 즉각 육해군을 출동시켰고 주변을 봉쇄하기 시작했다.

필로스 남쪽에 위치한 황폐한 스팍테리아Sphacteria섬에도 최정예 중장보병과 헬롯을 배치해 아테네가 그곳에 추가로 요새를 짓지 못하도록 했다. 스파르타는 승리를 자신했다. 요새가 단기간에 날림으로 지어졌고, 수비대가 소수이며, 보급품도 빈약했기 때문이다. 다 사실이었다. 그러나 스파르타는 한 가지를 잊고 있었다. 그 보잘것없는 수비대를 이끄는 사람이 데모스테네스라는 것이다. 전투에 앞서 데모스테네스는 숫자도 무장도 열악한 수비대 앞에서 연설했다.

"적의 수가 많다고 겁먹지 마라. 수가 많아도 서로 가까이 닻을 내릴 수가 없으니 매번 소수만이 싸우게 될 것이다. 적국의 해안에 상륙해본 경험이 있는 아테네인이라면 상대편이 해변에 버티고 서서 두려움에 굴복하지 않고 자신의 위치를 지킨다면, 누구라도 배에서 육지로 오르기란 불가능하다는 것을 잘 안다. 그러니 꿋꿋이 버텨라."

전투에서 가장 중요한 것은 눈앞에 닥친 죽음의 공포를 극복하고 규율을 유지하는 것이다. 위대한 장군은 존재 자체로 병사들에게 두려움을 극복할 힘을 불어넣어준다. 데모스테네스가 그런 유형의 장군이었다. 스파르타의 군대는 데모스테네스가 예상한 딱 그 지점으로 공격해 들어왔다.

스파르타군은 필사적이었다. 이 한 번의 전투에 전쟁의 향배가 걸렸다는 위기의식을 공유하고 있었기 때문이다. 그러나 데모스테네스가 지적했듯이 해안의 유리한 지점을 선점한 아테네인들이 한 치도 물러서지 않고 버티는 한 상륙은 불가능했다. 장차 가장 위대한 스파르타의 장군 중 한 명으로 역사에 이름을 남길 브라시다스도 삼단노선의 지휘관으로 전투에 앞장섰지만 상륙하지는 못했다. 결국 이틀에 걸쳐 쉼 없이 계속된 스파르타의 공격은 실패로 돌아갔다.

사흘째 되는 날 50척의 아테네 함대가 들이닥쳐 스파르타 함대를 격파했다. 아테네의 대승이었다. 아테네의 삼단노선들은 바로 스팍테리아섬을 봉쇄했다. 섬에 주둔한 중장보병 420명의 퇴로가 막혔다는 것을 안 스파르타 사령부는 공포에 질렸다. 급보를 알리는 파발이 스파르타로 달려갔다. 소식을 전해들은 스파르타도 충격에 휩싸이기는 마찬가지였다. 그들을 탈출시킬 방법이 없다는 것을 인정한 스파르타 정부는 즉각 데모스테네스에게 휴전을 제안하고 아테네로 평화 사절단을 파견했다.

스파르타는 순수 혈통을 중시하는 폐쇄적인 사회였다. 더군다나 남자들이 혈기 왕성한 시기를 병영에서 보내야 했기 때문에 자식이 귀했다. 따라서 스팍테리아섬에 갇힌 420명은 전군의 10퍼센트에 해당하는 무시할 수 없는 숫자였다. 또한 그중 최소한 180명은 스파르타 내에서도 가장 좋은 가문 출신의 이른바 '완전시민Spartiates'이었다. 이들의 죽음은 결코 단순한 문제가 아니었다. 명예롭고 위대한 수많은 집안의 대가 끊길 수 있고, 그 책임 소재를 둘러싸고 지배 집단이 분열될 수도 있었다.

그러나 평화 협상은 결렬됐다. 아테네 민회가 제국의 안전과 평화는 스파르타의 정치적인 변덕이나 자의적인 호의가 아니라 아테네가 전략적 우위를 차지함으로써 유지되어야 한다고 생각했기 때문이다. 클레온이 이 같은 주장의 대표자였다. 아테네는 섬에 갇힌 420명을 포로로 잡기 위한 작전에 돌입했다. 스파르타는 이들을 살려내려고 온갖 방법을 동원했다. 아테네 측에서는 클레온과 데모스테네스가 힘을 합쳐 공격에 나섰다.

데모스테네스는 아이톨리아 패배에서 배운 경험을 효과적으로 활용했는데, 핵심은 경무장 부대의 활용이었다. 멀리서 화살, 창, 돌을 던지고 도망치는 이들을 중무장한 보병들이 쫓아가서 공격하는 것은 불가능했다. 기진맥진해진 스파르타군은 항복했다. 살아남은 병사는 292명이었고, 그중 120명은 귀하신 완전시민이었다. 아테네의 결정적인 승리였다.

전투 결과는 전 그리스 세계를 충격으로 내몰았다. 스파르타의 어머니들은 전쟁에 나가는 아들들에게 '방패를 들고 돌아오든지 방패에 실려 돌아오라'고 수백 년 동안 가르쳐왔다. 승리해서 방패를 들고 개선하든지 죽어서 방패 위에 실려 오는 것만이 전사에게 주어진 선택지였다. 스파르타인의 사전에 항복이란 단어는 존재하지 않았던 것이다. 그런 스파르타의 전사들이 집단으로 적에게 항복한 것이다. 모든 그리스인이 '스파르타인도 죽음을 겁내는 인간에 불과했다'는 사실을 목격하고야 말았다. 스파르타가 수없는 전사의 목숨값으로 얻어 지켜온 명성과 위신이 순식간에 땅에 떨어졌다.

아테네는 필로스 요새에 충분한 수비대를 주둔시켰고, 스파르타에는 아티카를 침공하면 즉각 인질들을 살해하겠다고 통보했다. 스파르타는 극도로 위축됐다. 반면에 자신감을 되찾은 아테네는 동맹국들에 전쟁 수행에 필요한 공납금을 올리겠다고 통보했다. 필로스와 스팍테리아섬의 사건은 전쟁의 경로를 완전히 바꿔놓았다. 드디어 수년 동안 지속된 교착 상태가 깨지고, 아테네가 결정적인 우위를 차지했다. 클레온을 필두로 한 적극적인 주전론자들이 힘을 얻었고 그들은 승리를 결정짓기 위한 다음 단계를 준비했다. 아테네인들은 모두 같은 꿈을 꿨다. "한 번만 더, 이제 한 번만 더 이기면 된다."

승부가 다시 원점으로 돌아오다

아테네인들은 기원전 424년을 희망 속에 시작했다. 다음 목표는 스파르타가 위치한 펠로폰네소스 남쪽의 키테라^{Cythera}섬이었다. 키테라는 스파르타가 이집트와 교역하는 상업 기지였고, 펠로폰네소스 남쪽 해안 방어의 핵심이었다. 키테라를 정복하면 아테네는 피레우스-키테라-필로스로 이어지는 전략적 선을 장악함으로써 스파르타를 바다로부터 완벽하게 포위하고 식량과 자원의 공급, 군대의 이동을 차단할 수 있게 된다. 키테라 원정은 평화파의 우두머리인 니키아스$^{Nicias, B.C. ?~413}$가 이끌었고, 성공했다.

스파르타는 깊은 패닉에 빠졌다. 패배가 계속됐고, 앞마당인 펠로폰네소스반도 곳곳에서 구멍이 뚫리기 시작했으니 당연했다. 아테네는 반대

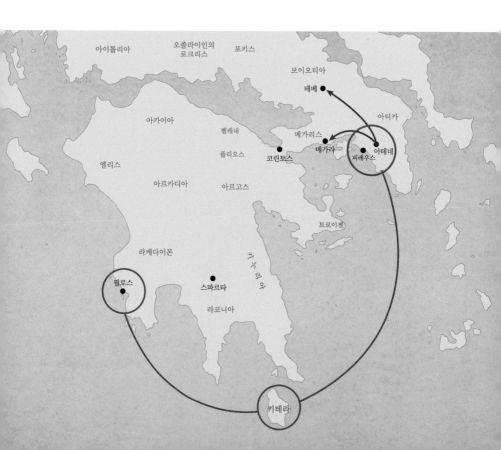

로 흥분의 도가니였다. 기대치를 벗어난 성공에 도취한 사람들은 소망과 아테네의 실제 능력에 대한 냉철한 판단력을 상실했다. 비현실적이고 근거 없는 낙관론이 민회를 지배했다. 페리클레스가 생전에 전쟁을 앞두고 제시했던 전략적 인내와 방어적인 전쟁 계획은 폐기됐다.

이제 아테네는 스파르타의 강력한 동맹들인 메가라와 테베를 중심으로 한 보이오티아를 무력화시키기 위한 새로운 군사작전을 시작했다. 메가라 공략은 거의 성공할 뻔했으나 결정적인 순간에 스파르타의 브라시다스가 원군을 이끌고 등장하는 바람에 실패로 돌아갔다. 아테네는 메가라에서의 실패를 만회하기 위해 8월에 더욱 대담한 원정을 계획했다. 이번 목표는 아티카반도를 짓누르고 있는 보이오티아였다. 아테네는 아티카와 보이오티아의 동쪽 접경지대에 있는 요충지 델리온Delium을 장악하고 요새화했다. 자신감이 넘쳤던 아테네는 적을 얕봤다.

아테네에는 불행히도 테베에는 데모스테네스처럼 천재적인 재능을 가진 장군, 파곤다스Pagondas, ?~?가 존재했다. 파곤다스는 중장보병의 우익을 대폭 강화하고, 기병과 경무장 부대를 유연하게 운용해 상대방을 포위 공격하는 시대를 앞선 전술로 아테네군에게 궤멸적인 패배를 안겨줬다. 아테네는 이 한 번의 패배로 중장보병만 1,000명 가까이 잃었다. 전쟁이 시작된 이래 한 전투에서 입은 가장 큰 손실이었다.

델리온 전투는 파곤다스의 독보적인 전략 전술 이외에도 두 가지 측면에서 중요했다. 첫째는 철학자 소크라테스Socrates, B.C. 470?~399가 이 전투에 중장보병으로 출전해 살아남았다는 것이다. 둘째는 아테네는 보이오티아를 장악하는 데 실패했고, 스파르타는 기사회생의 발판을 마련하게 됐다는 것이다. 아테네로 기울던 승리의 추가 다시 원점으로 돌아가기 시작했다.

소크라테스 석상(아테네 아카데미).

브라시다스가 암피폴리스를 정복하다

브라시다스의 등장은 이런 경향을 가속화했다. 그는 아테네의 데모스테네스에 필적하는 위대한 스파르타의 장군이었다. 전쟁의 성패가 아테네에 엄청난 자금을 공급함으로써 강력한 함대를 유지하도록 해주는 제국에 달려 있다는 것을 알았다. 승리하려면 제국에 타격을 가해서 아테네의 돈줄을 끊어야 했지만, 해군이 약한 스파르타에는 요원한 일이었다. 브라시다스는 스파르타의 강점을 이용해 아테네 제국을 뒤흔들고자 했다.

그의 계획은 육군을 이끌고, 육로로 그리스반도를 관통해 트라키아로 북진한다는 것이었다. 기원전 424년 여름, 브라시다스는 700명의 헬롯과 1,000명의 펠로폰네소스 출신 용병을 이끌고 북으로 향했다. 그의 주목표는 암피폴리스였다. 이 도시에는 아테네가 필요로 하는 목재와 금은을 비롯한 전략적 자원이 풍부했다. 더 중요한 것은 암피폴리스가 아테네와 흑해를 잇는 아테네의 생명선 중간에 위치한 전략적 요충지라는 사실이었다.

암피폴리스가 스파르타 손에 들어간다면 아테네와 흑해를 수없이 오가는 곡물 수송선들의 항해 자유는 심각하게 침해될 터였다. 그러나 아테네의 그 누구도 걱정하지 않았다. 스파르타의 군대가 그들에게 적대적이고 아테네에 우호적인 드넓은 테살리아Thessaly 평원을 거쳐 트라키아까지 간다는 것이 가능할까? 간다 하더라도 마케도니아를 중심으로 펼쳐진 그리스 북부에 스파르타의 동맹은 하나도 존재하지 않았다. 스파르타 군대가 육로로 북진해 암피폴리스를 점령하고 유지한다는 것은 불가능했다. 브라시다스는 그 불가능한 과업을 4개월이라는 짧은 시간에, 오합

에게해의 시대

지졸을 이끌고 해냄으로써 천재성을 입증했다.

암피폴리스의 상실은 아테네인들에게 필로스 참사가 스파르타인들에게 끼친 것과 유사한 충격을 주었다. 참사는 거기에 그치지 않았다. 브라시다스는 암피폴리스를 중심으로 트라키아 전역에서 아테네에 대한 반란을 자극했다. 제국 전역의 반란이라는 최악의 상태에 직면해 아테네는 필로스의 승전 장군이자 가장 큰 인기와 명성을 누리던 클레온을 사령관으로 진압군을 파견했다. 브라시다스와 클레온은 전쟁터에서 맞붙었고, 운명처럼 같은 날 같은 전쟁터에서 죽었다. 각자의 나라에서 가장 강경하고 유능한 두 사람의 죽음으로 인해 평화에 대한 전망은 그 어느 때보다 높아졌다.

아테네에서는 가장 적극적으로 평화를 주장했던 니키아스가 전권을 쥐고 스파르타와 협상에 나섰다. 그 결과 50년간의 평화조약Peace of Nicias이 맺어졌다(B.C. 421). 그러나 10년의 격렬했던 전쟁은 양측 모두에 피해만 입혔을 뿐이었다. 누구도 처음 의도했던 전략적 목표를 달성하는 데 성공하지 못했다. 불가피하게 전쟁을 선택할 수밖에 없었던 수많은 이유는 여전히 그대로 남았다. 회의론자들은 이런 상황에서 평화가 지켜질까 걱정했다. 그들의 우려가 맞았다. 전쟁은 끝나지 않았다.

기원전 414년 시라쿠사

아테네의 대규모 원정이 실패로 돌아가다

먼 바다로부터 11척의 삼단노선이 시칠리아를 향해 빠르게 다가왔다. 스파르타의 동맹인 코린토스가 시라쿠사Syracuse를 돕기 위해 보낸 배였다. 시칠리아에서 가장 강력한 폴리스 시라쿠사는 당시 존망의 갈림길에 서 있었다. 막강한 아테네 원정군이 바다와 육지 양면에서 도시를 포위했기 때문이다. 고립된 시라쿠사가 구원받을 가능성은 없어 보였다. 그 절망의 순간에 11척의 삼단노선 중 한 척이 가까스로 아테네 해군의 봉쇄를 뚫고 항구에 도착했다.

배에는 코린토스 장군 공길로스Gongylus, ?~?가 타고 있었다. 그는 길리포스Gylippus, ?~? 장군이 이끄는 스파르타의 원군이 시라쿠사를 돕기 위해 오고 있다는 소식을 전했다. 전의를 상실한 채 항복을 논의하던 시라쿠사 수뇌부에 이 소식은 한줄기 빛과 같았다. 포위된 도시는 용기를 되찾았고, 성안에서 길리포스의 원군과 호응할 방안을 찾기 시작했다.

실제로 그 시각 길리포스는 3,000명의 보병과 200명의 기병을 이끌고 시칠리아섬 북서쪽 히메라Himera로부터 시라쿠사를 향해 오고 있었다. 길리포스의 원군은 아테네군이 포위망을 완성하기 직전에 도착했다. 다가올 전투의 향배를 가를 결정적인 등장이었다. 비록 스파르타 장군에게는 규율, 훈련, 경험, 자신감이 결여된 시원찮은 소수의 병력이 전부였지만 대신에 니키아스라는 든

티레니아 해

메시나 해협

메시나

레온티니

시라쿠사

이오니아 해

스파르타

아테네와 스파르타의
시칠리아 동맹

든한 지원군이 있었다. 아테네 총사령관 니키아스의 태만, 부주의, 소심함은 길리포스 군대의 모든 약점을 상쇄하고도 남았다.

길리포스는 다른 곳을 공격하는 척하면서 실제로는 시라쿠사 서쪽 고지대인 에피폴라이Epipolae로 주력군을 보내 점령했다. 이곳은 시라쿠사가 훤히 내려다 보이는 곳으로 도시를 포위하거나 공격하는 데 가장 좋은 지점이었다. 아테네 입장에서는 반드시 확보해야 하는 요지였으나 니키아스는 스파르타 원군이 도착한 후에도 이곳을 방어하지 않았다. 동시에 길리포스는 아테네군의 장비와 군자금이 보관된 랍달론Labdalon 요새도 기습해 손에 넣었고, 시라쿠사 포위망이 완성되는 것을 방해하기 위한 대응 벽을 쌓기 시작했다.

니키아스가 정상적인 장군이었다면 에피폴라이를 되찾고, 길리포스가 대응 벽을 쌓지 못하도록 막아 포위망을 최대한 빨리 완성했어야 했다. 아테네군은 역전의 용사에 수적으로도 압도적으로 우세했기 때문에 신속하고 과감하게 움직였다면 충분히 가능했다. 그러나 니키아스는 아무것도 하지 않았다.

에게해의 시대

대신 플레미리온Plemmyrion이라는 곳으로 급하게 사령부와 보급기지를 옮겼다. 시라쿠사 대항구 입구의 남쪽에 해당하는 플레미리온은 사령부와 보급기지로 활용하기에는 부적절했다. 주변에 물이 없었기 때문이다. 도저히 이해할 수 없는 총사령관의 결정이었다.

길리포스는 절호의 기회를 놓치지 않고, 플레미리온 주변에 기병을 배치해 물을 구하려 나오는 아테네 병사들을 보는 족족 살해했다. 기병이 없는 아테네군 입장에서는 빠르게 달려와 치고 빠지는 적에 속수무책일 수밖에 없었다. 아테네 병사들은 곧 물 부족에 시달리기 시작했다. 사기도 빠르게 떨어졌다. 육지에서의 곤란은 해상으로도 이어져 봉쇄가 느슨해졌다. 그 틈을 타 코린토스의 함대가 안전하게 시라쿠사 항구로 들어왔다.

이 함대는 재능 있는 장군 길리포스가 유용하게 활용할 2,000명 이상의 인력을 제공했다. 길리포스는 에피폴라이 고지로 들어오는 입구에 요새를 짓고 600명의 군인을 배치해서 철통같이 지켰다. 고지에도 세 곳의 진지를 지어 수비대를 배치했다. 동시에 아테네와 시라쿠사 사이에서 중립을 지키던 시칠리아의 폴리스들을 설득해 자기편으로 만들고, 스파르타와 코린토스에도 추가로 원군을 보내줄 것을 요청했다. 아테네군의 일방적인 우세 속에서 시작된 시라쿠사 원정은 원점으로 돌아갔고 누구도 승리를 장담할 수 없게 되었다. 과연 최종 승리를 거두는 쪽은 어디일까?

니키아스의 흉상.

흔들리는 가짜 평화와 알키비아데스의 등장

니키아스의 평화(B.C. 421~414)라 불리는 가짜 평화는 시작부터 흔들렸다. 무엇보다 스파르타의 강력한 동맹들이 평화를 원치 않았다. 테베, 코린토스, 메가라는 궁극적으로 아테네의 힘이 파괴되기를 원했다. 그들은 평화가 오히려 아테네에 힘을 회복할 시간을 줄 뿐이라 여겼다. 아테네가 예전의 열정과 모험심을 되찾아 오히려 더 강력한 제국을 건설하게 되지 않을까? 그들의 우려는 정당한 근거를 가지고 있었고, 스파르타 내부의 강경파는 동맹들의 이 같은 걱정에 동조했다.

평화를 불신하고 전쟁을 계속해야 한다는 시각은 아테네에도 존재했다. 기원전 420년 알키비아데스Alcibiades, B.C. 450?~404라는 새로운 지도자의 등장은 이 같은 여론의 존재를 방증한다. 알키비아데스는 잘생겼고, 부유하고, 지적이며, 뛰어난 연설가였다. 무엇보다 중요한 것은 그의 배경이었다. 알키비아데스의 고조부는 민주정의 창시자인 클레이스테네스의 동지였고, 증조부는 페르시아 전쟁에서 삼단노선을 지휘하여 싸운 트리에아르코스Triearchus였다.

알키비아데스의 흉상(카피톨리니 박물관).

페리클레스의 친구였던 아버지는 1차 펠로폰네소스 전쟁의 참전 용사이기도 했다. 또한 알키비아데스

에게해의 시대

〈소크라테스에게 가르침을 받는 알키비아데스〉(François André Vincent, 1776).

의 외가는 클레이스테네스와 페리클레스를 배출한 아테네 최고의 명문가였다. 알키비아데스의 아버지가 코로네아 전투Battle of Coronea(B.C. 447)에서 전사하자 페리클레스가 어린 그를 자신의 집에 데려다 키운 것도 모계로 연결되는 알크마이온 가문의 배경을 공유했기 때문이었다.

다양한 재능과 엄청난 배경은 알키비아데스가 끝없는 야망을 품도록 부추겼다. 그러나 불행히도 그에게는 페리클레스가 가진 절제와 품위, 무엇보다 중요한 애국심이라는 덕목이 결여되어 있었다. 알키비아데스는 난폭했고 뻔뻔스러웠다. 아테네보다 자기 자신을 더 소중하게 여기는 나르시시스트였다. 그러나 그의 본성이 나오는 것은 훗날의 일이었다. 정계에 등장할 당시 알키비아데스에게서 읽힌 건 명성과 권력에 대한 끝없는 야망이었다.

이는 정치인의 공통된 특징이었다. 평범한 재능을 가지고도 주제 파악을 못하고 권력을 탐하는 사람들이 득실대는 게 민주주의 국가의 정치 판임을 고려하면, 충분한 재능과 넘치는 배경을 가진 알키비아데스의 야심은 누가 봐도 당연했다. 그런 알키비아데스가 권력의 사다리를 오르기 위해서는 자신의 야망이 정당하다는 것을 확인시켜줄 업적이 필요했다. 분쟁과 불안의 시대에 전쟁보다 더 확실한 방법이 있을까? 알키비아데스는 전쟁을 부추겼다.

스파르타가 만티네이아 전투에서 기사회생하다

펠로폰네소스반도의 북동쪽에 위치한 아르고스Argos와 스파르타 간의 평화조약 기간이 끝난 것이 기회를 제공했다. 아르고스는 펠로폰네소스반도 내에서 스파르타에 필적하는 강력한 폴리스였다. 지정학적으로는 스파르타와 코린토스 사이에 끼어 있었다. 만약 아르고스와 스파르타가 반목한다면? 스파르타와 코린토스는 분리되고, 스파르타의 군대는 반도 내에 갇힐 확률이 컸다. 스파르타에는 있고, 아르고스에 없는 건 강력한 동맹뿐이었다. 아테네가 나서기 전에 '민주주의'가 먼저 움직였다. 아르고스와 함께 민주정을 채택한 만티네이아Mantineia와 엘리스가 동맹을 맺었다.

이로써 스파르타 북쪽 국경선 전체를 둘러싸고 강력한 반反스파르타 민주 동맹이 결성됐다. 알키비아데스는 여기에 아테네의 힘을 보탰다.

아테네-아르고스 동맹은 스파르타의 전략적 입지를 결정적으로 약화시켰다. 평화는 사실상 소멸됐고, 생존을 위한 투쟁이 재개됐다. 스파르타와 아테네-아르고스 동맹은 기원전 418년 만티네이아에서 격돌했다. 가짜 평화가 여전히 유지되고 있었기 때문에 아테네의 개입은 소극적이었다.

전투의 주력 부대는 스파르타와 아르고스였다. 스파르타가 이겼다. 스파르타는 아르고스의 정체政體를 과두정으로 교체했고, 아르고스 과두정은 아테네 민주정과의 동맹을 파기했다. 만티네이아 전투의 승리로 스파르타는 자신감과 명성을 회복했다. 펠로폰네소스반도 내의 우월한 지위를 지켜냈고, 흔들리던 펠로폰네소스 동맹을 안정시켰다. 그리스 전역의 정치적 대세가 과두정에서 민주정으로 기우는 것도 막아냈다. 그렇다고 만티네이아의 승리가 스파르타의 미래까지 보장해주는 것은 아니었다. 가까스로 파멸을 막았을 뿐이었다. 아테네는 여전히 강력했고, 알키비아데스는 여전히 공격적이었으며, 민회는 전의에 불타고 있었다. 그들은 곧 새로운 전선을 찾아낼 참이었다. 그곳은 머나먼 이탈리아반도 남쪽의 거대한 섬, 시칠리아가 될 터였다.

시칠리아 원정이 시작되다

아테네의 시칠리아 개입은 펠로폰네소스 전쟁 발발과 같은 과정을 거쳤다. 처음부터 아테네에 시칠리아를 공격할 의도나 계획이 있었던 것은 아니었다. 시칠리아 내부의 일부 세력이 아테네를 적극적으로 자신들의 분쟁에 끌어들였다. 원인 제공자는 시라쿠사였다. 시칠리아에서 가장 부유하고 강력했던 시라쿠사는 언제나 지배권을 섬 전체로 확대하고자 했다. 문제는 코린토스를 필두로 한 펠로폰네소스인들이 건국한 시라쿠사가 늘 스파르타에 우호적인 폴리스라는 사실이었다. 시라쿠사에 공격받은 시칠리아의 중소 폴리스들은 아테네에 도움을 요청했다. "시라쿠사가 시칠리아 전체를 장악하면, 그들은 도리아인Dorian으로서 펠로폰네소스를 도와 아테네를 파멸시키는 데 힘을 보탤 것입니다."

갈 것이냐 말 것이냐? 이 문제를 놓고 기원전 415년 3월 아테네 민회에서는 격론이 벌어졌다. 니키아스는 신중했다. 이름밖에 남지 않았지만 어쨌든 평화조약은 아직 유효했고, 니키아스는 그 조약에 이름을 부여한 사람이었다. 시칠리아 원정이 껍데기만 남은 평화조약을 완전히 날려버릴까 우려했다. 그는 아테네가 눈앞에 스파르타라는 강력한 적을 두고

에게해의 시대

있음을 경고했다. 전쟁이 일어나기 전에 위대한 지도자 페리클레스 역시 현재의 제국을 확고히 하기 전에는 무리하게 제국을 확대하려는 모험을 감행해서는 안 된다고 경고하지 않았던가? 니키아스의 주장은 논리적이고 합당했다.

반대편에 선 정치인은 알키비아데스였다. 그에게는 만티네이아의 패배를 만회할 새로운 전쟁이 절실했다. 알키비아데스는 스파르타와 그의 동맹에는 제대로 된 함대가 없기 때문에 원정대를 보내도 지금의 전략적 균형은 변하지 않는다고 했다. 스파르타가 동맹을 위해 전쟁을 선택했듯이 아테네도 동맹을 도와야 제국을 유지할 수 있다는 지적도 했다. 그러나 민회를 움직인 결정적인 건 비전이었다. 알키비아데스는 "시칠리아에서의 승리가 우리에게 그리스 세계 전체에 대한 통제권을 안겨줄 것"이라고 주장했다.

알키비아데스의 젊음만큼이나 화려하고 매력적인 전망은 오랜 세월 잠들어 있던 아테네인들의 야망을 일깨웠다. 그랬다. 아테네의 민주정과 제국은 누구도 꿈꾸지 못했던 이상을 향한 과감한 도전을 통해 달성되었다. 그렇다고 아테네 민회가 무모하기만 한 것은 아니었다. 원정대를 구성하고 이끄는 총책임자로는 신중하고 검증된 니키아스를 선출한 것이었다. 전쟁을 원치 않았던 니키아스는 원정에 필요한 군사력의 규모를 과장했다. 민회가 지레 겁을 집어먹고 원정을 포기하도록 하는 게 목표였을 것이다. 니키아스의 술책은 실패했다. 아테네 민회는 니키아스가 원하는 모든 것을 들어줬다. 애당초 삼단노선 60척에 지나지 않던 원정대 규모가 134척으로 두 배 이상 커졌다.

원정은 시작부터 삐걱거렸다. 원정대가 출발하기 직전 기원전 415년 6월 7일, 도시 전역의 헤르메스^{Hermes} 석상들이 얼굴이 망가지고 남근이

헤르메스 석상(아테네 고고학박물관).

에게해의 시대

잘린 채 발견됐다. 당시 그리스인들에게는 충격적인 신성모독이었다. 헤르메스가 여행자의 수호신이었기 때문에 이는 시칠리아 원정에 대한 저주로 읽혔다. 만연한 분노와 공포는 신성모독을 감행한 배후들의 최종 목표가 민주정 자체의 전복이라는 극단적인 결론으로 민심을 몰아갔다. 평소에 제멋대로이며 거만한 알키비아데스가 뒤에 있다고 의심받았다.

알키비아데스가 시칠리아 원정을 가장 열렬하게 주장했고, 니키아스와 더불어 원정대를 이끌 세 장군 중 한 명임을 감안하면 이 같은 의심은 터무니없다. 알키비아데스는 모든 혐의를 부인하고 즉시 재판을 받겠다고 나섰다. 오히려 그의 적들이 전쟁을 끝내고 돌아온 후에 재판을 열자며 떠날 것을 종용했다. 정치적 꼼수가 있었기 때문이었지만, 니키아스와 알키비아데스가 이끄는 대규모 원정대는 6월 하순 시칠리아를 향해 항해를 시작했다.

원정대가 떠난 후에도 헤르메스 신성모독에서 비롯된 아테네의 혼란은 끝나기는커녕 악화되었다. 알크마이온 가문의 한 여인이 신성한 엘레우시스 비교Eleusinian Mysteries를 조롱한 배후가 알키비아데스라고 고발했기 때문이다. 이 건은 헤르메스 신성모독과는 상관없었지만 알키비아데스의 적들은 기회를 놓치지 않았다. 알키비아데스를 지지하는 공격적인 병사와 선원 들이 원정에 나간 지금이야말로 그들이 민회를 움직여 정적을 제거할 절호의 기회였다. 관용선 한 척이 신성모독이라는 중대한 혐의를 받고 있는 '피

엘레우시스 비교는 데메테르와 페르세포네를 기렸다. 입교 과정 등 밀의적인 부분에 대해서 언급하는 것 자체로 처벌의 대상이 되는 폐쇄적인 종교 의식이었다.

의자'를 극비리에 소환하기 위해 파견됐다.

피의자 알키비아데스는 국가의 운명이 걸린 대규모 원정대를 이끄는 총사령관 가운데 한 명이었고, 그중 가장 유능하고 과감한 장군이었다. 정적을 제거해야 한다는 당파의 이익이 국가의 운명을 압도하는 순간이었다. 관용선은 시칠리아 서해안의 카타니아^Catania에서 아테네 함대와 만났다. 소환 통보를 받은 알키비아데스는 체념한 듯 순순히 자신의 삼단노선을 타고 따라가겠다고 약속했다. 거짓말이었다. 그는 도중에 탈출했다. 아테네에서는 궐석재판이 열려, 그의 재산은 몰수됐고 사형이 언도되었다. 그사이 알키비아데스는 '아테네인들에게 내가 살아 있음을 보여주리라'라는 맹세를 남기고 어제의 적인 스파르타로 향했다.

알키비아데스의 스파르타 망명은 시칠리아 원정대에 치명적인 손실이었다. 이제 원정대는 처음부터 원정에 반대했고 여전히 소극적인 니키아스에게 맡겨졌다. 그의 지휘하에서 아테네인들의 정열적이었던 용기는 차츰 약해졌다. 반대로 시라쿠사는 공포로부터 벗어나 차분하게 대응을 모색하기 시작했다. 스파르타로 간 알키비아데스는 시칠리아를 손에 넣어 그리스 세계 전체를 지배하려는 아테네의, 사실은 자신의 원대한 비전을 폭로하며 즉각 원군을 파견해야 한다고 주장했다. 스파르타는 알키비아데스를 전적으로 신뢰하지는 않았기에 길리포스 장군 한 사람만을 파견했다. 길리포스는 낮은 신분이었지만 브라시다스 이후 가장 돋보이는 지휘 능력으로 전쟁의 향배를 뒤바꿀 터였다. 아테네 역시 니키아스의 평화조약을 정식으로 파기했고, 다시 그리스 세계는 전면적인 열전에 돌입했다. 길리포스가 이끄는 원군이 시라쿠사에 도착해 승부를 원점으로 돌린 것은 이맘때였다.

에게해의 시대

증원된 원정대가 전멸하다

기원전 414년 가을, 플레미리온으로 후퇴한 니키아스는 민회에 편지를 보냈다. 아테네군이 패배했고, 수세에 몰렸으며, 회복이 불가능한 상황이란 내용이었다. 자신의 수많은 전략적, 전술적 해이와 태만, 실수는 뺐다. 모두 물자와 병력의 부족 탓으로 돌렸다. 결국 니키아스는 민회에 군대를 철수시키거나, 처음과 비슷한 규모의 새로운 원정대를 추가로 보내거나 양자택일할 것을 강요했다. 그러면서 자신은 병을 이유로 지휘권을 면제해달라고 청했다.

니키아스의 진짜 의도는 무엇이었을까? 거짓 보고에 움츠러든 민회가 귀환 명령을 내리게 하거나, 아니면 최소한 자신만이라도 명예롭게 지휘권을 내려놓고 귀환하는 바였다. 출발 전에 니키아스가 원정대의 규모를 부풀린 것과 같은 상황이었다. 민회는 그때와 마찬가지로 니키아스의 기대를 저버렸다. 그가 원하는 규모의 새로운 함대를 보내기로 결의한 것이다. 니키아스의 해임도 거부했다. 대신 그를 보좌하기 위해 당대 최고의 장군인 데모스테네스와, 전쟁 초기에 시칠리아 방면 군사령관을 지낸 경험이 있는 에우리메돈을 파견하기로 했다. 시칠리아 원정은 자신의 명성과 안위만을 생각한 정치 지도자에 의해 아테네의 모든 것을 건 거대한 전쟁으로 비화되고 있었다.

아테네 민주주의의 결점 중 하나는 모든 사안이 공개적으로 토론되고 표결로 결정되기 때문에 비밀 유지가 불가능하다는 것이었다. 전쟁 중에 이 단점은 치명적이었다. 아테네가 거대한 규모의 원군을 새롭게 편성키로 했다는 소식은 재빨리 길리포스에게도 전해졌다. 아테네로부터 새로운 위기가 폭풍처럼 시라쿠사를 향하고 있음을 감지한 길리포스는 신속

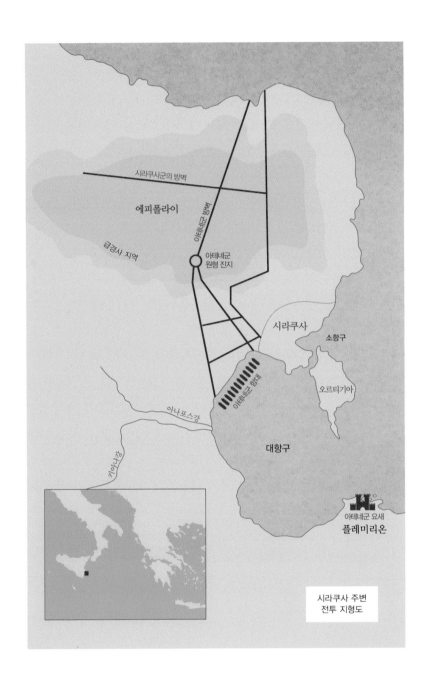

시라쿠사군의 방벽

에피폴라이

급경사 지역

북쪽 방벽

아테네군
원형 진지

시라쿠사

소항구

오르티기아

아나포스강

키아네

아테네군 함대

대항구

아테네군 요새
플레미리온

시라쿠사 주변
전투 지형도

에게해의 시대

하게 움직였다. 데모스테네스가 이끄는 원군이 도착하기 전에 결정적인 승리를 거두고 전략적 요충지들을 장악해야 했기 때문이다.

길리포스는 니키아스를 플레미리온으로부터 몰아냈고, 승리의 기세를 몰아 아테네 함대를 대항구 전투에서 격파했다. 그러나 길리포스와 시라쿠사군의 환호성은 오래가지 못했다. 대항구 전투가 끝난 직후 데모스테네스가 이끄는 73척의 삼단노선이 5,000명의 중무장 보병과 다수의 경무장 부대를 이끌고 시라쿠사 앞바다에 도착했기 때문이다. 그들의 당당한 위용에 시라쿠사는 겁에 질렸다.

데모스테네스는 적의 공황 상태를 이용해 야간 기습을 감행키로 했다. 목표는 니키아스의 태만 때문에 전투 초반에 길리포스에게 빼앗긴 에피폴라이였다. 기습은 대성공이었다. 에피폴라이 고지를 지키던 수비대는 도망쳤고, 구원하러 오던 군대도 격퇴되었다. 사기가 오른 아테네군은 적들을 향해 질주했는데 이로 인해 스스로 전열을 무너트렸다. 낮이었다면 아무 문제가 없었겠지만 불행히도 어두운 밤이었다. 지나치게 앞장서나가던 일부 부대가 수비대에 가로막혀 되돌아오는 길에 진격하던 부대와 충돌하면서 아테네 병사들은 자기들끼리 싸우기 시작했다. 이곳 지형에 능숙한 시라쿠사군이 혼돈과 무질서 속에 스스로 무너져 내린 아테네군을 공격하면서 패배의 규모가 커졌다. 무려 2,000명 이상이 죽었는데 이 수치는 이번 전쟁 동안 아테네군이 입은 최대의 피해였다.

데모스테네스는 시라쿠사를 상대로 한 신속한 승리가 힘들어졌음을 인정하고 니키아스에게 후퇴하자고 했다. 아테네 해군이 여전히 바다를 지배하고 있을 때 퇴각해야 하고, 스파르타와 전쟁이 재개됐으니 시칠리아보다는 그리스 본토에서 전쟁을 수행하는 게 더 중요하다는 이유였다. 포기할 줄 아는 것도 지혜고 용기다. 니키아스 정도 되는 인물이 이 같은 상식을 몰랐을 리 없다. 그러나 원정 실패에 대한 책임을 피하고자 했던 니키아스는 대안 없이 후퇴를 미뤘다.

하릴없이 시간이 흐르자 아테네군의 사기는 땅에 떨어졌고, 시칠리아의 더위는 병사들의 건강을 해쳤다. 결국 더 이상 후퇴를 미룰 수 없게 되자 니키아스는 병사들에게 배에 오를 것을 명했다. 그러나 이미 때는 늦었다. 길리포스와 시라쿠사군은 그대로 아테네군을 돌려보내지 않을 각오였다. 니키아스가 지체하는 동안 그들은 맹렬히 해상 훈련을 감행했고, 아테네 함대가 빠져나가지 못하도록 대항구의 입구를 봉쇄했다. 좁은 항구 안에서 싸우게 되면 아테네 해군이 자랑하는 신속하고 파괴적인 해전 전술들은 모두 무용지물이었다.

예상대로 전투는 혼전이었고, 결과는 아테네의 패배였다. 그러나 아

시라쿠사의 현재 모습.

〈시칠리아에서 아테네군의 파멸〉(작자 미상, 1881).

테네군에는 아직 60척의 전함이 남아 있었고 데모스테네스가 죽지 않았다. 데모스테네스는 시라쿠사군이 승리에 취한 틈을 타 새벽녘에 다시 한 번 항구 돌파를 감행하자고 제안했다. 겁에 질린 장병들은 장군의 제안을 거부했다. 살라미스와 미칼레에서 승리를 이끌었고, 에게해에서 페르시아를 몰아냈으며, 동지중해를 장악하기 위해 키프로스를 공격했고, 페르시아에 맞서 이집트를 정복하려 했던 그 위대한 함대는 이제 더 이상 존재하지 않았다. 완전히 사기가 무너진 그들은 더 이상 제국의 개척자도 버팀목도 아니었다. 그저 두려움에 사로잡힌 오합지졸일 뿐이었다.

어리석게도 아테네군은 육로를 통해 탈출을 시작했다. 4만 명에 달하는 대부대였다. 그중 절반은 병사였고, 나머지는 노잡이와 같은 비전투원이었다. 니키아스와 데모스테네스가 각각 절반씩을 이끌었다. 시라쿠사군은 기다렸다는 듯이 기병을 이용해 아테네군을 사지로 몰았다. 저항할 의지조차 잃은 무기력한 상태에서 아테네군은 항복했다. 시라쿠사군의 다음과 같은 약속을 받고 난 후였다. "아무도 죽지 않을 것이다. 폭력에 의해서든, 투옥에 의해서든, 생필품 부족에 의해서든."

이 약속이 얼마나 허망한 거짓이었는지를 아테네인들은 죽어가면서, 노예로 팔려가면서 깨달을 터였다. 부하들을 살리기 위해서 항복 조건을 협의한 후 데모스테네스는 자결하려 했으나 실패해 사로잡혀 죽임을 당했다. 니키아스는 자발적으로 자신의 생명을 구하기 위해 항복했으나 결과는 같았다. 시라쿠사인들은 아테네와 동맹국 병사들을 채석장에 포로로 가뒀는데 그 수가 7,000명에 달했다. 탈출에 성공한 극소수를 제외하면 3만 명이 넘는 병사들이 탈출 도중에 대량 학살된 것이다. 살아남은 7,000명은 이제부터 생지옥을 경험할 참이었다.

아테네의 시칠리아 원정은 펠로폰네소스 전쟁 기간 동안 가장 원대한 군사행동이었다. 만약 아테네가 성공했다면 전쟁의 경로는 완전히 바뀌었을 것이고, 오늘날 우리는 다른 역사를 배우고 있을 터였다. 그러나 시칠리아 원정은 우리가 아는 대로 아테네의 참혹한 비극으로 막을 내렸다. 페리클레스가 생전에 '전쟁 중에 제국을 확대하려는 모험을 하지 말라'고 경계했던 것을 무시한 아테네인들의 휴브리스에 대한 네메시스였을까?

에게해의 시대

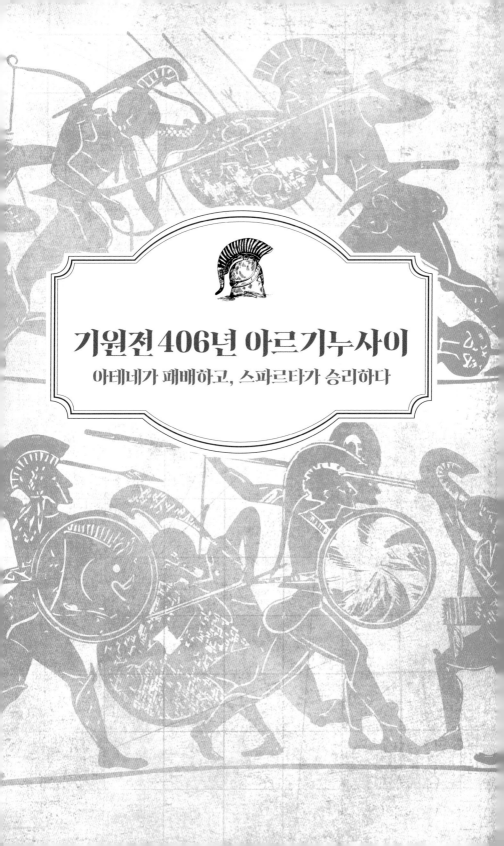

기원전 406년 아르기누사이

아테네가 패배하고, 스파르타가 승리하다

아테네인들은 엄청난 열정과 수고로 110척의 삼단노선을 만들어 해군을 재건했다. 노티움Notium과 미틸레네에서 연이어 스파르타에 패배한 지 한 달 만이었다. 함대 운용 비용을 마련하기 위해서 아크로폴리스의 성스러운 신상을 녹였고, 노를 젓기 위해서 적정 연령의 남자라면 자유인이든 노예든 가리지 않고 배에 태웠다. 노잡이들의 미숙함은 해전에서 치명적인 약점이었으나 아테네로서는 선택의 여지가 없었다. 레스보스섬의 미틸레네 해협에 위치한 아르기누사이Arginusae 섬에 도착했을 때 아테네 함대의 수는 155척으로 늘어나 있었다. 다행히 동맹군의 배 45척이 추가된 것이다. 아테네 함대와 대적하기 위해 다가오는 스파르타 함대는 120척이었다.

수적으로는 열세였지만 총사령관 칼리크라티다스Callicratidas, B.C. ?~406는 전투를 선택했다. 뛰어난 선원들의 실력이 수적 열세를 만회해줄 것으로 믿었기 때문이다. 아테네와 스파르타의 뒤바뀐 처지가 두 나라가 처한 상황을 적나라하게 반영했다. 국고가 바닥난 아테네는 선원들에게 지급할 돈이 없었다. 정반대로 페르시아의 황금으로 무장된 스파르타에는 돈이 넘쳐났다. 자신감을 갖고 스파르타 함대는 새벽녘에 아르기누사이로 진격했다. 120척의 배가 나란히 늘어선 전통적인 전열이었다.

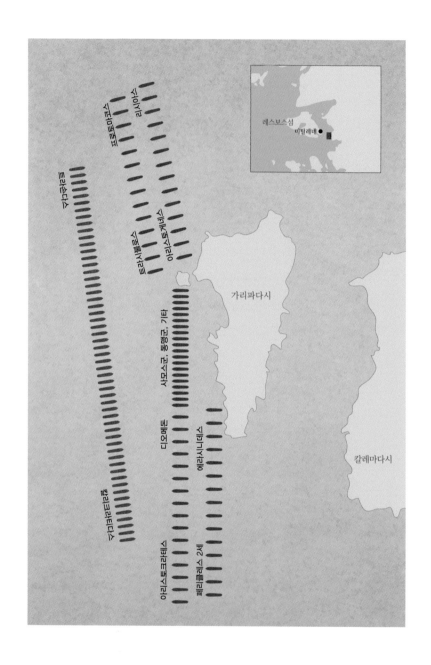

레스보스섬
미틸레네 ●

프로토마코스
라시아스
트라시불로스
아리스토게네스

디오메돈
아리스토크라테스
페리클레스 2세
에라시니데스

스파라다르구
스파르다르티라르군

가리파다시

사모스군, 동맹군, 기타

칼레마다시

에게해의 시대

노잡이들의 미숙함으로 다양한 전술을 구사하는 것이 불가능했던 아테네 함대는 한 번도 본 적 없는 전열로 대응했다. 배들을 미치 육지에서 싸울 때처럼 좌익, 중앙, 우익으로 나눴다. 양익은 각각 60척의 배를 두 열로 배치했는데 뒤쪽 열의 배들을 앞쪽 열의 배들 사이에 뒀다. 중앙의 35척은 작은 섬 앞에 배치했다. 이 같은 전열은 스파르타의 삼단노선들이 빠르게 치고 들어와 아테네 삼단노선들의 측면을 들이받고 뒤로 빠지는 가장 대표적인 공격 전술의 구사를 불가능하게 만드는 혁신적인 것이었다. 전투를 시작하기도 전에 전함의 배치에서 이미 승부가 났다. 위험을 알아챈 스파르타 참모들은 칼리크라티다스에게 후퇴할 것을 요청했지만 거절당했다. 도망가는 수치를 감당하느니 싸우다 죽겠다는 총사령관의 굳건함은 스파르타인다웠으나, 패배를 피할 수는 없었다. 아테네는 무력해진 적을 상대로 대승을 거뒀다.

스파르타는 120척 중 77척의 배를 잃었는데 이는 고대 해전사에서 찾아보기 어려운 엄청난 손실이었다.* 아테네 노잡이들의 미숙함을 감안하면 승리의 의미는 더 대단했다. 리산드로스Lysander, B.C. ?~395가 애써 키운 스파르타 해군은 단 한 번의 전투로 사실상 무너졌고, 바다는 다시 아테네가 지배하게 되었다. 그러나 승전 후에 아테네 수뇌부는 난감한 문제에 봉착했다. 관례대로 전후 문제를 처리하기 위해 아르기누사이섬에 모인 장군들 사이에 의견이 갈린 것이다. 보통 때라면 즉각 해역을 나눠서 죽은 전우의 시신을 수습하고, 살아남아 표류 중인 군인들을 구해야 했다. 그러나 지금은 국가의 존망이 걸린 절체절명의 상황이었다. 이번에는 운이 좋아서 승리할 수 있었지만, 아테네는 더

---

* 아르기누사이에서 스파르타군은 전체 함대의 64퍼센트를 상실했다. 이전 키노세마Cynossema, 아비도스Abydos, 노티움 등지의 해전에서 패배한 측의 평균 선박 손실률이 28퍼센트였음을 감안할 때 피해의 정도를 짐작할 수 있다. 이와 달리 아테네군은 155척 중 25척만을 잃었을 뿐이다(도널드 케이건, 《펠로폰네소스 전쟁사》, 2006).

이상 전쟁을 수행할 능력이 없었다. 승기를 잡았을 때 겁에 질려 도망치는 스파르타 해군을 섬멸해야 했다.

논쟁 끝에 함대 3분의 2는 여덟 명의 장군과 함께 스파르타 함대를 추적하고, 나머지 3분의 1은 노련한 선장들의 지휘 아래 구조 및 시신 수습을 담당하기로 했다. 시칠리아 원정의 비극 이후 아테네가 겪어왔던 수많은 고난을 생각하면 올바른 판단이었다. 그러나 이 결정적인 순간에 운명이 개입했다. 갑자기 폭풍이 일어 바다가 요동치기 시작한 것이다.

전투에 지치고 두려움에 빠진 선원들은 구조와 시신 수습을 거부했다. 스파르타 함대를 잡으러 출동한 장군들도 폭풍에 막혀 추격에 실패하기는 마찬가지였다. 폭풍이 지나간 후에 승전 함대는 아르기누사이를 떠나 아테네 해군기지로 사용 중인 미틸레네로 출발했다. 함대의 위용은 당당했지만 장군들의 표정은 어두웠다. 국가를 위기로부터 구했으나 모든 후속 조치에서 실패하고 말았기 때문이다. 그 실패가 어떤 후폭풍을 가져오게 될지 가늠하기는 힘들었지만, 좋은 일은 아닐 것이라는 데 장군들의 생각이 일치했다.

공포에 침몰된 아테네와
희망에 들뜬 스파르타

시칠리아에서의 재난을 아테네인들은 믿으려 하지 않았다. 너무나 엄청난 피해 규모 때문이었다. 그러나 안 믿을 도리가 없었다. 그것이 사실이었으니까. 이를 인정하자 절망적인 공포와 거대한 슬픔이 아테네를 침몰시켰다. 이번 원정 참사로 1만 5,000명 이상의 아테네 시민과 거류 외국인이 죽거나 포로가 되었다. 아테네와 동맹이 잃은 삼단노선은 216척이나 됐고, 그중 160척은 아테네 소유였다. 국고도 바닥났다. 가장 경험 많고 유능한 장군들을 모두 잃은 것도 큰 손실이었다.

아테네의 전쟁 수행 능력은 시칠리아 원정 이전의 3분의 1 이하로 떨어졌다. 무엇보다 걱정은 시라쿠사 함대의 전격적인 공격과 아테네 제국에서의 전면적인 반란이었다. 지금의 아테네에는 공격을 방어할 사람도, 반란을 진압할 함대도 절대적으로 부족했다. 아테네인들에게 기원전 413년 가을은 지독하게 슬프고 불안한 계절이었다.

스파르타의 상황은 정반대였다. 시칠리아에서 아테네의 패배는 스파르타인들에게 최종적인 승리에 대한 확신을 심어줬다. 그들은 고작 장군 길리포스 한 명을 보냈을 뿐인데, 그가 동맹군을 이끌고 그토록 거대한 아테네 원정군을 전멸시킨 것이다. 시라쿠사가 해전에서 연이어 승리했다는 사실도 고무적이었다. 아테네는 무적이 아니었고, 앞으로는 더 아닐 터였다. 무엇보다 가시화된 아테네의 몰락은 스파르타가 전쟁 목표를 수정하는 데 결정적인 역할을 했다. 처음 전쟁을 시작할 때 스파르타인들은 '그리스인의 자유를 위하여'라는 대의를 내세웠다. 그러나 전쟁을 통해 스파르타인들은 아테네의 힘과 부를 직접 경험했고, 그것을 가능케 한 제국의 유용성에 눈을 떴다.

이제 아테네가 사라지고 나면, 오랜 전쟁으로 파괴되고 지친 그리스 세계에서 누가 스파르타에 맞설 수 있을까? 스파르타의 전쟁 목표는 그리스 세계의 해방에서 패권 장악으로 바뀌었다. 전쟁 목표가 바뀐 데는 스파르타인들의 가치관 변화도 중요한 역할을 했다. 전쟁을 수행하는 동안 외국을 경험하고 돌아온 사람들이 검소하고 절제된 삶보다 부유하고 안락한 인생의 맛을 알아버린 것이다. 그들은 부와 권력을 탐했고, 이를 위해 더 거대하고 강력한 스파르타를 원했다. 스파르타가 내세웠던 '그리스 세계의 자유'라는 대의, 명예와 절제라는 미덕은 구시대의 유물이 됐다.

스파르타는 이기기 위해서라면, 궁극적으로 그리스 세계를 지배하기 위해서라면 못할 것이 없었다. 그러려면 지금 당장 필요한 것이 돈이었다. 아테네를 끝장낼 함대를 만들고, 배를 저을 노잡이들을 고용할 막대한 자금이 필요했다. 페리클레스가 지적했듯이 국가적으로나 개인적으로나 가난한 스파르타에 그런 돈이 있을 리 만무했다. 에게해에서 현재 그만한 돈을 스파르타에 제공할 나라는 페르시아 제국이 유일했다. 스파르타는 페르시아라는 옛날 적과의 동침을 은밀하게 계획하기 시작했다. 기원전 413년 가을은 수치를 잊은 스파르타인들에게는 달콤하고 희망찬 계절이었다.

〈키루스와 리산드로스의 만남〉
(Francesco Antonio Grue, 17세기).

제국의 반란과 아테네의 쿠데타

아테네 제국에서의 반란은 아테네의 공포와 스파르타의 희망이 근거 없는 것이 아님을 입증했다. 아테네의 동맹국들은 처음에는 자발적으로, 나중에는 마지못해 아테네의 패권을 받아들였다. 자유와 독립을 꿈꾸는 동맹국들에는 아테네의 힘이 결정적으로 약해진 지금이 기회로 보였다.

에게해의 시대

키오스섬, 레스보스섬, 에우보이아Euboea섬이 은밀하게 반란을 꾀했고, 스파르타에 도움을 청했다. 모두 아테네의 핵심 동맹이거나 아테네 생존에 절대적으로 필요한 지역이었다. 그들은 여전히 스파르타가 내세웠던 대의를 믿었고, 아테네가 에게해에서 손을 떼면 더 좋은 세상이 펼쳐질 것이라 착각했다. 늑대를 피해 호랑이굴로 뛰어드는 격이었지만, 이런 어리석음은 역사 속에서 언제나 반복되는 것이니 특별히 이들을 비난할 필요는 없다.

아테네는 신속하게 반격에 나섰다. 사모스섬에 해군기지를 건설하고, 그곳을 중심으로 레스보스를 확보하고, 키오스를 포위 공격했으며, 새롭게 반란에 합류한 밀레투스 군대를 바다와 육지에서 동시에 격파했다. 수세에 몰렸지만 아테네는 여전히 강했던 것이다. 그러나 전세를 뒤바꾸

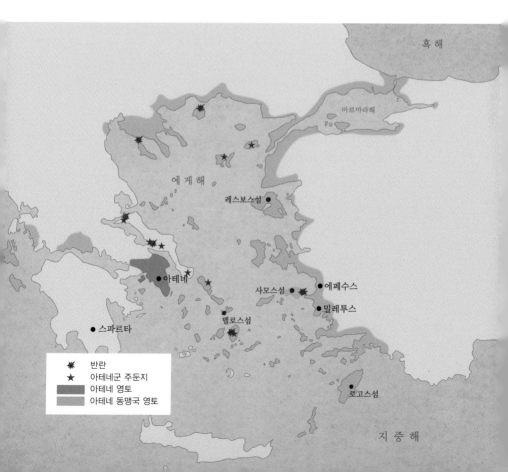

기에는 역부족이었다. 에페수스, 밀레투스, 로도스Rhodes섬으로 반란이 계속 확산됐다.

오랜 세월 전쟁을 관망하던 페르시아도 본격적으로 뛰어들었다. 아테네로부터 에게해를 빼앗아 예전의 지배권을 되찾는 것은 언제나 페르시아의 소망이었다. 스스로의 힘으로 불가능했던 꿈이 그리스 세계의 내전으로 현실이 되어가는 듯했다. 스파르타가 자신들의 황금을 필요로 한다는 것을 페르시아는 잘 알고 있었다. 스파르타와 페르시아는 '은밀히' 손을 잡았다. 한때의 적이 오늘의 친구가 되었다. 황금의 대가로 스파르타는 페르시아가 터키 서해안, 에게해, 그리스 북부에서 페르시아 전쟁 전에 보유했던 땅들의 지배권을 상당 부분 넘기기로 약속했다. "스파르타인이 그리스인에게 자유가 아니라 페르시아의 지배를 부과하게 될 것"이라며 반대하는 목소리는 소수였고, 무시되었다. 지금의 스파르타는 전쟁 승리와 이후에 들어설 제국을 위해서라면 못할 게 없어 보였다.

페르시아의 개입과 제국의 반란이라는 최악의 상황에 직면했지만 아테네는 효과적으로 대응할 수 없었다. 아테네 내부에서 균열이 생겼기 때문이다. 오랜 세월 침묵해왔던 반反민주정 세력들이 고개를 들기 시작한 것이다. 자연스럽게 세력의 핵심은 아테네의 상류계급이었다. 그들이 100년 가까이 민주주의라는 전례 없는 정치 실험을 받아들인 중요한 이유는 '실적'이었다.

민주주의 아래서 아테네는 페르시아와 싸워 이겼고, 성공적으로 제국을 건설했다. 다수 시민의 자발적인 헌신과 이를 통해 분출된 에너지는 이류였던 아테네를 최강의 폴리스로 끌어올렸다. 일부 귀족들의 민주주의에 대한 반감과 경멸은 눈앞에 펼쳐지는 사실 앞에 무기력했다. 그러나 길고 파괴적인 전쟁에서 패배할 가능성이 높아지자 민주주의에 대한

에게해의 시대

확신도 흔들렸다. 일부 귀족 세력의 민주주의에 대한 반감과 경멸은, '민주주의는 안 된다'는 확신과 '민주주의를 무너트려야 한다'는 소명으로 바뀌어갔다.

결국 쿠데타가 일어났다(B.C. 411). 쿠데타 세력은 이에 앞서 공공연하게 민주파 지도자들을 암살했다. 만연한 공포는 다수의 시민을 침묵시켰다. 쿠데타 세력은 버젓하게 민회를 열고 '400인 협의회Council of Four Hundred'에 모든 권력을 집중시키는 법안을 통과시켰다. 절차의 정당성과 합법성, 암묵적 동의에 의해 쿠데타는 완성됐고, 아테네의 민주주의는 무너졌다.

아테네 민주주의가 기사회생한 건 사모스 해군기지에 머물러 있던 해군 덕분이었다. 민주주의의 확고한 지지자였던 해군 구성원들은 밖으로는 스파르타-페르시아 연합과 싸웠고, 안으로는 반민주주의 세력과 싸웠다. 그들의 열정과 헌신에 힘입어 아테네는 400인 협의회를 붕괴시켰다. 민주주의는 복원되었으나 아테네는 여전히 수세에 몰려 있었다. 이제는 제국을 재건해야 했다. 아테네 시민들은 다시 노를 저어 바다로 나아갔다.

전장이 헬레스폰트로 옮겨지다

에게해 동쪽에 위치한 레스보스, 키오스, 밀레투스를 중심으로 한 반란이 실패로 돌아가자 스파르타는 전선을 헬레스폰트 해협 인근으로 옮겼다. 이곳은 흑해에서 아테네로 향하는 기나긴 곡물 수송로 중에서도 가장 중요한 요충지였다. 스파르타 함대가 헬레스폰트를 장악한다면 아

테네는 생존 자체를 위협받게 될 터였다. 페르시아 소아시아 북부 총독인
파르나바조스Pharnabazus, ?~?의 적극적인 지원도 스파르타가 전선을 북상
시킨 요인 중 하나였다. 스파르타 해군 사령관 민다로스Mindarus, B.C. ?~410
가 86척의 삼단노선을 이끌고 해협 입구에 나타난 것은 기원전 411년
10월이었다.

트라시불로스Thrasybulus, B.C. ?~388가 지휘하는 아테네 함대는 76척이었
고 수적으로 불리했다. 좁은 해협에서 많은 적과 싸운다는 것은 어리석
었지만 트라시불로스에게는 선택의 여지가 없었다. 아테네의 생명선인
곡물 수송로를 지켜야 했기 때문이다. 키노세마Cynossema곶 앞에서 벌어

에게해의 시대

진 이 전투에서 트라시불로스는 아테네 전함의 뛰어난 속도를 활용해 이 겼다. 적절한 시기에 거둔 결정적인 승리는 회복된 민주정에 용기를 불 어넣었다.

그렇지만 스파르타의 기가 꺾인 것은 아니었다. 시칠리아의 대재앙으 로 인해 아테네의 인적·물적 자원은 바닥났고, 스파르타는 페르시아의 지원을 확보했기 때문에 전체 판세는 스파르타에 절대적으로 유리했다. 스파르타는 헬레스폰트에서 한 번만 이겨 해협을 봉쇄하면 승리할 수 있 다는 자신감에 넘쳤다. 스파르타 해군기지가 있는 아비도스^{Abydos}에서 벌 어진 2차 전투에서도 아테네가 이겼다. 조국을 배신하고 스파르타로 망 명했다 돌아온 알키비아데스가 전투의 승리에 결정적인 기여를 했다. 상 황이 절박했던 만큼 함대 구성원들은 그의 귀환을 열렬히 환영했다.

헬레스폰트 해협에서의 마지막 전투는 기원전 410년 봄 키지코스에 서 벌어졌다. 다시 아테네가 승리했다. 트라시불로스의 역할이 절대적이 었지만, 알키비아데스가 더 돋보였다. 그에게는 여전히 군중을 휘어잡는 마력이 있었던 것이다. 연이은 세 번의 승리로 아테네군은 헬레스폰트 해협을 확실하게 장악했고, 스파르타 군대를 완전히 몰아냈다. 아테네는 최종 승전의 희망을 다시 품기 시작했다.

리산드로스의 등장과 노티움 전투

희망은 헛된 것이었다. 시칠리아에서의 승리가 스파르타에 최종 승리 를 가져다주지 않았던 것처럼, 헬레스폰트에서의 승리도 아테네에 최종 승리를 안겨주지는 못했다. 전쟁은 아직 끝나지 않았다. 그러나 양측 모두 단 한 번의 실수나 성공이 결과에 결정적인 영향을 끼칠 수밖에 없다는 것을 인식하고 있었다. 더 이상 전쟁을 수행하기에는 아테네와 스파르타 모두 기진맥진했다. 이 상황에서 먼저 백기를 든 건 스파르타였다. 기원전 411년 가을부터 이듬해 봄까지, 불과 몇 달 동안 스파르타는 최대 155척에 달하는 삼단노선을 잃었다. 흑해에서 헬레스폰트를 거쳐 아테네에 이르는 곡물 수송로는 물론 에게해 전체를 다시 아테네가 지배했다.

페르시아의 돈으로 함대를 건설해봤자 이기지 못한다면 무슨 소용이 있을까? 스파르타에는 승리를 담보할 전략이 없고, 아테네에는 승리에 필요한 자원이 없는 지금이야말로 평화조약을 맺을 적기라고 스파르타는 판단했다. 아테네는 거부했다. 연이은 승리는 전체 전황에 대한 냉철한 판단력을 마비시켜버렸고, 아테네에는 그것을 일깨워줄 정치 지도자

〈아테네로 귀환하는 알키비아데스〉(작자 미상, 1881).

도 존재하지 않았다. 승리에 목말랐던 아테네는 헬레스폰트에서 활약했던 알키비아데스를 사면해 받아들였고, 군에 대한 모든 권한을 일임했다(B.C. 407).

비슷한 시기에 스파르타는 리산드로스를 신임 해군 사령관에 임명했다. 리산드로스는 낮은 신분이었으나 본인의 능력과 매력, 절박한 전쟁 상황에 힘입어 해군의 최고 지휘관까지 올랐다. 그는 원대한 꿈과 지나친 자기애를 가진, 알키비아데스류의 인간이었다. 그는 능수능란하게 페르시아를 움직여 거금을 받아냈고, 해군을 재건했으며, 알키비아데스가 자리를 비운 틈을 타 그의 부관을 상대로 노티움 전투에서 대승을 거뒀다(B.C. 406). 알키비아데스는 패배의 책임을 지고 최종적으로 아테네에서 쫓겨났다. 키지코스 전투Battle of Cyzicus(B.C. 410) 이후 아테네 쪽으로 기울던 전쟁의 흐름은 다시 역전되었다.

기적을 이룬 장군들을 스스로의 손으로 죽이다

알키비아데스의 후임은 코논Conon, B.C. ?~390?이었다. 유능한 장군이었지만 아테네 함대의 수적 열세를 극복할 만큼의 천재는 못 되었다. 리산드로스의 후임으로 온 칼리크라티다스에게 패해 미틸레네 항구에 갇혔다. 위대한 지도자였던 페리클레스의 아들, 페리클레스 2세Pericles the Younger, B.C. ?~406를 비롯한 여덟 명의 장군이 이끄는 재건된 함대가 코논을 구하기 위해서 왔고, 칼리크라티다스가 지휘하는 스파르타 함대와 격돌했다. 아르기누사이섬 해역에서 벌어진 건곤일척의 전투에서 아테네는 기적적으로 승리했다. 그러나 폭풍으로 인해 병사들의 시신을 수습하고 구조하는 작업과 스파르타의 잔당을 소탕하는 임무에 실패하고 말았다.

아테네에서는 장군들이 헛된 추격을 하느라 귀중한 시간을 낭비했다는 비난이 일었다. 분노한 민회는 장군들을 해임하고 소환했다. 두 명의 장군은 즉시 망명했다. 돌아온 여섯 명은 재판에 회부됐다. 선동 정치가 칼릭세이노스Callixeinos, ?~?가 앞장섰다. 그는 분노한 민심을 등에 업고 장군들에게 가장 불리한 재판 절차를 제안했다. 변론을 중지하고, 유무죄에 대해서만 판단하며, 유죄의 경우 처벌은 사형이었다. 장군들에게 개별 재판을 허용하지 않고 한 번의 집단 재판으로 결정하자는, 불법적인 제안이었다. 피고들을 집단으로 재판하는 것은 민회의 관행과 절차에 대한 위반이었다. 장군들에게 변호의 기회를 주지 않는 것도 불법이었다.

민심이 자기편이라 확신한 칼릭세이노스는 이런 정당한 항의에 답변조차 하지 않았다. 민회는 함성으로 선동가를 응원했다. 칼릭세이노스의 제안이 채택됐다. 그날 민회의 의장은 철학자 소크라테스였다. 페리클레스 시대부터 아테네는 공직을 추첨으로 선출했기 때문에 소크라테스가 이 역사적인 재판 날 민회의 의장을 맡게 된 건 순전히 우연이었다. 소크라테스는 불법적인 표결의 절차에 반대했다. 대중의 분노에 맞서 철학자는 끝까지 법과 정의의 편에 섰다. 그러나 소크라테스를 비롯한 몇 사람의 상식과 용기로는 분노한 민중을 이길 수는 없었다.

결국 민회는 망명한 두 명을 포함한 승전 장군 여덟 명 전원을 처형하기로 했다. 페리클레스의 아들, 페리클레스 2세도 함께였다. 얼마 지나지 않아 아테네인들은 후회했고, 자신을 속인 선동가들에 대해 죄를 묻기로 했다. 그러나 그렇게 할 수 없었다. 그들은 이미 아테네에서 탈출한

에게해의 시대

뉘였다. 기적 같은 승리를 일군 장군들과 그들을 죽음으로 몰아간 선동가들이 모두 떠났을 때, 아테네에 남은 건 깊은 탄식뿐이었다. 정신을 차린 아테네인들은 아직 전쟁이 끝나지도 않았는데 *스스로의 손으로* 얼마 남지 않은 장군들을 사법 살해했다는 것을 깨달았다. 그러나 깨달음과 후회가 전쟁터의 무기가 될 수는 없었다. 아테네는 최종적인 패배를 눈앞에 두고 있었다.

아이고스포타미 전투와 아테네의 몰락

스파르타는 최후의 일격을 준비했다. 가장 유능하고 야심만만하며 페르시아로부터 깊은 신임을 받는 리산드로스에게 해군을 다시 맡긴 것이다. 리산드로스는 페르시아로부터 엄청난 황금을 받아냈고, 그 돈으로 정력적으로 함대를 재건했다. 능력이 검증된 매력적인 리더는 곧 스파르타 함대에 용기를 불러일으켰다. 반면에 아르기누사이 승전 장군들의 재판 이후 아테네 함대를 맡은 장군들은 대부분 경험도 없었고, 의기소침해 있었다.

리산드로스는 아테네의 생명줄을 끊기 위해 다시 헬레스폰트로 향했다. 최후의 결전은 해협의 마르마라해 방면 입구에 위치한 아이고스포타미Aegospotami에서 벌어졌고, 리산드로스가 이겼다. 전투가 끝났을 때 아테네 해군에 남은 삼단노선은 10척이 전부였다. 아테네에는 더 이상 함대를 재건할 돈과 인력이 없었다. 세대를 이어온 전쟁은 사실상 이날 끝났다.

〈아테네 성벽을 파괴하는 리산드로스〉(작자 미상, 1881).

　리산드로스와 스파르타 군대가 아테네에 모습을 드러낸 건 기원전 405년 10월이었다. 긴 협상 끝에 아테네는 함대와 방벽을 포기하고, 제국을 해체하는 데 합의했다. 외교의 권리도 스파르타에게 넘겼다. 이는 민주주의를 도입하기 이전의 이류 폴리스로 돌아감을 뜻했다. 치욕적인 조건이었으나 아테네 자체가 없어지거나, 아테네인 전부가 살해되거나 노예로 팔리는 최악의 경우보다는 나았다.

　기원전 404년 어느 봄날, 27년이란 긴 세월 동안 지속됐던 아테네와

　에게해의 시대

스파르타의, 아테네 제국과 스파르타 동맹 간의 전쟁은 끝이 났다. 승자가 처음 내세웠던 '그리스 세계의 자유'라는 명분은 실현되지 않았다. 그렇다면 무엇을 위한 전쟁이었을까? 긴 전쟁 끝에 가까스로 찾아온 평화의 시기는 짧았다. 그렇다면 무엇을 얻었단 말인가? 전쟁은 그저 승자와 패자만을 남겼다. 그 대가로 그리스 문명의 위대함과 숭고함을 송두리째 앗아갔다. 비루한 전쟁이었다.

알렉산드로스 전쟁

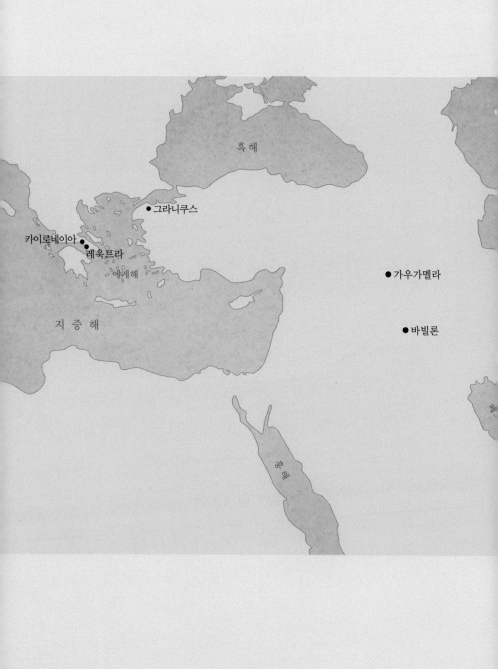

흑해

● 그라니쿠스

카이로네이아 ●
● 레욱트라

애게해

● 가우가멜라

지중해

● 바빌론

홍해

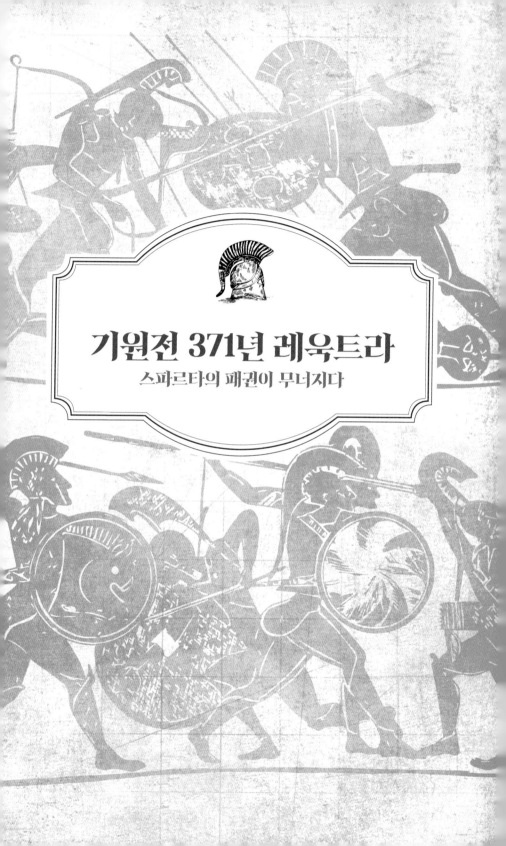

기원전 371년 레욱트라

스파르타의 패권이 무너지다

클레옴브로토스왕Cleombrotus Ⅰ, 재위 B.C. 380~371이 이끄는 스파르타 연합군
이 테베 인근 레욱트라Leuctra에 모습을 드러낸 건 무더위가 한창인 7월 초였다
(B.C. 371). 스파르타 전사 2,000명을 포함, 중장보병만 1만 명에 이르는 대군이
었다. 이에 맞서는 테베가 이끄는 보이오티아 연합군의 중장보병은 7,000명이
채 안 되었다.* 무적을 자랑하는 스파르타가 이끄는 군대와 수적으로 열세인
상태에서 싸운다는 건 자살행위에 가까웠다. 보이오티아 장군들은 몸을 사렸
다. 그러나 테베의 총사령관인 에파미논다스Epaminondas, B.C. 410?~362는 강력하
게 결전을 주장했다. 레욱트라와 테베는 지척이었기 때문에 테베인 입장에서
는 물러설 곳도 없었다. 에파미논다스는 장군들을 설득하는 데 성공했고, 보이
오티아 연합군은 전투를 준비했다.

---

* 레욱트라 전투에 참전한 보이오티아 연합군의 수에 대해 현대 학자들은 6,000~9,000명
으로 다양한 견해를 보인다. 여러 의견을 종합했을 때, 보이오티아 연합군은 최대 7,000명
을 넘기지 않았을 듯하다. 마찬가지로 스파르타군의 규모에 대해서도 최대 2만 4,000명에 이
르렀다는 견해가 있으나, 최근 연구는 1만 명의 중장보병과 1,000명의 기병이 동원되었다
는 플루타르코스의 견해를 따르고 있다(Philip Sabin, *Lost Battles: Reconstructing the Great Clashes of the
Ancient World*, 2007).

테베에 있는 에파미논다스 동상.

에게해의 시대

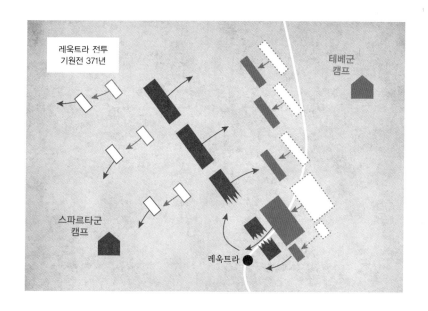

이때 에파미논다스는 중장보병들의 진형에 큰 변화를 주었다. 전통적으로 중장보병들은 방진을 구성해 싸웠는데 보통 가로열이 12열 내외였다. 에파미논다스는 스파르타의 정예와 상대할 테베군의 가로열을 무려 50열로 대폭 늘려 좌익에 배치했다. 테베와 스파르타의 일합으로 전투 전체의 승부를 결정짓겠다는 결심이었다. 대신 중앙과 우익의 열은 줄였다. 지금까지 볼 수 없었던 괴이한 진형이었다. 전투가 시작되자 에파미논다스가 이끄는 테베군은 빠르게 스파르타군을 향해 진격했다.

반면에 중앙과 우익의 부대들은 행군 속도를 조금씩 늦춰 보이오티아 연합군은 전체적으로 좌익이 앞서고 우익이 뒤처지는 사선형으로 전진했다. 스파르타는 모든 부대의 열을 동일하게 12열로 맞추고, 같은 속도로 전진하는 전통적인 방식으로 임했다. 그 결과 좌익의 테베군이 가장 먼저 스파르타군과 충돌했다. 스파르타의 중장보병이 무적이기는 했지만 테베가 수적으로 너무 많았다. 고작 12열로는 빠르게 달려온 50열의 방진을 막아낼 수 없었다. 더군다나 테베군의 맨 앞에서 달려온 300명의 성예로 이뤄진 신성대神聖隊의 투지는 스파르타의 명성을 압도했다.

스파르타의 방진은 처참하게 깨어졌다. 충돌 과정에서 스파르타 왕 클레옴브로토스와 수많은 장교들이 전사했기 때문에 스파르타는 제대로 된 반격조차 할 수 없었다. 스파르타가 무너지자 동맹군들도 차례로 도망치기 시작했다. 테베와 그를 따르는 보이오티아 연합군의 압도적인 승리였다. 스파르타는 이 한 번의 전투로 무려 400명의 용맹한 전사Spartiates를 잃었다. 폐쇄적이고 순수한 혈통만을 중시하는 스파르타 입장에서 400명은 엄청난 숫자였다.

에파미논다스는 누구도 생각지 못했던 창의적인 전술로 무적의 스파르타 중장보병대를 일대일 전투에서 쳐부쉈다. 단 한 번의 전투였지만 의미는 지대했다. 그리스 세계에 난폭하게 군림했던 스파르타 패권의 종말이 시작된 것이다. 펠로폰네소스 전쟁에서 아테네 제국을 파괴하고, 아테네를 굴복시킨 지 겨우 33년 만의 일이었다. 스파르타의 막강했던 군사적 패권은 왜 한 세대 만에 막을 내린 것일까?

무자비한 새로운 제국 스파르타

스파르타와 펠로폰네소스 동맹이 아테네 제국을 상대로 승리를 거둔 후, 아테네에 가장 적대적이었던 폴리스는 테베와 코린토스였다. 충분히 이해가 되는 상황이었다. 테베는 한 세기 이상 보이오티아를 통합하는 것을 훼방 놓아온 아테네를 이번 기회에 확실하게 제거하고자 했다.

에게해의 시대

코린토스 역시 아테네에 빼앗긴 해상 강국의 위상을 되찾으려 했다. 그들은 "아테네시를 평지로 만들고, 농촌은 양들이 풀을 뜯게 버려두자"며, 아테네의 완전한 파괴를 주장했다. 현명하게도 스파르타는 테베와 코린토스의 요구를 거절했다. 오랜 전쟁으로 켜켜이 쌓인 원한과 슬픔, 엄청난 인적·물적 피해에도 스파르타는 패권 국가답게 전쟁 이후 그리스 세계의 국제 질서를 염두에 둔 것이다.

패망한 아테네는 스파르타의 위협이 될 가능성이 없었다. 그런 아테네를 멸망시키면 테베는 보이오티아를 통합해 일약 강대국이 될 터였다. 코린토스 역시 아테네의 빈자리를 차지해 바다를 무대로 스파르타의 패권에 도전할 가능성이 있었다. 무기력해진 아테네를 살려 자신들의 영향력 아래 두어야 테베와 코린토스의 야심을 견제할 수 있었다. 두 동맹국은 분노했지만 그들에겐 아직 스파르타에 도전할 힘이 없었다.

스파르타의 전략적 현명함은 여기까지였다. 전쟁 도중에 이기기 위해 페르시아와 손을 잡았고, 협력의 대가로 그리스의 자유를 팔아 넘긴 나라답게 행동했다. 스파르타가 아테네의 속국이라고 주장했던 나라들에, 약속했던 자유는 주어지지 않았던 것이다. 대신 스파르타와 페르시아가 그들을 나눠 가졌다. 아테네 제국은 스파르타 제국으로 대체되었다. 아테네의 족쇄로부터 '해방된' 도시들에는 난폭한 과두정과 증가된 공납금이 생겼다. 이를 강제하기 위해 주요 도시에는 스파르타의 병사들이 주둔했다.

어제까지 해방자라 주장했던 이들이 순식간에 압제자로 돌변하는 승자의 무치無恥는 고대 그리스에서도 예외가 아니었다. 더 큰 문제는 스파르타 지배가 가혹했고, 스파르타인들이 무자비하고 탐욕스러웠다는 데 있다. 아테네보다 두 배가 넘는 공납금을 요구해놓고, 반발하면 힘으로

눌렀다. 파견한 관리들을 비롯한 스파르타인들에 대한 소송 자체를 막아
버렸다.

스파르타인들이 다른 폴리스에 가서 무슨 짓을 해도 상관없다는 뜻이
었다. 아테네가 제국을 통솔할 때는 생각해본 적도 없는 일을 스파르타
는 '감히' 실행했다. 정부의 이런 행태에 힘입어 해외로 나온 스파르타인
들은 고삐 풀린 맹수처럼 행동했다. 명예, 절제, 검소가 스파르타인들의
덕목이던 시절은 사라진 지 오래였다. 그 자리를 탐욕, 사치, 무자비함이
대신했다. 이런 통치가 오래갈 수 없다. 그리스 세계 곳곳에서 반발이 이
어졌다.

테베의 부상과 아테네의 부활

반反스파르타의 선봉은 테베였다. 펠로폰네소스 전쟁 기간 동안 스파
르타의 가장 든든한 동맹이었던 테베가 적으로 돌변한 건 국익의 충돌
때문이었다. 테베가 간절히 원했던 아테네의 멸망은 스파르타가 줄 수
없는 상이었다. 이제 테베는 스스로의 힘으로 보이오티아를 통합해야 했
고, 그러려면 새로운 경쟁자의 등장을 원치 않는 스파르타와의 충돌을
각오해야 했다. 스파르타가 먼저 움직였다. 동조하는 소수 테베인들의
도움을 받아 쿠데타를 일으켜 테베를 장악했다(B.C. 382). 친親스파르타
과두 정부가 들어섰고, 스파르타 군대가 테베 시내의 요새에 주둔했다.
스파르타 지지 세력의 강압적인 통치는 3년 반이나 지속되었다.

아테네로 망명했던 펠로피다스Pelopidas, B.C. ?~364는 은밀하게 테베를
해방시킬 계획을 세웠다. 기원전 379년 그가 이끄는 세력이 테베를 기습

해 과두 정부를 제거했다. 스파르타 군대는 펠로피다스에 호응해 일어선 테베인들에 의해 쫓겨났다. 확고한 반스파르타 정서를 토대로 한 민주정이 복구됐다. 테베 해방에 이은 펠로피다스의 두 번째 업적은 에파미논다스의 기용이었다. 가난한 귀족의 후예로 철학에 심취해 젊은 시절을 보냈던 에파미논다스는 탁월한 전쟁 지도자였다. 펠로피다스와 에파미논다스를 필두로 테베는 보이오티아 동맹Boeotian League을 재건하기 위해 분투했다.

이런 테베에 힘을 보탠 건 부활한 아테네였다. 테베와 코린토스의 반대를 무릅쓰고 아테네를 보전하기로 결정한 스파르타는 과두정을 지지하는 귀족들을 중심으로 아테네에 새로운 정부를 세웠다. '30인 참주정 Thirty Tyrants'이라 불릴 이 과두 괴뢰정부는 폭력으로 반대 세력을 탄압했고, 부유한 사람들로부터 재산을 갈취했다. 공포정치와 사법 살인으로 시민들의 분노가 커지자, 30인 참주정은 스파르타 군대를 불러들여 자신들의 안전을 꾀했다. 아테네인들은 펠로폰네소스 전쟁에서 뛰어난 능력을 발휘했던 트라시불로스를 지도자로 삼아, 30인 참주정에 대항했다. 저항은 격렬하고 광범위했다. 스파르타 군대는 결국 아테네를 포기했고, 그 순간 30인 참주정은 무너졌다. 영원할 것 같던 괴뢰정부의 수명은 겨우 8개월에 그쳤다.

아리스토텔레스 흉상(아테네 고고학박물관).

트라시불로스를 중심으로 복원된 민주정은 30인 참주정에 분노한 민심을 달래고, 대사면령을 내려 최악의 범죄 행위를 저지른 소수만을 처벌하고 나머지 부역자들은 용서했다. 훗날 아리스토텔레스로부터 극찬을 받은 위대한 화해와 통합의 정치였다. 이 조치를 통해 아테네는 그리스의 수많은 폴리스가 걸었던 내분으로 인한 몰락의 길에서 비켜설 수 있었다. 관용과 절제를 앞세운 아테네 민주정의 회복력은 놀라웠다. 10년이라는 짧은 시간 안에 아테네인들은 함대와 방벽을 재건함으로써 스파르타로부터 완전히 독립했다. 아테네에서 빼앗은 제국을 통치할 인력조차 부족했던 스파르타는 이를 저지할 힘이 없었다. 여기에 코린토스와 페르시아와의 관계까지 악화되면서 스파르타의 패권은 서서히 무너지기 시작했다.

만티네이아 전투
새로운 혼돈의 시작

과도한 제국 확대와 인력 감소는 스파르타에 장차 다가올 재앙의 예고편과 같았다. 그러나 인간이라는 존재는 냉철하게 자신을 성찰한 후 적절한 타이밍에 정확한 해답을 내놓지 않는다. 펠로폰네소스 전쟁 이후 과도한 자신감과 근거 없는 낙관론에 빠져 있었던 스파르타는 자신을 돌아보지도, 적을 제대로 분석하려고도 하지 않았다. 기원전 390년대에 스파르타 왕 아게실라오스Agesilaus Ⅱ, 재위 B.C. 399~360가 페르시아 제국을 정복하겠다고 나선 것이 대표적인 예다. 그리스 제국을 유지하기조차 버겁던 시절에 페르시아까지 넘봤던 것이다. 그들의 과대망상에 가깝던 꿈은 테베와 아테네, 코린토스, 아르고스가 동맹을 맺고 스파르타를 공격함으로써 좌절됐다(코린토스 전쟁, B.C. 395~387).

가까스로 이들의 공세를 막아낸 후 스파르타의 주요 목표는 테베가 보이오티아를 하나의 동맹으로 묶어내는 것을 막는 것이었다. 스파르타의 테베 쿠데타 지원, 테베에 대한 억압 통치, 펠로피다스의 테베 해방은 모두 이를 둘러싼 두 나라 간의 충돌이었다. 레욱트라 전투Battle of Leuctra에서 테베와 보이오티아 연합군이 승리함으로써 스파르타의 목표는 최종적으로 폐기되었다. 테베의 보이오티아 통합을 막을 힘이 스파르타에는 없다는 것이 증명됐다. 거꾸로 테베의 진격을 막아내야 할 위기에 처하고 말았다.

에파미논다스의 천재성은 레욱트라 전투 승리 이후의 처리 과정에서 더욱 빛났다. 그는 이듬해인 기원전 370년 겨울, 테베군을 이끌고 전격

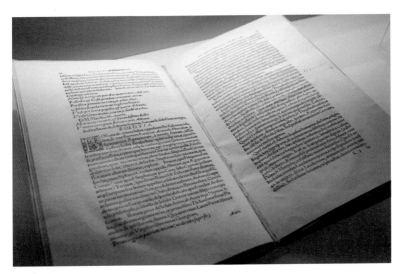

《에파미논다스 전기》(Séran de la Tour, 18세기).

적으로 펠로폰네소스반도를 침공했다. 이 또한 보급이 힘든 추운 겨울에는 파병하지 않는다는 오랜 관례를 무시한 행동이었다. 그의 파격적인 공격은 적의 허를 찔렀고, 테베군은 스파르타가 보이는 곳까지 진격했다. 그리스 세계의 그 어떤 폴리스도 감히 스파르타를 공격할 생각을 하지 않았기에, 스파르타는 유일하게 성벽이 없는 폴리스였다. 스파르타는 자신의 도시에서 적을 바라보는, 수백 년 동안 경험하지 못한 공포에 휩싸였다. 그러나 에파미논다스의 목표는 스파르타를 공격하고 약탈하는 것이 아니었다.

그는 테베 군대의 힘을 이용해 스파르타인이 노예로 삼은 헬롯을 해방시키고, 메세니아를 독립시켰다. 메세니아인은 300여 년 만에 자유를 찾았고, 스파르타인은 경제적 토대를 잃었다. 스파르타는 이 치명적인 타

격으로부터 영원히 벗어나지 못한 채 추락하기 시작했다. 에파미논다스는 여기에 그치지 않았다. 스파르타에 기죽어 지내던 아르카디아Arcadia인들을 부추겨 메갈로폴리스Megalopolis라는 신도시를 만들어 이주시켰고, 스파르타에 의해 폐허가 되었던 만티네이아를 복원시켰다.

메갈로폴리스와 만티네이아는 스파르타가 북쪽으로 나아가기 위해서는 반드시 거쳐야 하는 전략적 요충지였다. 메세니아-메갈로폴리스-만티네이아로 연결된 봉쇄망은 스파르타를 펠로폰네소스반도 남쪽에 가두는 족쇄가 되었다. 이처럼 에파미논다스는 전투를 통해서가 아니라, 정치 지형의 변경을 통해 스파르타 힘의 근간을 파괴했다. 다시 일어서기 위한 스파르타의 애처로운 몸부림은 기원전 362년 만티네이아 전투에서 종식됐다. 에파미논다스는 레욱트라에서와 같은 전법으로 스파르타군을

〈에파미논다스의 임종〉(Isaac Walraven, 1726).

빈 의회의사당에 있는 크세노폰의 동상.

에게해의 시대

궤멸시켰다.

역사와 경험에서 그 어떤 교훈도 얻지 못했던 스파르타의 패배는 당연했다. 그러나 테베도 엄청난 손실을 입었다. 에파미논다스가 전사한 것이다. 그의 부재는 테베의 미래뿐 아니라 그리스 세계 전체에 암울한 그림자를 드리웠다. 당대의 역사가 크세노폰Xenophon, B.C. 430?~?의 표현처럼, 모든 사람이 이 전투의 승리자가 그리스의 통치자가 되고 패배자는 신하가 될 것이라고 생각했지만, 결과는 무승부였다.

이제 그리스 세계는 권력의 공백이라는 위험한 상황을 맞이했다. 펠로폰네소스 전쟁의 승자였던 스파르타는 몰락했고, 패자였던 아테네는 부활했으나 예전만 못했다. 보이오티아의 테베는 스파르타를 꺾었지만 에파미논다스의 죽음으로 지도력에 치명적인 타격을 입었다. 장차 누가 그리스 세계의 패권을 장악할 것인가? 새로운 태풍은 북쪽에서 만들어지고 있었다.

기원전 338년 카이로네이아

마케도니아가 그리스 세계의 패권을 장악하다

마케도니아 왕 필리포스 2세Philip Ⅱ, 재위 B.C. 359~336의 군대가 보스포루스 해협 주변에 모습을 드러내자 아테네인들은 경악했다(B.C. 340). 아시아와 유럽 사이의 좁은 바다인 마르마라해 북동쪽의 보스포루스 해협과 남서쪽의 헬레스폰트 해협은 아테네의 생명선이었다. 흑해 연안에서부터 아테네까지 곡물 수송선이 오가는 길목이기 때문이다. 펠로폰네소스 전쟁 당시 스파르타가 집요하게 헬레스폰트 해협을 장악하려고 시도했던 것도 바로 그런 이유에서였다. 그런데 지금 어제까지 친구처럼 굴던 필리포스의 군대가 비잔티움과 또 다른 주요 항구인 페린토스Perinthus(오늘날 마르마라에레글리시)를 공격하고 나선 것이다. 아테네로서는 용납할 수 없는 도발이었다.

이제야 아테네인들은 '아테네의 진정한 적은 마케도니아의 필리포스'라던 데모스테네스Demosthenes, B.C. 384~322*의 경고를 심각하게 받아들이기 시작했다. 그러나 여전히 움직이려 하지 않았다. 오랜 세월 동안 아테네인들은 용기와 열정, 도전과 희생을 잊고 살았기 때문이다. 데모스테네스 시대의 아테네인

---

* 아테네의 저명한 정치가이자 웅변가. 펠로폰네소스 전쟁에서 활약한 데모스테네스와 동명이인이다.

비잔티움

보스포루스 해협

페린토스

마르마라 해

헬레스폰트 해협

케르소네소스

그라니쿠스 강

들은 페리클레스 시대의 그들이 아니었다. 비잔티움과 페린토스에 대한 마케도니아의 공격이 실패로 돌아가자 안도의 한숨을 내쉴 뿐이었다.

　그러나 불안한 평온은 잠시에 그쳤다. 다음 해인 기원전 339년 필리포스는 그리스 중부의 테살리아를 전격적으로 침공해서 장악했다. 북부에 이어 중부까지 넘어갔으니 필리포스의 다음 목표는 그리스 남부일 게 뻔했다. 데모스테네스의 경고는 이제 현실이 되었다. 임박한 위협은 아테네인들을 미몽에서 깨어나게 했고, 시민들은 위대한 이름에 걸맞은 행동에 나섰다. 그리스 자유와 독립의 기치 아래 오랜 숙적 테베와 손잡고 마케도니아에 맞서기 위해 출정한 것이다.

　마케도니아군과 아테네-테베를 중심으로 한 그리스 연합군은 테베에서 북쪽으로 50킬로미터쯤 떨어진 카이로네이아 평원에서 대치했다. 에우보이아, 코린토스, 메가라, 코르키라 등이 힘을 보탠 그리스 연합군의 규모는 보병 3만 5,000명에 달했다. 마케도니아군의 규모는 보병 3만 2,000명에 기병 2,000명

에게해의 시대

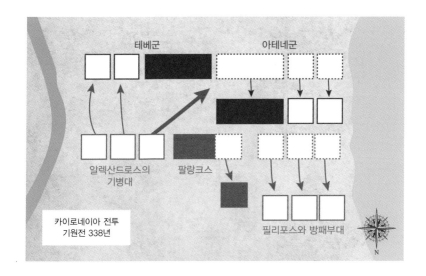

테베군   아테네군

알렉산드로스의
기병대   팔랑크스

카이로네이아 전투
기원전 338년   필리포스와 방패부대

이었다. 필리포스는 방패부대를 이끌고 진영의 우익에 섰다. 중앙에는 마케도
니아가 자랑하는 팔랑크스를, 좌익에는 기병대를 배치했다.

기병대 사령관은 필리포스의 아들이자 후계자인 알렉산드로스Alexander the
Great, B.C. 356~323였다. 그리스 연합군은 아테네가 좌익, 테베가 우익을 맡았고,
나머지 동맹군은 중앙에 섰다. 진군이 시작되자 필리포스는 자신이 이끄는 우
익의 속도를 높이고 왼쪽으로 갈수록 속도를 줄여 진형을 사선으로 만들었다.
레욱트라 전투(B.C. 371)에서 테베의 에파미논다스가 스파르타군을 패배시킬
때 사용했던 전술이 재현된 것이다.

필리포스의 방패부대는 아테네 중장보병 부대와 충돌하자마자 후퇴했다.
속임수였다. 그러나 아테네인들은 속아 넘어갔다. 언제나 두려움의 대상이었
던 필리포스의 군대를 이겼다는 생각에 흥분한 나머지 빠르게 방패부대를 추
격한 것이다. 사기가 오른 그리스 연합군의 중앙도 속도를 높이자 모든 전선
에서 균열이 생기기 시작했다. 필리포스와 알렉산드로스가 기다리던 순간이

었다.

알렉산드로스의 기병대는 쐐기 대형을 이뤄 벌어진 틈을 비집고 들어가 테베군의 뒤통수를 쳤다. 동시에 필리포스의 방패부대도 뒤돌아서 아테네군과 싸우기 시작했다. 마케도니아의 기병대에 후미를 공격받은 테베군은 궤멸됐다. 아테네군도 필리포스 방패부대와 알렉산드로스 기병대의 공격에 무너져 내렸다. 아테네와 테베를 중심으로 한 그리스 연합군은 다시 일어설 수 없을 정도로 타격을 입었다. 이제 그리스 세계에 마케도니아 왕국에 대항할 세력은 남아 있지 않았다. 기원전 338년 8월, 카이로네이아 평원에서 수많은 시민 병사들과 함께 그리스의 자유도 죽었다.

필리포스 2세의 등장과 마케도니아의 부상

그리스 세계의 북쪽에 위치한 마케도니아는 거친 땅이다. 높은 산과 계곡이 국토의 대부분을 차지했고, 그 사이사이로 협소한 농지와 목초지가 들어서 있었다. 그리스 중·남부와 달리 날씨도 추웠다. 사람들은 작은 촌락을 이루며 살았다. 주어진 조건이 열악했던 탓에 가난했지만, 사람들은 강인하고 용맹스러웠다. 그러나 마케도니아인들은 북쪽과 서쪽의 또 다른 이민족들에게 당하며 살았다. 그들은 툭하면 쳐들어와 애써 기른 작물과 가축을 약탈해 갔다.

백성들이 아무리 강인하고 용맹해도 나라를 이끌어가야 할 귀족들이 분열되어 반목만 일삼으니 외적에 대한 효과적인 대응 자체가 불가능했다. 마케도니아는 전통적으로 귀족들은 강했고, 왕은 약했다. 귀족들의

에게해의 시대

테살로니키에 있는 필리포스 2세의 동상.

허수아비로 살다 간 왕도 많았다. 그 결과 강인한 백성들과 풍부한 천연 자원을 갖추었지만 마케도니아는 언제나 삼류 국가였다. 그리스인들은 이런 마케도니아를 '야만인Bárbaros'으로 취급했다. '우리도 그리스인이다' 라는 마케도니아의 주장은 그저 비웃음의 대상일 뿐이었다.

그렇게 형편없던 마케도니아의 운명이 바뀌기 시작한 건 전적으로 필 리포스 2세 덕택이다. 아민타스 3세Amyntas Ⅲ, 재위 B.C. 393?~370?의 셋째 아 들로 태어난 필리포스는 머리가 비상하고 열정적이며 용기 있는 아이였 다. 장점은 많았지만 왕이 될 가능성은 희박했다. 형이 둘이나 있었기 때 문이다. 필리포스가 나고 자란 시기의 마케도니아는 삼류 국가였다. 왕 권은 허약했고, 왕국은 막강한 귀족들이 지배하는 연맹체에 가까웠다.

북쪽과 서쪽의 이민족들에 이어 남쪽에서는 테베가 스파르타를 물리치고 성장하면서 왕국을 위협했다.

아민타스 3세는 테베의 위협에 굴복해 필리포스를 인질을 보냈다. 왕이 될 가능성이 낮은 왕자의 비애였다. 감수성이 예민한 10대를 타국에 인질로 끌려가 보내게 되었지만 필리포스는 슬퍼하거나 좌절하지 않았다. 그는 고난을 통해 스스로를 단련시키고, 적의 장점을 배워 자기 것으로 만들 줄 아는 사람이었다. 그리고 이때의 테베는 에파미논다스라는 천재적인 전략가가 이끄는 그리스 최강의 폴리스였다.

에파미논다스는 테베의 군대를 개혁하고 새로운 전술을 창안해 최강의 스파르타를 물리친 인물이었다. 필리포스는 면밀하게 에파미논다스의 개혁을 관찰했다. 군대의 편성과 전술, 훈련, 무기 등 하나도 빼놓지 않고 철저하게 연구했다. 많은 사람들과의 교류를 통해 그리스의 폴리스들이 오랜 전쟁과 스파르타의 가혹한 통치 아래 힘과 활기를 잃어버렸음도 알게 됐다. 결과적으로 테베에서의 볼모 기간은 필리포스에게 최고의 교육을 받고 정보를 얻는 시간이었다.

필리포스는 4년 만에 인질 생활을 마치고 귀향했다. 그 짧은 동안 아버지는 죽고, 왕위를 이어받은 큰 형은 암살됐다. 작은 형 페르디카스 Perdiccas Ⅲ. 재위 B.C. 365~360?가 위태롭게 왕위를 지키고 있었다. 페르디카스가 북쪽에서 항상 마케도니아를 괴롭히던 일리리아족과 싸우다 죽자 필리포스에게 기회가 왔다. 필리포스는 귀족들을 설득해 어린 조카를 폐위시키고 왕위에 올랐다. 기원전 359년, 그의 나이 스물셋이었다. 마케도니아의 역사는 이해를 기점으로 바뀌기 시작했다. 그리스와 세계의 역사도 마찬가지였다.

필리포스는 이때까지 마케도니아가 배출한 20여 명의 왕 중 가장 뛰어났다. 탁월한 정치가인 동시에 외교관이었으며 천재적인 군사 전문가였다. 왕으로서 필리포스의 가장 큰 장점은 우선순위를 명확하게 안다는 것과 철저한 현실주의자라는 것이었다. 그는 마케도니아의 통합, 왕권 강화, 그리스 세계의 제패를 목표로 삼았다. 훗날 여기에 페르시아 정벌이 추가됐다. 그러나 필리포스가 왕위에 오를 당시엔 이런 목표는 불가능했다. 필리포스는 그 불가능을 가능으로 바꿔나갔다.

가장 먼저 왕국을 통합하고 왕권을 안정시키려면 평화가 필요했다. 그는 주변의 이민족들에게는 뇌물을 주고, 아테네에는 요충지인 암피폴리스를 넘겨 평화를 샀다. 평화는 경제를 발전시키고 군대를 개혁하는 데 요긴하게 쓰였다. 군을 개혁할 때 테베 인질 시절의 배움이 결정적인 역할을 했다. 필리포스는 마케도니아의 중장보병들을 그리스 중장보병들이 사용하는 것보다 훨씬 긴 4~6.5미터에 이르는 장창인 사리사Sarissa로 무장시키고 '팔랑크스'라 불리는 밀집대형으로 재편했다. 마케도니아 팔랑크스는 전투 시에 찌르는 힘과 파괴력, 기동력이 배가된 최강의 전쟁기계였다. 전통적으로 강했던 기병대에 더해 새로운 '방패부대Argyraspides'를 창설했다.

팔랑크스 중장보병보다는 가볍고, 경장보병보다는 중무장을 갖춘 이 부대는 오늘날 특공대 임무를 수행했다. 필리포스는 이렇게 육성된 팔랑크스, 기병대, 방패부대를 유기적으로 활용해서 적군을 손쉽게 포위할 수 있는 전법을 도입했다. 중장보병에 주로 의지하던 기존의 전술에 기동성을 갖춘 기병과 방패부대를 활용해 포위-섬멸 작전을 펼친다는 필리포스의 전략은 군사상의 혁명이었다. 용맹했지만 주먹구구식이던 마케도니아군은 유기적이고 체계적인 최강의 군대로 성장했다.

강한 군대를 바탕으로 필리포스는 북쪽과 서쪽의 야만인들을 물리쳤

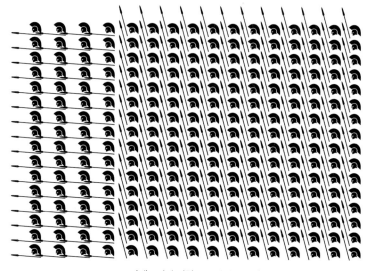

마케도니아 팔랑크스 방진과 팔랑크스 방패(복제품).

다. 왕에게 반항적인 귀족들도 진압했다. 귀족들은 필리포스가 더 이상 '동등한 자들 가운데 일인자'가 아니라 전제군주임을 받아들여야 했다. 개혁된 군대로 국경을 안정시키고 왕권을 강화한 필리포스는 드디어 그리스를 지배하겠다는 야망을 하나하나 실천에 옮겼다. 즉위 초에 평화를 대가로 아테네에게 넘겨줬던 암피폴리스를 되찾아 와 북부 그리스에 대한 패권을 확고히 했다. 왕권이 강화되고 정치와 국경이 안정되자 마케도니아의 광산과 목재 등 천연자원으로부터 엄청난 부가 창출됐다. 필리포스는 이 돈으로 군대를 더욱 강화하고, 그리스의 폴리스들을 매수했다.

왕은 서두르지 않았다. 어차피 시간은 자신의 편이라 믿었다. 그리스 폴리스들은 거의 100년에 가까운 세월을 내전으로 허송했다. 국력은 축 났고, 활력은 떨어졌으며, 시민은 잠들었다. 이와 달리 마케도니아라는 거인은 이제 막 깨어났다. 국력은 충실해지고 활력에 넘쳤으며, 양치기 와 농부 들이 잠재력을 깨닫기 시작했다. 거기에 리더십의 격차까지 더 해지니 시간이 흐를수록 그리스 세계는 가라앉고 마케도니아는 부상할 터였다. 필리포스는 착실하게 왕국의 북부와 서부를 손에 넣고, 중부마 저 장악해나갔다. 이제 그리스 세계에 남은 건 테베, 아테네, 스파르타가 각축을 벌이는 남부뿐이었다.

테베와 아테네, 손잡고 마케도니아에 맞서다

필리포스가 힘을 기르는 동안에도 그리스 폴리스들은 내분을 멈추지 않았다. 필리포스의 위협을 알아챈 사람은 아테네의 정치가이자 역사상 가장 위대한 웅변가로 손꼽히는 데모스테네스뿐이었다. 데모스테네스는 필리포스를 경계하지 않으면 아테네를 비롯한 그리스 세계의 자유를 마 케도니아에 빼앗길 것이라고 끊임없이 경고했다. 아테네인들은 그의 절 박한 외침을 외면했다.

지난 100년 동안 아테네인들은 변해버렸다. 더 이상 명예와 이상을 추 구하며 국가를 위해 헌신하는, 행동하는 시민들이 아니었다. 안락과 쾌 락을 즐겼고, 전쟁같이 위험한 일은 용병에게 맡기는 사람들이 되었다. 아테네인들은 데모스테네스의 불편한 진실을 외면했다. 그들이 필리포 스의 야망에 저항하기 시작했을 때는 이미 늦은 일이었다. 가까스로 테베와 손을 잡고 에우보이아, 코린토스, 메가라 등을 끌어들여 카이로네이아로 나갔지만 결과는 결정적인 패배였다.

이제 그리스 세계에 마케도니아에 맞설 세력은 남아 있지 않았다. 필리포스는 승리의 여세를 몰아 그리스 남부의 중심인 전략적 요충지 코린토스에서 자신을 맹주로 하는 새로운 동맹League of Corinth을 결성했다(B.C. 337). 스파르타를 제외한 모든 폴리스를 강제로 가입시켰다. 이곳에서 필리포스는 새로운 목표인 페르시아 원정을 천명했다. 명분은 기원전 480년 크세르크세스의 그리스 침공에 대한 복수였다. 스파르타를 동맹에서 제외한 이유는 그들이 펠로폰네소스 전쟁에서 이기기 위해 페르시아와 손잡고 그리스인들의 자유를 팔아먹었기 때문이다. 선조들이 테르모필레와 플라타이아이에서 보였던 용기와 희생이 후손들의 탐욕에 가린 것이다.

필리포스는 폴리스들에 내부 문제를 다룰 권한은 허용했지만 새로운 목표를 달성하기 위해 군사와 외교에 대한 자율권은 박탈했다. 혹시 모를 반란에 대비해 코린토스, 테베, 테르모필레 같은 전략적 요충지에는 군대를 주둔시켰다. 마케도니아로 귀환한 필리포스는 역전의 노장인 파르메니오Parmenio, B.C. 400?~330 휘하의 선봉대를 소아시아로 파병했다. 원정 기간 동안 자신을 대신해 마케도니아를 다스릴 섭정에는 아들 알렉산드로스를 임명했다. 그러나 필리포스의 영광은 여기까지였다. 그는 페르시아 땅을 밟지 못하고 죽었다. 원정을 떠나기 전에 자신의 친위대원에게 암살된 것이다. 페르시아 원정의 대업은 아들 알렉산드로스에게 남겨졌다. 그의 나이 이제 스물이었다.

에게해의 시대

카이로네이아의 사자상. 전투 현장 발굴 결과 254구의 유해가 발견되어, 전투에서 전사한 테베 신성대를 위한 기념물로 추정하고 있다. 현재의 조형물은 파편을 재조립하여 1902년에 복원한 것이다.

기원전 334년 그라니쿠스

알렉산드로스의 동방 원정이 시작되다

기원전 334년 봄, 알렉산드로스Alexander the Great, 재위 B.C. 336~323는 헬레스폰트 해협을 건넜다. 보병과 기병을 합쳐 3만 5,000명에 달하는 정예부대와 함께였다. 스물두 살의 젊은 왕은 아시아 땅에 발을 들여놓자마자 자신의 창을 대지에 꽂았다. "나는 신들로부터 아시아를 받아들인다. 창에 의해서 얻어진 이 승리를!" 알렉산드로스는 자신이 전쟁의 승리를 통해 아시아를 전리품으로 차지하는 것이 신들에 의해 이미 정해진 운명임을 선포한 것이다. 과연 그의 목표가 페르시아 제국이었을까? 어쩌면 그 경계를 넘어선 미지의 아시아까지 정복의 대상으로 여겼던 것은 아닐까?

    알렉산드로스의 진정한 포부가 무엇이었든 간에 그것을 이루기 위해서는 먼저 창으로 페르시아 군대를 무찔러야 했다. 고대 트로이Troy의 유적을 방문해 아킬레우스Achilles의 무덤에 헌화한 후, 알렉산드로스는 페르시아 군대를 찾아 나섰다. 두 군대는 5월 소아시아 북동쪽의 그라니쿠스Granicus 강변에서 마주쳤다. 강가에 먼저 도착한 페르시아군은 높은 강둑의 전면에 2만여 명의 기병을, 그 뒤로 그리스 용병 출신 중장보병 2만여 명을 배치하고 적을 기다렸다. 조금 늦게 도착한 알렉산드로스의 군대는 강 맞은편에 진을 쳤다.

    그라니쿠스강은 물살이 빠르고 깊기 때문에 전투는 강을 건너 공세로 나오

트로이에 있는 아킬레우스 흉상. 아킬레우스는 트로이 전쟁의 영웅으로, 당대 가장 뛰어난 전사이자 《일리아스》의 양대 주인공 중 한 명이다. 알렉산드로스 대왕은 그를 숭배하며 자신을 아킬레우스에 비견하기도 했다.

는 쪽에 불리했다. 일단 적이 보는 앞에서 거친 강을 건너야 했고, 건넌 후에는 험준한 강둑을 올라가야 했기 때문이다. 이 두 가지 장애를 극복하고 둑에 오르면 페르시아의 2만 기병대가 기다리고 있었다. 백전노장이며 마케도니아 군에서 알렉산드로스 다음으로 막강한 권위를 자랑하던 파르메니오는 다음 날 아침까지 기다리자고 제안했다. 그동안 건너기 수월한 곳을 찾거나 적의 경계가 흐트러진 틈을 타서 기습을 할 수도 있을 터였다.

알렉산드로스는 거절했다. '그라니쿠스강 앞에서 망설였다는 이야기가 전해지면 헬레스폰트 해협이 아주 부끄러워할 것'이라는 대답과 함께 즉각적인 교전을 명했다. 전투에서 언제나 사기를 가장 중요하게 생각했던 알렉산드로스다. 적과 처음 마주치는 순간 왕이 망설이면 군 전체의 사기가 떨어진다고 생각했을 것이다. 소크라테스Socrates, ?~?라는 장교가 지휘하는 기병대대가 선봉에 서서 강으로 뛰어들었다.

알렉산드로스가 직접 이끄는 친위기병대가 뒤를 바짝 따랐다. 병사들로부터 알렉산드로스가 충성과 존경을 받았던 건 그의 거대한 포부와 이상 때문이 아니었다. 절대적인 위험 앞에서 서슴없이 자신을 내던지는, 무모할 정도

알렉산드로스 대왕의 일생과 원정의 주요 장면을 묘사한 10개의 동판 중 일부(아테네 전쟁박물관).

〈그라니쿠스 전투〉(Charles Le Brun, 1665).

의 용기야말로 모든 마케도니아 병사의 힘의 원천이었다. 마케도니아 기병대
는 빗발치는 적의 화살을 뚫고, 급류를 건너, 강둑으로 내달렸다. 소크라테스
의 기병대대는 엄청난 피해를 입었지만 강둑 한편에 거점을 마련하는 데 성
공했다.

곧이어 도착한 알렉산드로스는 친위기병대를 이끌고 페르시아 기병대의
중앙으로 돌진했다. 때맞춰 알렉산드로스군의 총진군도 시작되었다. 최정예
기병대 간의 전투는 치열한 백병전이었다. 알렉산드로스는 전쟁터에서 하얀
깃털로 장식된 투구를 착용했기 때문에 쉽게 눈에 띄었다. 왕을 향해 적의 기
병들이 떼 지어 달려들었다. 뛰어난 전사이기도 했던 왕은 용맹하게 싸웠으나
페르시아의 두 장군 로에사케스Rhoesaces, B.C.?~334와 스피트리다테스Spithridates,
B.C.?~334가 동시에 달려들면서 절체절명의 순간을 맞았다. 로에사케스와 알
렉산드로스가 백병전을 벌이는 동안 스피트리다테스가 뒤에서 왕을 향해 신
월도를 내리친 것이다. 죽음의 순간에 왕을 구한 건 '검은 장군The Black'이라 불

리는 클레이투스Cleitus, B.C. ?~328였다. 왕의 위기를 보고 빠르게 달려온 클레이투스는 한발 앞서 페르시아 장군의 어깨를 잘라버렸다. 왕의 창끝도 로에사케스의 심장을 꿰뚫었다.

선두의 기병대가 혈투를 벌이는 동안 강둑을 오르는 마케도니아 기병대의 수는 계속 늘었고, 그들의 투지는 페르시아 기병을 압도했다. 페르시아 기병대는 패주하기 시작했다. 알렉산드로스는 도망치는 적을 쫓는 대신 그리스 용병군을 공격했다. 마케도니아의 팔랑크스까지 가담한 포위 공격을 당해내지 못하고 페르시아를 위해 싸우던 그리스 용병대는 무너져 내렸다.

알렉산드로스는 항복을 용인하지 않았다. 그리스인들끼리의 전투는 일방적인 대학살이었다. 페르시아 군대는 마케도니아 측의 열 배에 달하는 전사자와 2,000명의 포로를 남기고 패주했다. 전투는 끝났다. 알렉산드로스는 불리한 상황을 극복하고 첫 전투를 압승으로 이끌었다. 왕을 둘러싼 마케도니아의 병사들이 내지르는 환호성이 피로 물든 그라니쿠스 강변을 뒤흔들었다. 역사상 가장 위대한 원정의 시작을 알리는 함성이었다.

준비된 청년 군주, 왕위에 오르다

알렉산드로스는 기원전 356년 마케도니아의 수도 펠라Pella에서 필리포스 2세Philip Ⅱ, 재위 B.C. 359~336와 에피루스Epirus 왕국의 공주 올림피아스Olympias, B.C. 375?~316 사이에서 태어났다. 필리포스 2세는 어린 알렉산드로스에게 최고의 학자들을 붙여 교육시켰다. 대표적인 인물이 철학자 아리스토텔레스였다. 알렉산드로스는 한창 성장하던 열세 살부터 열여섯 살까지 당대 그리스 학계의 최고봉이라 할 수 있는 아리스토텔레스로부터 배웠다. 철학자는 왕자에게 정치, 철학, 역사, 문학, 지리에서 의술과 과학적인 조사 방법론에 이르기까지 방대한 영역의 학문을 전수했다.

알렉산드로스는 마케도니아의 전통에 따라 육체를 단련하고 군사훈련도 받았는데, 본인 스스로도 열성적이었다. 인물도 뛰어났다. 알렉산드로스는 부드러운 곱슬머리와 깊게 파인 눈, 높고 오뚝한 코와 섬세하면서도 강한 인상이 조화를 이루는 미남이었다. 그러나 알렉산드로스를 가장 돋보이게 한 것은 원대한 포부와 치열한 노력이었다. 신화와 영웅을 동경했던 알렉산드로스는 어려서부터 불멸의 존재가 되고자 했다. 고만고만한 왕이 아니라 위대한 왕을, 싸움을 좋아하는 전사가 아니라 시간의 벽을 뛰어넘는 정복자를 꿈꿨다. 그런 사람이 되기 위해 지적으로나 육체적으로 부단히 자신을 단련했다. 위대한 영웅 알렉산드로스는 타고난 자질, 최상의 교육, 노력이 어우러진 결과였던 셈이다.

알렉산드로스의 석상(이스탄불 고고학박물관).

알렉산드로스의 아버지인 필리포스 2세 역시 대단히 탁월한 왕이었다. 다방면의 천재로, 삼류 국가에 지나지 않았던 마케도니아 왕국을 단 20년 만에 그리스 세계의 패권 국가로 변모시켰다. 그런 아버지로부터 인정받는다는 것은 쉬운 일이 아니었다. 군사 원정을 떠나는 아버지가 열여섯 어

에게해의 시대

린 나이의 알렉산드로스에게 마케도니아의 섭정 자리를 맡겼다는 것은 그를 인정했다는 의미였다. 열여덟 살에 알렉산드로스는 아버지와 함께 카이로네이아 전투Battle of Chaeronea(B.C. 338)에서 기병대 사령관으로 싸웠고, 승리에 결정적인 기여를 했다. 기원전 336년 아버지 필리포스가 암살됐을 때, 알렉산드로스는 겨우 스무 살이었지만 이미 준비된 리더였다. 왕위를 이어받은 알렉산드로스는 아버지의 측근이자 막강한 귀족이었던 안티파트로스Antipater, B.C. 397?~319의 지원을 받아 왕위 경쟁자와 정적을 모두 제거해 왕권을 강화했다.

테베를 불태우고 동방으로 떠나다

그리스인 대부분은 알렉산드로스를 나이만으로 오판하는 실수를 저질렀다. 아테네와 테베가 특히 그랬다. 2년 전에 알렉산드로스에게 당했던 처절한 패배에 대한 울분 때문에 그들은 자신에 대해서도, 적에 대해서도 냉철하게 판단할 수 없었다. 알렉산드로스를 제대로 보지 못한 건 그리스인들뿐이 아니었다. 필리포스에게 굴복했던 마케도니아 주변의 이민족들도 일제히 들고 일어났다. 알렉산드로스는 번개처럼 움직였다. 가장 먼저 동부의 트라키아로, 다음은 북쪽으로 가 다뉴브Danube강을 건넜다. 이어 서쪽으로 진군한 알렉산드로스는 일리리아 반란 진압에 총력을 기울였다.

이때 그리스 남부에서는 알렉산드로스가 일리리아 반란 진압 중 살해됐다는 소문이 퍼졌다. 이에 신이 난 아테네와 테베는 페르시아로부터 반란에 필요한 돈을 조달하기까지 했다. 테베가 성채 안에 있는 마케도니아 수비대를 고립시키며 반란을 시작했다. 그들은 진정으로 알렉산드로스가 죽기만을 바랐기 때문에 소문을 확인하려는 노력도 하지 않았고, 확인될 때까지 기다릴 인내심도 가지지 못했던 것이다. 그 대가는 가혹할 터였다.

알렉산드로스는 죽지 않고 살아 있었다. 남부의 반란 소식을 들은 알렉산드로스는 일리리아 반란을 진압하자마자 테베로 말을 달렸다. 2주 만에 그의 대군은 500킬로미터를 행군했다. 알렉산드로스의 진격은 그의 청춘만큼이나 격정적이었다. 그의 진격이 빨랐던 것만큼 테베가 받은 충격의 강도는 컸다. 엎질러진 물이었다. 이미 한물간 테베가 떠오르는 태양 같은 마케도니아 군대에 대항해 버틴다는 것은 무리였다. 테베는 기원전 335년 10월에 함락됐다.

테베에 있는 핀다로스 흉상. 핀다로스는 고대 그리스 사회의 가장 뛰어난 합창가 시인으로, 신과 영웅을 찬양하며 인간의 이상향을 노래했다. 대*디오니시아 제전의 우승자이며 서정시에 장중한 음악을 더한 작품들을 남겼다.

에게해의 시대

테살로니키의 부케팔로스를 탄 알렉산드로스 동상.

　알렉산드로스는 테베의 배신을 더 이상 용납할 생각도 없었고, 그리스 폴리스들이 페르시아 원정 기간 동안 반란을 일으키도록 내버려두고 싶지도 않았다. 알렉산드로스는 테베를 완전히 파괴하라고 명령했다. 도시는 불태워져 폐허가 되었다. 신전과 서정시인 핀다로스Pindar, B.C. 518?~438?의 생가만이 가까스로 파괴를 면했다. 정복 과정에서 살아남은 모든 테베인은 노예로 팔려 나갔다. 테베의 멸망이 보내는 메시지는 강렬하고 명확했다.

　이와 달리 알렉산드로스는 아테네를 용서했다. 데모스테네스Demosthenes, B.C. 384~322를 비롯한 반反마케도니아파 인사들을 추방하는 것으로 마무리 지었다. 신뢰하지도, 좋아하지도 않았지만 페르시아 원정에 아테네의 해군이 필요했기 때문이었다. 필리포스 암살 이후 2년이란 짧은 시간 안에 알렉산드로스는 왕가를 통합하고, 왕권을 강화하고, 반란을 진압했다. 이제는 아버지로부터 물려받은 대업을 이뤄야 할 시간이었다. 부케팔로스Bucephalus(알렉산드로스의 명마)가 아시아를 향해 내달리기 시작했다.

고르디우스의 매듭을 끊고 이수스에서 승리하다

페르시아의 대왕 다리우스 3세Darius Ⅲ, 재위 B.C. 336~330와 그의 총독들은 헬레스폰트에서 알렉산드로스의 군대를 막아섰어야 했다. 아무리 해협이 좁아도 대군을 이끌고 건너는 건 쉬운 일이 아니었다. 그러나 페르시아는 아무것도 하지 않았다. 왜 그랬을까? 마케도니아 군대가 강하다는 것은 알고 있었지만 설마 페르시아 정도 되는 대제국이 한 줌에 불과한 원정군에 정복당하리라는 생각은 꿈에도 하지 않았던 것일까? 이유가 무엇이든 페르시아의 무대응은 그라니쿠스 전투Battle of Granicus의 패배로 치명적인 실수였음이 판명됐다. 돌이키기에는 너무 늦었다.

첫 승리를 거머쥔 알렉산드로스는 300벌의 무구를 아테네로 보내 '스파르타를 제외한 전 그리스인의 아들 알렉산드로스'의 이름으로 아크로폴리스의 아테나 여신에게 바치도록 했다. 이 상징적인 행위를 통해 알렉산드로스는 자신이 그리스를 대표해 크세르크세스가 기원전 480년에 아크로폴리스를 불태운 일에 복수했음을 알렸다. 동시에 테르모필레 전투에서 레오니다스왕과 함께 옥쇄玉碎한 스파르타 병사의 수와 같은 300이라는 숫자를 선택함으로써 펠로폰네소스 전쟁에서 이기기 위해 적이었던 페르시아와 손잡고 그리스의 자유를 팔아넘긴 스파르타를 모욕하

에게해의 시대

고 조롱했다.

헬레스폰트 지역을 장악한 알렉산드로스의 군대는 리디아로 향했다. 옛 리디아 왕국의 중심에 세워진 리디아 속주의 수도 사르디스는 저항 없이 항복했다. 이제 그는 저항하는 도시들을 함락시키면서 터키 서부의 해안선을 따라 남하했다. 기원전 333년 봄, 알렉산드로스는 해안에서 아나톨리아Anatolia 내륙으로 북상해 프리기아Phrygia 속주의 고르디움Gordium 에 도착했다. 한때 손으로 만지는 물건이 모두 금으로 바뀌었다는 신화의 주인공 미다스Midas가 다스린 것으로 유명한 도시다.

이곳에는 미다스 말고도 유명한 것이 하나 더 있었는데 바로 고르디우스의 매듭Gordian Knot이었다. 마차에 복잡하게 꼬여 있는 이 매듭을 푸는 자는 '아시아 전체를 지배할 것'이라는 전설을 담고 있었다. 전승에 따르면 알렉산드로스는 칼로 매듭을 내리쳐 풀었다고 한다. 알렉산드로스다운 과감한 발상의 전환이었다.

알렉산드로스가 이처럼 오늘날 터키에 해당하는 소아시아 전역을 손에 넣는 동안 페르시아의 대왕 다리우스 3세는 대군을 조직해 반격에 나설 채비를 하고 있었다. 두 군대는 오늘날 터키-시리아 국경지대인 피나루스Pinarus강 근처의 이수스Issus에서 맞닥트렸다. 알렉산드로스는 그라니쿠스에 이어 이번 전투에서도 기병대를 이끌고 적의 전열을 깨트리는 데 앞장섰다.

페르시아군의 수*가 압도적으로 많았지만 알렉산드로스의 돌격에 겁

---

* 고대 역사가인 플루타르코스와 아리아누스Arrian는 페르시아 군대의 규모를 60만 명으로 주장했으며, 디오도로스Diodorus Siculus와 유스티누스Marcus Junianus Justinus는 40만 명, 퀸투스 쿠르티우스Quintus Curtius는 25만 명으로 추정했다. 근현대 역사가인 한스 델뷔르크Hans Delbrück는 최소 2만 5,000명에서 최대 10만 명 이하, 존 워리John Worry는 10만 8,000명으로 추산했다.

〈고르디우스의 매듭을 끊는 알렉산드로스〉(Antonio Tempesta, 1608).

먹은 다리우스 3세가 달아나면서 승부가 결정되었다. 처음에는 전차를 타고 도망가던 다리우스 3세는 중간에 무기까지 집어 던지고 말로 갈아타 전쟁터에서 벗어났다. 무질서하게 후퇴하는 과정에서 수많은 페르시아 병사가 학살되었고, 그 숫자만큼이나 많은 병사가 서로에게 짓밟혀 죽었다.

알렉산드로스의 '전리품' 중에는 다리우스가 버리고 간 그의 어머니, 부인, 갓 낳은 아들과 두 딸이 포함됐다. 승리를 자신했던 다리우스 3세가 위엄을 과시하기 위해 가족 친지들까지 대동하고 전쟁에 임했던 게 화근이었다. 이수스에서의 패배가 심리적, 전략적으로 끼친 영향은 그라니쿠스와는 차원이 달랐다. 대왕이 직접 이끌고 나온 대군이 소수와의 정면 대결에서 참패한 것이었다. 더군다나 가장 결정적인 패인이 대왕

에게해의 시대

〈이수스 전투 모자이크〉(작자 미상, 기원전 100년경). 이수스 전투의 한 장면을 150만 개의 타일로 묘사한 작품으로, 폼페이에서 출토되었다.

의 도주였다. 기병대를 이끌고 선두에 서는 왕과 겁을 먹고 가족까지 버리고 도망친 왕! 마케도니아 병사들은 그들의 젊은 왕에 대한 충성으로 승리에 대한 신념을 강화시켰다. 반대로 페르시아 병사들의 사기는 땅에 떨어졌다.

이수스 전투Battle of Issus의 승패가 가져온 전략적인 영향 역시 엄청났다. 터키에서 시리아, 팔레스타인을 거쳐 이집트로 가는 길이 열린 것이다. 시리아에는 페르시아 제국의 해군력을 담당하는 페니키아Phoenicia 도시들이 있었기 때문에 시리아를 잃으면 페르시아는 바다를 쓸 수 없게 되어버린다. 이와 달리 알렉산드로스는 에게해에서 동지중해에 이르는 드넓은 해역 전체를 지배하게 될 터였다. 더 큰 문제는 이집트였다. 페르시아 제국 내에서도 가장 부유한 이집트를 손에 넣으면 알렉산드로스의 군대는 날개를 다는 격이 된다. 단 한 번의 전투로 다리우스 3세는 페르시

테살로니키 항구의 알렉산드로스 동상 뒤 부조.

아 제국의 서반부 전체를 잃을 위기에 처한 것이다. 온 제국이 숨을 죽인 채 지켜보는 가운데, 알렉산드로스는 군대를 이끌고 남쪽으로 진군을 개시했다.

에게해의 시대

기원전 331년 가우가멜라

페르시아를 정복하고 인도로 나아가다

알렉산드로스는 흙먼지 날리는 드넓은 가우가멜라Gaugamela 평원을 응시했다. 눈길이 닿는 곳마다 페르시아 병사들로 득실거렸다. 4만 7,000명쯤 되는 자신의 군대를 압도하는 엄청난 규모였다.* 그러나 젊은 정복자의 가슴을 가득 채운 건 두려움이 아니라 주체할 수 없는 기쁨이었다. 드디어 평생을 기다리던 결전의 순간을 눈앞에 둔 것이다. 저 군대의 뒤편에 다리우스 3세가 있었다. 거대한 페르시아 제국의 통치자라 하기에는 나약하고 비겁한 사람, 처자식을 버리고 혼자 살겠다고 도망쳤던 사람이다.

이 전투에서 다리우스 3세를 잡을 수만 있다면 알렉산드로스는 페르시아 제국을 손에 넣게 될 터였다. 더 이상 기다릴 수 없었던 왕은 부케팔로스의 고삐를 잡은 손에 힘을 꽉 주며 옆구리를 세게 찼다. 주인의 마음을 아는 듯 부케팔로스는 페르시아 진영의 왼편을 향해 바람처럼 내달리기 시작했다. 그 뒤를 알렉산드로스의 최정예 친위기병대가 뒤따랐다. 모든 것을 건 두 남자의 건곤

---

* 아리아누스와 디오도로스. 플루타르코스는 페르시아군의 규모를 100만에 달한다고 했지만, 이 수치는 과장된 것으로 보이며 근현대 역사학자들은 당시 페르시아군의 규모를 10만 명 안팎으로 추산한다. 존 위리의 경우 9만 1,000명으로, 피터 그린Peter Green과 닉 웰만Nick Welman 역시 페르시아군의 규모를 10만 명 이하로 추정했다.

〈가우가멜라 전투〉(Jan Brueghel the Elder, 1602).

일척의 대결이 시작됐다. 기원전 331년 10월 1일이었다.

알렉산드로스의 전술은 이수스 전투(B.C. 333)와 다르지 않았다. 파르메니오가 이끄는 마케도니아 팔랑크스에 좌익을 맡겨 진영 전체를 유지하게 하고, 자신은 우익의 기병대를 이끌고 페르시아 전열을 깨트린다는 것이었다. 알렉산드로스의 기병대가 페르시아 좌익의 끝부분을 향해 달리자 다리우스 3세는 자신의 기병대로 하여금 추적하도록 했다. 동시에 낫을 장착한 전차부대를 마케도니아 진영으로 내보냈다. 다리우스는 이번 전투에서 이 전차부대로 견고한 마케도니아 팔랑크스를 깨트려 승리의 계기를 만들고자 했다. 그러나 그의 계획은 실패했다. 마케도니아 전열의 맨 앞에서 싸우던 척후병들이 전차를 피한 후 투창을 던져 말과 전차병에 타격을 입혔기 때문이다. 또 팔랑크스는 대형을 유지하며 신속하게 틈을 벌려 전차들을 통과시키는 방법으로 피해를 최소화했다.

〈가우가멜라 전투에서 페르시아 낫 전차의 돌격〉(André Castaigne, 1898~1899).

전차 공격이 실패로 돌아가자 다리우스 3세는 파르메니오의 좌익에 총공격을 명령했다. 압도적인 수적 우세를 앞세운 적의 파상 공세 앞에서는 백전노장인 파르메니오와 베테랑 중장보병들도 별 수 없이 수세에 몰렸다. 결국 페르시아 기병대에 중앙을 돌파당하면서 좌익 전체가 포위될 절체절명의 위기에 처했다. 이 결정적인 순간에 알렉산드로스와 마케도니아군 전체를 구한 건 페르시아 병사들의 탐욕이었다. 좌익의 중앙을 돌파한 페르시아 기병들이 뒤돌아서 팔랑크스와 싸우는 대신 마케도니아의 보급품 진지를 향해 달려갔던 것이다. 약탈에 눈이 먼 페르시아 기병대 덕분에 파르메니오는 패배 직전에서 되살아났다.

같은 시각 알렉산드로스의 기병대는 페르시아 진영의 왼쪽 끝으로 페르시아 기병대를 유인하는 데 성공했다. 그 덕분에 페르시아 기병대와 본진의 보병대 사이에 간격이 생겼다. 알렉산드로스는 즉각 말머리를 돌렸다. 그를 따

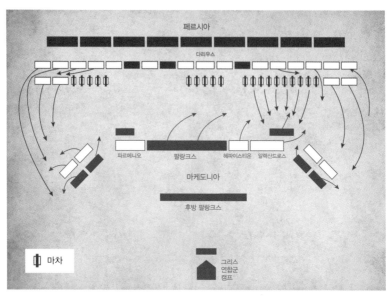

페르시아

다리우스

파르메니오　　　팔랑크스　　　헤파이스티온　알렉산드로스

마케도니아

후방 팔랑크스

마차

그리스
연합군
캠프

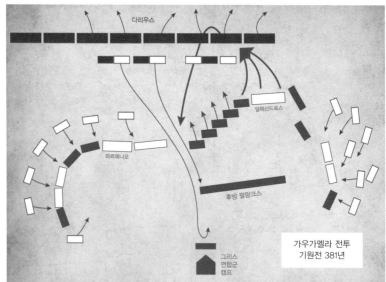

다리우스

알렉산드로스

파르메니오

후방 팔랑크스

그리스
연합군
캠프

가우가멜라 전투
기원전 381년

　　　　　　　　　　　　　　　　　　에게해의 시대

라 친위기병대도 마케도니아 기병 특유의 쐐기꼴 대형으로 페르시아 전선의 틈새를 파고들었다. 마치 나무 틈새를 향해 내리친 도끼가 나무토막을 반으로 자르듯, 알렉산드로스의 기병대는 페르시아 진영을 갈랐다.

진영을 뚫고 나가자마자 알렉산드로스는 페르시아 진영의 중앙을 향해 돌격했다. 다리우스 3세를 정조준 한 것이다. 다리우스는 이수스 전투에서 받았던 죽음의 공포를 다시 느꼈다. 그리고 또 한 번 두려움에 굴복했다. 다리우스 3세는 마차를 돌려 달아나기 시작했다. 이수스 전투에서 페르시아군에 패배를 안겨주었던 결정적인 장면이 다시 연출된 것이다. 그러나 알렉산드로스는 이번에도 다리우스 3세를 사로잡는 데는 실패했다. 파르메니오가 이끄는 좌익을, 자신들의 왕이 도망친 줄도 모르고 열심히 싸우고 있는 페르시아 병사들로부터 구해내야 했기 때문이다. 파르메니오와 좌익은 구원받았다.

〈알렉산드로스의 바빌론 개선〉(Antonio Tampesta, 1608).

다리우스 3세의 도주 사실이 알려지면서 페르시아군은 패주했고, 알렉산드로스는 다시 이겼다. 가우가멜라에서의 승리는 이수스 전투의 승리와 또 달랐다. 알렉산드로스는 페르시아 제국의 심장에 자신의 창을 내리꽂은 것이다. 키루스 2세Cyrus Ⅱ, 재위 B.C. 550~529가 건국한 아케메네스 왕조Achaemenian dynasty 가 무너지고 알렉산드로스가 거대한 제국의 새 주인이 됐다. 알렉산드로스는 페르시아의 귀족, 관료와 주민으로부터 대대적인 환영을 받으며 바빌론Babylon 에 입성했다. 그는 더 이상 정복자가 아니라 합법적인 통치자였다. 그리스 문명과 페르시아 제국에 새날이 밝았다.

이집트를 정복하고 파라오로 등극하다

이수스 전투에서 승리한 후 알렉산드로스 군대의 사기는 하늘을 찔렀다. 알렉산드로스가 이때부터 자신이 페르시아 제국과 왕위의 진정한 상속자라고 주장한 것이 그 증거다. 그는 이제 시리아, 레바논, 팔레스타인, 이집트를 목표로 남진했다. 이 지역에는 페르시아 해군력의 중추를 이루는 페니키아 도시들과 막대한 부를 소유한 이집트가 있었다. 알렉산드로스는 해전을 통해서가 아니라 육지에서 주요 항구를 공략해 손에 넣음으로써 페르시아 해군을 무력화하고 바다를 장악하겠다는 계획을 세웠다.

그의 계획이 난관에 부딪힌 건 티레Tyre가 항복을 거부하면서부터다. 티레는 해안으로부터 800미터나 떨어진 섬에 위치했고, 그마저도 강력한 성벽으로 보호되었기 때문에 그 어떤 포위 공격도 버텨낼 자신이 있었다. 더군다나 알렉산드로스는 변변한 함대조차 없는 처지였다. 그러나

에게해의 시대

〈바다에서 티레를 공격하는 알렉산드로스〉(Antonio Tampesta, 1608).

그냥 지나치기에 티레는 너무 강력하고 중요했다.

기원전 332년 1월, 마케도니아 병사들이 육지와 티레를 연결하는 제방을 지으며 고대 세계에서 가장 유명한 공성전이 시작됐다. 일진일퇴를 거듭하던 승부는 페르시아 소속의 페니키아 함대가 알렉산드로스에게 투항하면서 결정됐다. 동지중해의 모든 주요 항구를 정복하고 봉쇄해 페니키아 해군을 무용지물로 만들겠다는 전략이 효과를 낸 것이다. 이제 알렉산드로스는 바다에서 티레를 포위할 수 있게 되었다. 티레는 7개월 만에 정복됐다.

티레에서 알렉산드로스는 이전의 어떤 장군도 보여주지 못했던 독창적인 공성전 능력을 선보임으로써 자신이 군사 천재임을 다시 한 번 입증했다. 동시에 끈질기게 저항한 티레인 8,000명을 처형하고 3만 명

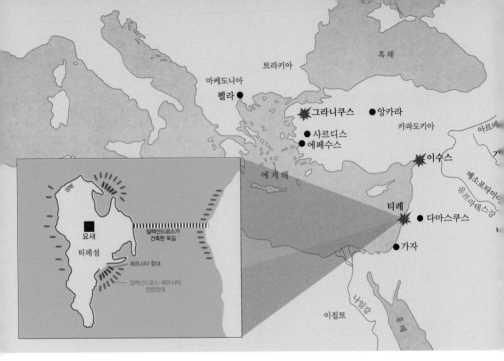

지도 레이블:
마케도니아 / 펠라 / 트라키아 / 흑해 / 그라니쿠스 / 앙카라 / 카파도키아 / 아르메 / 사르디스 / 에페수스 / 이수스 / 메소포타미아 / 유프라테스강 / 에게해 / 티레 / 다마스쿠스 / 가자 / 나일강 / 홍해 / 이집트

삽입 지도 레이블:
성벽 / 요새 / 알렉산드로스가 건축한 둑길 / 페르시아 함대 / 티레섬 / 알렉산드로스-페르시아 연합함대

티레의 함대는 알렉산드로스의 방파제 건설을 성공적으로 방어해냈으나, 페르시아 제국 치하의 페니키아, 키프로스 등이 알렉산드로스의 편으로 전향한 뒤 해상마저 봉쇄되어 함락되고 말았다.

을 노예로 팔아 냉혹한 통치자라는 사실도 각인시켰다. 이집트의 가자 Gaza도 저항 끝에 함락됐다. 알렉산드로스는 가자의 성주 바티스Batis, B.C. ?~332를 수레에 매달아 죽을 때까지 성 주위를 돌게 하는 잔인한 방식으로 죽였다.* 페르시아 원정을 떠나기 앞서 반란을 일으켰던 테베를 불태 웠던 것과 마찬가지로 알렉산드로스는 티레와 가자를 본보기 삼아 모두에게 경고했다. 저항은 곧 죽음뿐이라는 것을!

이제 이집트로 가는 길이 활짝 열렸다. 찬란한 고대 문명의 발상지이며 여전히 지중해 세계에서 손꼽히는 부유한 곳이었다. 이집트 원정은

---

* 이는 트로이 전쟁 당시 아킬레우스가 헥토르Hector를 죽인 모습을 따라 한 것이다(Quintus Curtius, *History of Alexander the Great of Macedonia*, 4.6.29).

알렉산드로스의 정복 활동 중에 가장 수월했다. 페르시아가 오랜 세월 동안 이집트의 기득권 세력인 사제계급을 탄압해왔기 때문이다. 이집트인들은 알렉산드로스를 정복자가 아닌 해방자로 맞이했다. 뛰어난 정치 감각의 소유자이기도 했던 알렉산드로스는 해방자에 걸맞게 행동했다. 이집트의 종교에 헌신적인 모습을 보였고, 사제계급의 기득권을 인정했다. 기원전 332년 11월 멤피스Memphis에서 알렉산드로스는 정식으로 파라오Pharaoh에 올라 해방자에서 통치자로 변신하는 데 성공했다.

알렉산드로스는 이 풍요롭고 순종적인 땅에 새로운 도시를 건설하기로 하고 나일 삼각주Nile Delta까지 나아가 직접 부지를 선정했다. '알렉산드로스의 도시'를 뜻하는 '알렉산드리아Alexandria'라 불릴 이곳은 훗날 프톨레마이오스 왕조Ptolemaic Dynasty의 수도로 헬레니즘 문명을 지중해 세계

〈알렉산드리아를 건설하는 알렉산드로스 대왕〉(Placido Costanzi, 1736~1737).

제우스-아몬 신상(메트로폴리탄 미술관). 알렉산드로스의 정벌 이후 수염이 난 제우스에 양의 뿔을 지닌 아몬의 이미지가 결합된 형태의 신상이 발견된다.

에 전파하는 중심지가 될 운명이었다. 알렉산드리아 부지를 선정한 후, 알렉산드로스는 시와 오아시스Siwa Oasis로 위험하고도 신비로운 여행을 떠났다.

오늘날 리비아 접경지대의 사막에 위치한 시와 오아시스는 아몬Amon 신전의 성지로 유명했다. 알렉산드로스는 이 신전에 신탁을 얻기 위해 간 것인데, 당시 상황에서는 이해하기 힘든 일이었다. 제국의 중심인 메소포타미아와 페르시아에서 군대를 재편하고 있을 것이 뻔한 다리우스 3세에게 시간을 벌어줄 게 뻔했기 때문이다. 정확한 이유는 밝혀지지 않았지만, 이곳에서 알렉산드로스는 자신이 아몬 신의 아들이라는 계시를 받은 것으로 알려져 있다. 어쩌면 이집트를 지배하는 파라오로서의 권위를 확고하게 하려는 정치적 이유에서일지도 모른다. 멤피스로 돌아온 알렉산드로스는 드디어 군대를 이끌고 페르시아 제국의 중심부로 진격해 나가기 시작했다.

에게해의 시대

세상의 중심,
바빌론에 입성하다

다리우스 3세의 가장 큰 실책은 알렉산드로스의 목표에 대한 오판이
었다. 원정의 궁극적인 목적은 무엇이었을까? 150년 전 페르시아에 의
해 자행됐던 그리스 침략과 파괴에 대한 복수는 그저 명분일 뿐이었다는
것 정도는 알았을 터다. 그러나 원정을 통해 알렉산드로스가 진정으로
얻고자 하는 것이 무엇인지에 대해 다리우스 3세는 철저하게 무지했다.
그저 풍요로운 제국을 약탈하고, 운이 좋으면 소아시아쯤을 손에 넣어
지배하는 것으로 알았을까? 실제로 마케도니아 궁정과 군 수뇌부 중 상
당수도 원정의 목표는 그래야 한다고 생각했다. 완벽한 오판이었다. 알
렉산드로스의 목표는 페르시아 제국 정복이라는 거대한 목표조차 뛰어
넘는 것이었다.

티레에 대한 포위 공격이 한창일 때 다리우스 3세는 알렉산드로스에
게 동맹을 제안했다. 조건은 사로잡힌 왕족의 몸값으로 1만 탈란트를 지
급하고, 유프라테스Euphrates강 서쪽의 페르시아 영토 전부를 양도하며, 자
신의 딸 중 한 명을 알렉산드로스와 결혼시키겠다는 것이었다. 매력적인
제안이었다. 알렉산드로스는 더 이상의 전쟁 없이 그리스, 마케도니아,
터키, 시리아, 레바논, 팔레스타인, 이집트, 이라크 일부를 차지하는 대제
국의 주인이 되고, 에게해와 동지중해 전체를 지배하게 되는 것이었다.

동맹 제안을 논의하는 자리에서 이인자였던 파르메니오는 "내가 알렉
산드로스라면 이 제안을 수락하겠다"며 받아들일 것을 종용했다. 알렉산
드로스는 "나도 만약 파르메니오였다면 이 제안을 수락했을 것"이라며
거절했다. 알렉산드로스는 그 정도에 만족할 사람이 아니었던 것이다.

더군다나 자신의 힘으로 다리우스의 모든 것을 빼앗을 수 있는데 무엇 때문에 여기서 멈출까? 이집트에서 페르시아 제국 중심으로의 행군은 다리우스 3세가 가진 모든 걸 빼앗기 위한 것이었다. 알렉산드로스의 군대는 유프라테스강과 티그리스Tigris강을 건너, 오늘날 이라크 북부 모술Mosul 근처의 가우가멜라 평원에서 다리우스 3세의 군대와 격돌했다. 이 역사적인 전투의 승패는 이수스에서와 마찬가지로 알렉산드로스는 앞장서고, 다리우스 3세는 도망침으로써 결정됐다.

다리우스 3세는 가까스로 도망치는 데 성공해 명예와 위신은 잃었지만 목숨만은 건졌다. 다행이라 할 수 있을까? 그는 곧 제국과 왕좌를 잃고 도망 다니다 겨우 10개월 후에 부하들 손에 죽을 운명이었다. 역사에 길이 남을 오명까지 생각하면, 죽음의 공포를 극복하지 못하고 도망쳐야겠다고 생각한 찰나에 그는 모두를, 영원히 잃은 것이다. 알렉산드로스는 정반대였다. 그는 언제나 죽음을 두려워하지 않고 전진했기에 제국과 왕좌를 얻었고 불멸의 존재가 되었다.

가자 동쪽으로
머나먼 미지의 땅으로

가우가멜라는 알렉산드로스와 다리우스 3세 간의 마지막 전투였다. 두 번이나 가족과 군대를 버리고 도망간 군주에게 또 다른 기회가 주어질 리 만무했다. 바빌론, 수사Susa, 페르세폴리스Persepolis 등 페르시아 제국의 주요 도시가 모두 알렉산드로스의 차지가 됐다. 알렉산드로스는 페르세폴리스를 불태워 아케메네스 왕조의 종식을 알리고, 다리우스를 잡

〈록사나의 대관식을 거행하는 알렉산드로스 대왕〉(Peter Paul Rubens, 1640).

기 위해 엑바타나Ecbatana로 나아갔다(B.C. 330). 그해 7월, 다리우스 3세는 부하들에 의해 살해됐지만, 알렉산드로스는 진군을 멈추지 않았다. 그 후 3년 동안 알렉산드로스는 힌두쿠시Hindu Kush 산맥을 넘어 박트리아Bactria와 소그디아나Sogdiana를 정복했다. 험준하고 낯선 지형, 현지인들의 외지인에 대한 뿌리 깊은 반감, 마케도니아 군대에 낯선 게릴라전의 위험성도 알렉산드로스의 야망과 재능을 넘어서지는 못했다.

알렉산드로스가 정복지에서 한 가장 뜻밖의 결정은 그 지역 호족의 딸인 록사나Roxana, B.C. ?~310?와의 결혼이었다. 현지인 중에 동맹을 구하고, 그들을 달래기 위한 유화책이었을 것으로 보이지만 이 결정은 마케도니아인들 사이에서는 커다란 논란거리가 되었다. 아직 한 번도 결혼하지 않은 알렉산드로스가 첫 번째 부인으로 마케도니아 귀족 가문의 여인이 아닌 머나먼 동방의 이민족 여자를 맞이했다는 사실 때문이었다.

왕정 국가에서 왕의 결혼은 결코 사소할 수 없는 국가적 사안으로, 왕국과 궁정 내 권력 구조를 뒤흔들어놓을 수 있는 변수였다. 더군다나 지금의 알렉산드로스는 마케도니아라는 작은 나라의 왕이 아니라, 페르시아라는 대제국의 지배자였다. 알렉산드로스는 이미 '신의 아들'이라는 계시를 받았고, 이집트에서는 파라오로 즉위했고, 동방에서 전제군주에게 행해지는 예법을 받아들이고 있었다. 모든 것이 그리스-마케도니아적 관념과 관행으로는 이해할 수도 없고, 받아들이기도 어려운 일들이었다. 그런데 이제 결혼까지 정복지의 여자와 한다니 시끄러울 수밖에 없었다. 그러나 알렉산드로스는 개의치 않는 듯 다음 목표인 인도를 향해 움직였다. 유럽인은 물론이고 페르시아인도 가본 적 없는 신비와 무지의 땅이었다.

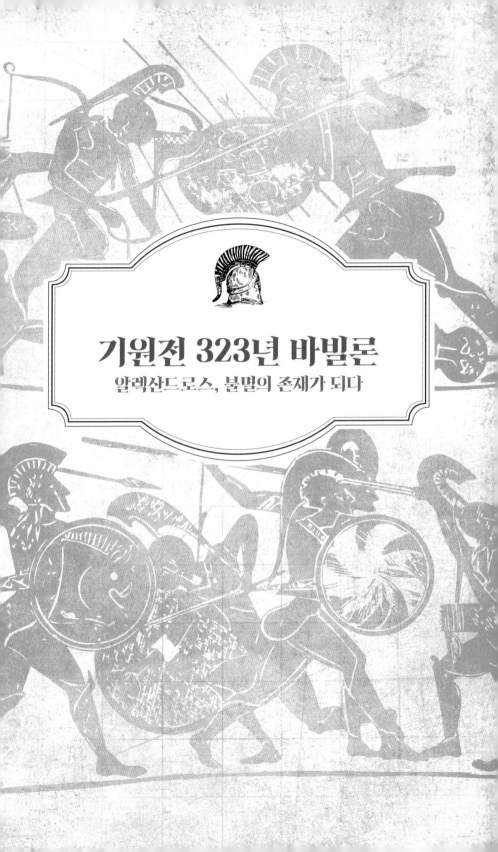

기원전 323년 바빌론

알렉산드로스, 불멸의 존재가 되다

바빌론 왕궁 안에 위치한 알렉산드로스의 처소는 세상의 중심이었다. 페르시아 제국 왕 중의 왕, 이집트의 파라오, 인도의 정복자, 마케도니아와 그리스의 지배자, 알렉산드로스. 역사가 시작된 이래로 가장 거대한 제국을 건설했고, 가장 많은 곳을 정복했고, 가장 멀리까지 가봤던 사람. 이 업적을 알렉산드로스는 단 11년이란 짧은 시간에 성취했다. 그것이 인간으로서 가능한 업적일까? 모든 과정에서 알렉산드로스는 언제나 군대의 선두에 섰다. 전투 중에 죽을 뻔한 적도 있었고, 치명적인 상처를 입기도 했지만 불사신처럼 살아남았다. 당시 사람들의 일부는 알렉산드로스를 신의 아들이라 여겼고, 나머지는 신의 아들은 아니어도 최소한 신으로부터 가장 사랑받는 인간이라 생각했다.

　그런 알렉산드로스가 지금 침대에 누워 사경을 헤매고 있다. 말도 할 수 없고 고열이 며칠째 계속되었다. 죽음보다 더한 침묵을 깨트리는 건 간간이 새어 나오는 알렉산드로스의 신음뿐이었다. 고통 받는 왕을 둘러싼 이들은 충성스러운 친위대원인 페르디카스Perdiccas, B.C. 365?~321, 프톨레마이오스Ptolemy Ⅰ Soter, B.C. 367/366~283/282, 레온나토스Leonnatus, B.C. 356~322와 고위 장군인 네아르코스Nearchus, B.C. ?~312?, 에우메네스Eumenes, B.C. 362?~316 등이었다.

　이들은 알렉산드로스의 가장 친한 친구이자, 가장 믿음직한 참모였고, 가장

〈알렉산드로스 대왕의 죽음〉(Karl von Piloty, 19세기).

능력 있는 장군들이었다. 대부분 왕과 비슷한 또래였고, 몇몇은 어릴 때부터 같이 자라고 배운 사이였다. 이들은 지난한 동방 원정의 대부분을 알렉산드로스와 함께했던 제국의 공신이었다. 지금 이 방에 모인 사람들이야말로 알렉산드로스 제국 그 자체라 일컬을 만했다. 그런 친위대원들이었지만 지금 그들이 할 수 있는 일은 아무것도 없었다. 불안과 공포에 질려, 죽어가는 왕을 바라보는 것밖에는.

알렉산드로스의 갑작스러운 죽음은 누구도 생각해본 적 없었다. 왕은 이제 겨우 서른세 살이었고, 누구보다 건강했기 때문에 그에게 적자가 없고, 정해진 후계자도 없었지만 크게 걱정하는 사람은 없었다. 그러나 그의 죽음이 현실이 된다면? 제국은 물론이고 모두에게 상상할 수 없는 일들이 일어날 터였다.

열흘 전까지만 해도 알렉산드로스의 건강에는 아무 이상이 없었다. 6월 초

에게해의 시대

에 참모들과 술을 마신 후부터 열이 나기 시작했는데 며칠이 지나도 상태가 호전되지 않았다. 아라비아Arabia 원정을 앞두었기 때문에 알렉산드로스는 아픈 몸을 이끌고 원정과 관련된 일들을 검토해야 했다. 열은 떨어지기는커녕 더욱 심해졌다. 며칠 뒤 알렉산드로스는 친위대원과 고위 참모 들을 궁 안으로 불렀고, 주요 부대의 지휘관들은 궁 밖에서 대기하라고 명령했다. 알렉산드로스가 중요한 결심을 했고, 그것을 모두에게 전하려 한다는 건 분명했다. 전하려는 바를 아는 사람은 아무도 없었지만 그 내용이 무엇이냐에 따라 이 거대한 제국의 미래가, 모든 사람의 운명이 바뀔 터였다. 그러나 아무도 알렉산드로스의 결심을 들을 수 없었다. 왕의 상태가 갑자기 악화되어 말조차 할 수 없어졌기 때문이다.

왕의 건강 이상에 대한 소문이 병영에 퍼지면서 사태가 심각해졌다. 왕이 이미 죽었다는 소문까지 돌자 마케도니아인들은 동요하기 시작했고, 급기야 오열하며 궁으로 몰려들었다. 병사들은 눈으로 직접 왕을 보고자 했다. 친위대원들은 알렉산드로스의 상태를 생각해서 병사들이 왕 가까이 가는 것을 엄격하게 통제하려 했다. 그러자 분위기가 험악해졌다. 병사들은 이제 문을 열라고 소리치기 시작했고, 문을 열기 위해서 기꺼이 무력이라도 쓸 기세였다.

충분히 이해되는 일이었다. 그들은 기원전 334년에 알렉산드로스를 따라 고향 마케도니아를 떠나 타향 아시아로 건너왔다. 그때부터 지금까지 11년 동안 병사들은 왕과 함께 싸웠고, 왕을 위해 싸웠다. 그 과정에서 많은 전우가 죽었고, 살아남은 병사들은 죽은 전우를 묻고 다시 왕을 따라 길을 떠났다. 알렉산드로스는 병사들에게 그저 '왕'이 아니었다. 가족이었고, 전우였으며, 장군이었고, 신이었다. 갈등도 있었고 대들 때도 있었지만 알렉산드로스에 대한 존경과 충성이 변한 적은 한 번도 없었다.

친위대원들은 결국 의논 끝에 병사들이 왕의 처소에 드는 것을 허락했다.

만약 진짜로 알렉산드로스가 죽음을 앞둔 것이라면, 병사들에게는 왕의 마지막을 지켜볼 자격이 있었다. 병사들은 무장을 해제하고 가벼운 옷차림으로 한 사람씩, 천천히 왕의 침상 옆을 지나갔다. 알렉산드로스는 간신히 눈짓을 하거나 고개를 끄덕여 전우들과 인사를 나눴다. 병사들과의 작별을 마지막으로 알렉산드로스는 의식을 잃었다. 기원전 323년 6월 11일 저녁,* 알렉산드로스가 죽었다. 한마디만을 남겼다.

"가장 강한 자에게."

미지의 땅, 인도로 가는 길

기원전 327년 봄에 이르러 알렉산드로스는 마지막 저항 세력들을 물리치고 박트리아Bactria와 소그디아나Sogdiana에 대한 정복을 마무리 지었다. 장군과 병사는 귀향을 기대했지만, 알렉산드로스는 아직 원정에 목말라 있었다. 그는 여름이 되기 전에 험준한 힌두쿠시 산맥을 넘어 오늘날 아프가니스탄의 바그람Bagrām에 해당하는 알렉산드리아 코카서스Alexandria Caucasus로 진격했다. 그곳에서 군대를 정비한 알렉산드로스는 그해 겨울 인도를 향해 나아갔다. 알렉산드로스의 인생에서 가장 위험하고

---

* 알렉산드로스의 사망 날짜에 대해서는 6월 10일과 11일, 13일 등 다양한 해석이 존재한다. 그의 죽음에 대한 유일한 당대 기술인 에사길리아 사원Esagila temple의 천문 기록에 알렉산드로스는 기원전 323년 두 번째 달Aiiāru 29일에 사망한 것으로 되어 있다. 이날을 현대 그레고리우스력으로 환산하면 대략 6월 10일 저녁에서 11일 저녁 사이로 확인되는데, 양일 중 알렉산드로스의 사망일에 대해서는 논쟁이 계속되고 있다. 이 책에서는 최근 가장 많은 지지를 받는 11일설을 따른다.

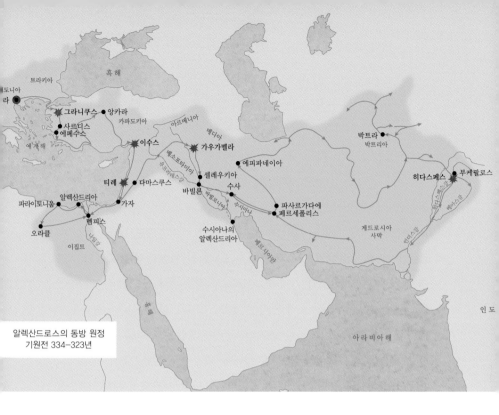

알렉산드로스의 동방 원정
기원전 334-323년

위대한 모험을 시작한 것이다.

인더스Indus강에 이르는 영역은 한때 페르시아의 지배를 받기도 했지만 지금은 완전히 독립된 지역이었다. 기원전 326년으로 해가 바뀌었을 때 알렉산드로스는 인더스강 강변에 선 자신을 발견할 수 있었다. 그리스 세계는 물론이고, 페르시아 제국 입장에서도 세상의 끝에 해당하는 곳에 도달한 것이다. 지금까지 어떤 그리스인도 이곳까지 와본 적은 없었다. 알렉산드로스가 처음이었다. 왕의 심장은 흥분으로 빠르게 뛰었지만, 병사들의 심장은 공포로 차갑게 얼어붙었다. 미지가 주는 두려움 때문이었다. 그러나 누구도 알렉산드로스를 말릴 수는 없었다. 왕은 정말로 세상의 끝을 보기라도 하겠다는 듯이 인더스강 너머의 세계로 전진했다. 그해 5월 알렉산드로스의 군대는 인도에서 처음으로 군대다운 군대를 만나 격전을 치렀다. 인도 펀자브Punjab 지방을 관통하는 인더스강의 지류인 히다스페스Hydaspes강(오늘날 젤룸강) 강변에서였다.

상대는 그 지역의 통치자 포루스Porus, ?~?였는데 2미터가 넘는 거구였다. 그는 적어도 3만 명의 보병, 4,000명의 기병, 300대의 전차와 200마리의 코끼리로 구성된 군대를 이끌고 히다스페스강 건너편에서 알렉산드로스의 군대를 기다리고 있었다. 알렉산드로스에게는 항복한 탁실라Taxila의 군주 탁실레스Taxiles 휘하의 인도 병사 5,000명을 포함한 약 4만 명의 보병과 5,000명의 기병이 있었다. 전체 병력의 규모에서는 포루스의 군대에 밀리지 않았으나, 물살도 빠르고 깊은 강을 건너야 한다는 것과 전투 코끼리라는 생소한 존재와 싸워야 한다는 부담이 있었다. 포루스군이 진을 친 지점으로는 강을 건너는 것이 불가능했기 때문에 알렉산드로스는 은밀하게 상류로 정찰병을 보내 도강 지점을 탐색케 했다. 코끼리에 대해서는 긴 창으로 마구 찔러 제어할 수 없도록 만드는 방식으

〈알렉산드로스에게 정복당하는 포루스의 군대와 전투 코끼리〉(Nicolaes Pieterszoon Berchem, 1670년경).

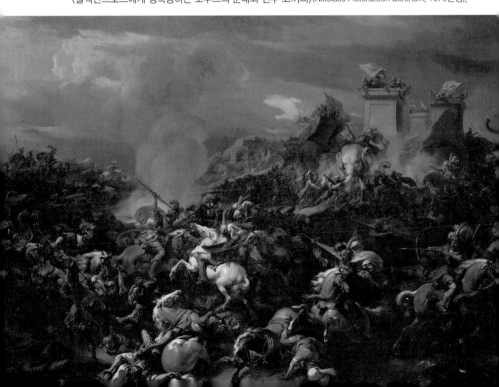

〈알렉산드로스와 포루스〉(부분 확대, Charles Le Brun, 1665).

로 무력화시키기로 했다.

모든 준비를 마친 알렉산드로스는 은밀하게 야음을 틈타 본대를 이끌고 북쪽으로 30킬로미터 가까이 올라가 빠르게 강을 건넜다. 포루스가 눈치챘을 때는 이미 알렉산드로스의 본대가 강을 다 건넌 후였다. 도강에 성공한 마케도니아군은 알렉산드로스가 이끄는 기병 5,000명과 보병 6,000명을 선발하여 신속하게 포루스의 진영을 향해 진격했다. 포루스는 수적 우세에도 기선을 빼앗긴 탓에 힘겨운 전투를 벌여야 했다. 용맹한 마케도니아 병사들은 코끼리 부대의 위협을 빠르게 제거했고, 포루스의 군대는 무질서 속에 패주했다. 포루스는 심지어 포로로 잡혀 알렉산드로스 앞에 끌려왔다. 포루스는 항복했고, 알렉산드로스는 그를 제국의 신하로 받아들였다. 알렉산드로스의 제국은 이렇게 전성기 페르시아의 경계를 넘어 계속해서 동쪽으로 확대되고 있었다.

포루스라는 든든한 우군을 얻은 알렉산드로스는 다시 앞으로 나아갔다. 그러나 그의 여전히 불타오르는 열정과 끝없는 야망에도 멈춰야 할 시간이 다가왔다. 군대가 더 이상 나아가기를 거부한 것이다. 오늘날 베아스Beas강에 해당하는 히파시스Hyphasis 강변에서였다. 마케도니아 병사들의 항명은 충분한 이유를 갖고 있었다. 그들은 지난 8년 동안 알렉산드로스를 위해 수없이 목숨을 걸고 싸웠고, 그 결과 페르시아 제국 전체를 정복해 왕에게 바쳤다. 그런데도 알렉산드로스는 멈추지 않았다. 병

〈물을 받는 것을 거절하는 알렉산드로스〉(Giuseppe Cades, 1792). 알렉산드로스가 게드로시아 지역을 진군할 당시, 병사들이 힘들게 구한 물을 투구에 담아 바쳤으나, 그는 모든 병사가 보는 앞에서 그 물을 바닥에 쏟았다. 자신의 군대와 고통을 함께하려는 알렉산드로스의 행동은 병사들의 사기를 높인 그의 천재적인 리더십을 보여준다.

에게해의 시대

사들은 지쳤다. 쉬고 싶었고, 고향으로 돌아가고 싶었다.

알렉산드로스는 자신을 향한 병사들의 절대적인 충성과 경외심에 호소했지만 끝내 그들의 마음을 되돌릴 수 없었다. 정복자는 회군을 결정했다. 결국 알렉산드로스는 자신의 병사들에게 패배했다. 처음이자 마지막이었다. 제국의 중심으로 돌아가는 길은 미지의 세계로 전진하는 길만큼이나 험난했다. 알렉산드로스가 마치 자신에게 패배를 안긴 병사들에게 화풀이라도 하듯이 죽음의 게드로시아Gedrosia 사막을 귀로로 택했기 때문이다.

마케도니아와 페르시아의 통합을 추구하다

모험과 원정은 끝이 났다. 그러나 알렉산드로스의 도전은 아직 끝나지 않았다. 어쩌면 진정한 도전은 이제부터가 시작인지도 몰랐다. 전성기 페르시아 제국의 영역을 뛰어넘은 알렉산드로스의 제국은 10년도 채 안 되는 짧은 시간에 단지 정복됐을 뿐이다. 이 거대한 제국을 오래도록 통치할 효율적인 시스템을 만들어내야 했다. 알렉산드로스라는 절대적인 존재와 마케도니아 군대의 힘만으로는 불가능했다. 기존의 방식과 상식을 뛰어넘는 완전히 새로운 것이어야 했다.

기원전 324년 봄, 알렉산드로스는 수사에서 대규모 합동결혼식을 거행했다. 알렉산드로스 본인을 포함한 80명 이상의 측근이 페르시아 귀족 여인과 결혼한 것이다. 알렉산드로스는 이날 다리우스 3세의 딸 스타테이라Stateira(이명 바르시네)와 아르타크세르크세스Artaxerxes Ⅲ. 재위 B.C.

〈수사에서의 결혼식〉(작자 미상, 19세기 후반).

359/358~338의 딸 파리사티스Parysatis를 동시에 아내로 맞았다. 아르타크세
르크세스는 다리우스 3세의 전임자였다. 이로써 알렉산드로스는 페르시
아를 건국하고 지배했던 아케메네스 왕조와 촘촘하게 혼맥을 형성했다.

　　역사상 유례를 찾기 힘든 기이한 합동결혼식의 목적은 무엇일까? 알
렉산드로스는 마케도니아와 페르시아를 양대 축으로 장차 자신의 제국
을 이끌어갈 새로운 지배계급을 창출하려 했다. 물론 그의 계획이 마케
도니아 귀족들로부터 환영받았던 것은 아니었다. 대부분이 마지못해 알
렉산드로스가 하사한 페르시아 신부들을 받아들였을 뿐이다. 그렇기 때
문에 '새로운 지배계급 창출'이라는 인위적인 정치 실험은 알렉산드로스
가 단명하는 순간 중단되었다.

에게해의 시대

마케도니아와 페르시아를 융합하기 위한 실험은 군대 내부에서도 시행됐다. 알렉산드로스는 같은 해 8월 군대를 이끌고 바빌론 북쪽의 오피스Opis라는 곳에서 성대한 열병식을 열었다. 이 자리에서 왕은 3만 명의 페르시아인으로 구성된 보병 부대를 소개했다. 이들은 기원전 327년에 모집되어 3년간 마케도니아 방식으로 훈련받은, 알렉산드로스의 새로운 군대였다. 고유한 역할을 피정복자인 페르시아인들과 나눠야 한다는 사실에 병사들은 분노했다. 그들은 다시 항명했지만 이번에는 통하지 않았다. 알렉산드로스는 자신을 따르지 않는 병사들에게 단호하게 제대와 귀향을 명했다. 인도에서는 마케도니아 병사들이 유일한 군대였지만, 페르시아 제국 한복판에서는 아니었다.

위대한 정복자 알렉산드로스는 이미 페르시아인들로부터 정통 후계자로 받아들여졌다. 바빌론에는 왕에게 충성할 준비가 된 또 다른 백성, 귀족, 관료, 군대가 존재했던 것이다. 마케도니아 병사들은 알렉산드로스에게 용서를 청했고, 왕은 기꺼이 받아들였다. 왕과 군대의 화해를 축하하는 성대한 연회가 마련되었다. 그 자리에서 알렉산드로스는 다음과 같이 말했다. "페르시아와 마케도니아 사람들이 함께 힘을 합쳐 제국을 통치할 수 있게 되기를!"

불가능한 꿈에 도전하다

알렉산드로스의 소망은 처음부터 불가능한 것이었다. 수사의 결혼식이 왕의 이상이었다면, 오피스의 항명은 왕이 처한 현실이었다. 알렉산드로스의 군에 페르시아인으로 구성된 새로운 피를 수혈하겠다는 생각은 마케도니아 병사들에게는 모욕이었다. 오랜 세월 동안 마케도니아인들은 그리스인들이 그러하듯 페르시아인들을 '야만인'으로 무시해왔다. 비록 그리스-마케도니아는 가난했고 페르시아는 부유했지만, 문명과 야만을 가르는 경계는 돈의 많고 적음이 아니었다. 국가의 크기도 아니었다. 그 경계는 시민의 자유와 공적 참여, 제한된 권력이라는 지극히 그리스적인 가치였다.

페르시아 전쟁에서 그리스 세계가 승리한 이후에 페르시아에 대한 이 생각은 더욱 강화됐다. 마케도니아도 그런 그리스 세계의 일부였다. 필리포스에 의해 왕권이 강화되었고, 알렉산드로스에 의해 왕권에 엄청난 후광이 더해지기는 했지만 마케도니아인의 삶 속에 각인된 그리스적 가치가 사라진 건 아니었다. 페르시아처럼 한 사람의 전제군주를 제외한 모든 신민이 노예나 다름없는 나라와 마케도니아가 같을 수는 없었다. 더군다나 이제 마케도니아인은 정복자라는 왕관까지 썼다. 페르시아인은 제국을 통째로 빼앗긴 피정복민일 뿐이었다. 어떻게 마케도니아인이 페르시아인과 같은 군대에서 전우로 함께 싸운단 말인가? 마케도니아 병사들의 항명은 알렉산드로스에게 이런 현실을 적나라하게 보여준 하나의 사례였다.

사실 처음 있는 일도 아니었다. 동방 원정을 떠난 이래 이러한 반란은 계속 있었고, 알렉산드로스는 힘으로 내부의 반대를 물리치며 여기까지 왔다. 그 반대의 뿌리는 지극히 깊고 넓게 퍼져 알렉산드로스조차 뽑을 수 없었다. 다만 지금은 알렉산드로스의 권력과 권위에 눌려 수면 아래로 잠겨 있을 뿐이었다. 사실 내부 갈등은 기대 이상의 성공이 가져온 불가피한 분열이었다. 만약 알렉산드로스의 원정이 소아시아에서 멈췄다면 이런 극심한 분열은 일어나지 않았을 것이다. 그러나 알렉산드로스는 과대망상에 가까운 이상, 위대한 지성, 무분별한 용기를 바탕으로 페르시아보다 거대한 제국을 10년도 안 되는 짧은 시간 안에 건설했다. '세상의 경이'라 불릴 만한 놀라운 업적이었다.

문제는 알렉산드로스 제국의 영속이었다. 제국의 크기는 마케도니아의 국력이 감당할 수 있는 규모를 한참 벗어났다. 마치 알렉산드로스의 생각이 마케도니아인들의 사고 범위를 한참 뛰어넘은 것처럼. 알렉산드로스의 제국을 제대로 굴러가게 하려면 마케도니아인만으로는 부족했다. 그리스인이 합세해도 마찬가지였다. 페르시아인을 비롯한 현지인들의 참여와 도움이 절대적으로 필요했다. 알렉산드로스가 창조한 세계시민주의Cosmopolitanism는 이런 현실에 대한 냉철한 평가를 근거로 한 것이었다. 알렉산드로스는 자신과 생각이 다른 사람들을 무자비하게 숙청해왔다.

필로타스Philotas, B.C. ?~330 반역 사건과 클레이투스 살해가 대표적이다. 기원전 330년 가을, 알렉산드로스는 군부의 핵심 인물인 필로타스를 반역죄로 처단했다. 필로타스는 친위기병대의 사령관인 동시에 마케도니아의 이인자인 파르메니오의 아들이었고, 개인적으로는 알렉산드로스의 친구였다. 그러나 알렉산드로스는 망설이지 않고 친구를 처형하고, 그의 아버지 파르메니오까지 제거했다. 단순한 반란 사건이 아니었다. 새로운 세상을 꿈꾸는 알렉산드로스와 기존의 질서를 중시하는 마케도니아 귀족들 간의 처절한 권력투쟁이었다. 원정이 계속될수록 제국은 커져갔고, 제국의 지배 아래 들어온 다양한 민족과 문화를 수용하기 위한 현실적인 대책이 필요했다. 알렉산드로스는 이집트에서는 '파라오'가, 페르시아에서는 '왕 중의 왕'이 될 필요가 있었다. 알렉산드로스는 페르시아 왕의 복장을 착용했고, '복배伏拜'라는 페르시아식 인사를 받기 시작했다.

〈클레이투스를 살해하는 알렉산드로스 대왕〉(Andre Castaigne, 1899).

에게해의 시대

파르메니오를 중심으로 한 마케도니아 귀족들은 이런 변화를 받아들이기를 거부했다. 검은 장군 클레이투스 역시 이런 왕의 태도에 노골적인 불쾌감을 표시했다. 클레이투스는 술자리에서 왕과 언쟁을 벌이다 격분한 알렉산드로스의 창에 찔려 죽었다(B.C. 328). 클레이투스가 그라니쿠스 전투(B.C. 334)에서 알렉산드로스의 목숨을 살린 '생명의 은인'임을 감안하지 않더라도, 이 정도의 고위급 장교를 재판도 없이 술에 취해 죽이는 건 마케도니아의 왕이 할 행동은 아니었다. 알렉산드로스는 페르시아의 왕으로 행동한 것이었다.

알렉산드로스가 마케도니아인과 그리스인에게도 자신을 대할 때 페르시아인처럼 복배하여 인사하라고 지시하자 다시 반발이 터져 나왔다. 그리스-마케도니아인에게 복배는 신을 향한 것이기 때문이다. 이 결정을 비난한 죄로 아리스토텔레스의 친척이자 알렉산드로스의 공식 역사가였

알렉산드로스의 석관(이스탄불 고고학박물관). 실제 대왕의 석관은 아니나, 몸통에 알렉산드로스의 생애가 부조로 새겨 있어, '알렉산드로스의 석관'이라 부른다.

테살로니키의 알렉산드로스 동상.

딘 칼리스테네스Callisthene, B.C. 360?~327?가 처형되었다.

오피스의 항명은 이런 사건들의 연장선에서 일어났다. 비록 항명을 주동했던 몇 사람만 즉결 처분되었고, 왕과 병사 간의 화해를 축하하는 요란한 주연이 베풀어졌지만 갈등이 진짜로 봉합된 것은 아니었다. 세상에서 가장 막강한 권력을 가졌기 때문에 받는 중압감과 누구도 자신의 고충과 이상을 이해해주지 않는다고 느끼는 데서 비롯된 외로움은 오로지 알렉산드로스만이 감당해야 하는 제왕의 무게였다. 유일하게 언제나 알렉산드로스의 편이었고, 온전히 그만을 위했던 친구이자 최측근인 헤파

에게해의 시대

이스티온Hephaestion, B.C. 356?~324의 갑작스런 죽음은 그런 의미에서 알렉산드로스에게 결정적인 타격이었다. 8개월 뒤, 알렉산드로스는 바빌론에서 죽었다. 그가 꿈꿨던 세계는 대왕의 죽음과 함께 무너져 내리기 시작했다.

헬레니즘 전쟁

흑해

피드나 ●

악티움 ●

● 입소스

에게 해

지중해

● 알렉산드리아

나일강

홍해

● 멤피스

기원전 323년 라미아

아테네의 항복으로 찬란한 폴리스 시대가 끝나다

히페리데스Hyperides, B.C. 389~322의 얼굴은 흥분으로 상기됐고, 만면에 웃음이 가득했다. 자신의 정치 인생에서 가장 극적인 승리를 눈앞에 두었다는 것을 본능적으로 깨달은 탓이다. 자연스럽게 그의 시선은 포키온Phocion, B.C. 402?~318을 향했다. 여든이 다 된 노정객의 표정은 침통했다. 40년 동안 아테네의 권력을 장악해왔던 포키온의 권력과 명성을 부수고, 그것을 자신이 차지할 순간이 온 것이다. 열기가 고조되는 민회를 향해 히페리데스는 외쳤다. "여러분, 레오스테네스Leosthenes, B.C. ?~323를 소개합니다. 이 용맹한 장군을 우리의 총사령관으로 뽑아 마케도니아와 싸웁시다. 모든 그리스인의 자유와 요새 도시들의 해방을 위해 아테네가 앞장섭니다."

　아테네 사람들은 열광했다. 필리포스 2세에게 맞서기 위해 테베와 손잡기로 결정했던 그날 이후 처음 느끼는 열띤 분위기였다. 당시의 흥분과 열정이 카이로네이아 전투(B.C. 338)의 패배라는 대참사로 이어졌다는 사실을, 그 결과 수천 명의 시민이 죽고 아테네를 비롯한 그리스 세계가 마케도니아의 지배라는 멍에를 짊어져야 했다는 사실을 기억해내는 사람은 없었다. 설혹 있더라도 감히 나설 분위기가 아니었다. 민회는 지체 없이 히페리데스의 제안을 표결에 부쳤다. 용병대장 레오스테네스는 아테네의 총사령관에 선출됐고, 40세

이하의 모든 시민에게는 동원령이 내려졌다. 그리스의 나머지 지역으로 동참을 요청하는 사절도 파견했다. 그해 가을, 레오스테네스는 5,000명의 아테네 보병과 500명의 기병, 그보다 두 배 가까운 용병으로 구성된 군대를 이끌고 북으로 향했다(B.C. 323).

아테네군의 목적지는 테르모필레 협곡이었다. 그리스 중부와 북부를 연결하는 이곳은 전략적 요충지인 동시에 성지였다. 기원전 480년, 크세르크세스가 이끄는 페르시아의 대군을 상대로 레오니다스왕과 300명의 스파르타 전사들이 사투를 벌인 끝에 장렬히 전사한 장소이기 때문이다. 그때부터 테르모필레는 그리스의 자유를 상징하는 곳이 되었다. 이제는 아테네가 테르모필레의 험준함에 기대어 그리스의 자유를 되찾기 위해 마케도니아와 싸울 차례였다. 강력한 아이톨리아 동맹Aetolian League도 7,000명의 병력을 보내 힘을 보탰다. 레오스테네스의 병력은 3만 명을 넘어섰다.

마케도니아의 섭정 안티파트로스Antipater, B.C. 397?~319의 군대는 그 절반에도 미치지 못했다. 수적으로는 열세였지만 안티파트로스에게는 믿는 구석이 있었다. 마케도니아가 자랑하는 강력한 기병대였다. 여기에 언제나 충직했던 그리스의 동맹 테살리아 기병대가 합류하면 양측의 전력은 막상막하가 될 터였다. 그러나 결정적인 순간에 테살리아 기병대는 마케도니아가 아닌 아테네 편에 붙었다. 알렉산드로스의 죽음으로 마케도니아의 황금시대는 저물었다 여겨졌기 때문이다. 아테네와 아이톨리아 동맹이 과감하게 전쟁을 결심한 것과 같은 이유였다.

수세에 몰린 안티파트로스는 재빨리 퇴각해 테살리아 도시 라미아Lamía로 들어갔다. 아테네군은 라미아를 포위하고 몇 차례나 공격해봤지만 난공불락의 요새를 함락시킬 수는 없었다. 레오스테네스는 공성전을 시작했다. 성안에 식량은 적고 병사는 많으니 머지않아 굶주림이 찾아올 터였다. 아테네의 최종

에게해의 시대

승리는 길어야 몇 개월 늦춰졌을 뿐이었다. 아테네는 흥분의 도가니였다. 승리를 축하하는 축제가 열렸고, 신들에게는 감사의 희생제를 올렸다. 피치 못해 아테네를 떠나야 했던 데모스테네스Demosthenes, B.C. 384~322에게도 귀환령이 내려졌다. 필리포스 2세의 위험을 가장 먼저 경고했고, 언제나 반(反)마케도니아의 선봉에 섰던 '황금의 혀' 데모스테네스는 아테네인들의 열렬한 환영을 받으며 화려하게 고향으로 돌아왔다. 아테네인들은 다가오는 계절은 아테네의 부활을 알리는 행복하고 희망찬 봄일 것이라 믿어 의심치 않았다(B.C. 322).

바빌론 타협
후계자들이 제국을 나누다

알렉산드로스의 갑작스런 죽음이 야기한 가장 심각한 문제는 그의 뒤를 이을 후계자가 없다는 것이었다. 누구를 후계자로 세우겠다는 왕의 유언도 없었다. 제국의 존속을 보장하고, 질서를 유지하려면 당장 새로운 태양이 필요했다. 왕의 임종을 지켰던 친위대원과 고위 장군 들은 즉시 후계자 선정에 들어갔다. 알렉산드로스에게는 왕이 될 자격이 없는 사생아 아들과 지적 장애가 있는 배다른 형, 그리고 임신 중인 왕비 록사나가 전부였다. 알렉산드로스의 측근 중에 가장 서열이 높았던 페르디카스의 제안이 채택됐다. 록사나의 출산을 기다려 아들이 태어나면 후계자로 삼자는 것이었다.

마케도니아 병사들 사이에서 즉각 반발이 터져 나왔다. 병사들은 알렉산드로스의 배다른 형이자 필리포스 2세의 아들인 아리다이오스 Arrhidaeus, B.C. ?~317를 후계자로 지지했다. 록사나의 자식은 비록 아들이라 해도 혼혈아였다. 병사들은 유럽과 아시아, 마케도니아와 페르시아의 융합이라는 알렉산드로스의 꿈을 이해할 수도 받아들일 수도 없었다. 병사들에게는 아리다이오스에게 있는 지적 장애보다 순수한 마케도니아 혈통이라는 것이 중요했다.

알렉산드로스 사후에도 문화와 인종을 융합해야 한다는 파벌과 순수한 마케도니아 혈통과 가치를 지켜야 한다는 파벌의 대립은 계속되고 있었던 것이다. 그러나 마케도니아 권력이 깊게 뿌리내리지 못한 페르시아 제국 한복판에서 친위대원들과 병사들 간의 분열은 공멸을 가져올 수도 있었다.

우여곡절 끝에 두 파벌은 화해했고, 알렉산드로스의 배다른 형 아리다이오스와 록사나의 아들(아들을 낳는다는 가정 아래)을 공동왕으로 삼기로 합의했다. 록사나가 아들을 낳음에 따라 공동왕 체제가 출범했다. 아리다이오스는 아버지를 따라 필리포스로 이름을 바꿨고, 알렉산드로스의

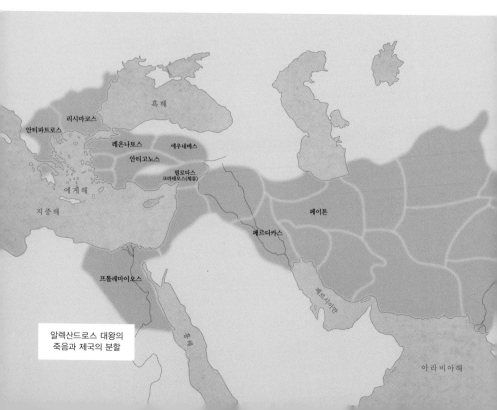

알렉산드로스 대왕의 죽음과 제국의 분할

아들 역시 아버지를 따라 알렉산드로스라는 이름을 받았다. 이제 제국은 알렉산드로스와 필리포스라는 위대한 두 왕과 같은 이름의 통치자를 갖게 되었으나, 한 명은 갓난아이였고 또 다른 한 명은 장애인이었다.

제국의 진짜 권력은 친위대원과 고위 장군 들에게 있었다. 장차 후계자를 뜻하는 '디아도코이Diadochoi'로 불릴 이들이야말로 알렉산드로스 제국의 진정한 상속자였다. 디아도코이들은 바빌론 타협을 통해 권력과 제국을 분할했다(B.C. 323, 여름). 친위대원 중 선임인 페르디카스가 공동왕의 섭정으로 바빌론의 중앙정부와 왕실 재정을 차지했다. 가장 알짜배기인 이집트의 총독에는 알렉산드로스가 총애하던 친위대원 프톨레마이오스가 임명되었다. 이집트는 엄청나게 풍요롭고 부유했으며 국경을 방어하기에도 수월하다는 이점이 있었다. 또 다른 친위대원인 레온나토스와 리시마코스Lysimachus, B.C. 360?~281는 제국 운영에 가장 중요한 전략적 요충지인 헬레스폰트 해협의 한쪽씩을 맡았다. 오늘날 터키 남서부인 프리기아의 총독에는 애꾸눈 안티고노스Antigonus I Monophthalmus, B.C. 382~301가 유임됐다. 그는 원정 초반부터 후방에 남아 제국을 안정시키고 병참을 보급하는 역할을 맡았다.

친위대원이 아닌 고위 장군 중에는 그리스 출신 에우메네스가 현재 터키 동부인 카파도키아의 총독에 임명되어 사람들을 놀라게 했다. 그는 마케도니아인도 아니었고, 군인도 아닌 서기 출신 그리스인이었기 때문이다. 그러나 에우메네스는 원정 기간 동안 알렉산드로스의 총애를 받아 승승장구했다. 페르디카스 입장에서는 출신 성분 때문에 최고 권력에 도전할 수 없는 에우메네스야말로 중책을 맡겨 우군으로 삼기에 가장 적절했을 것이다. 마케도니아의 섭정 안티파트로스는 유임됐고, 백전노장인 크라테로스Craterus, B.C. 370?~321는 알렉산드로스가 생전에 명한대로 1만 명의 제대군인을 이끌고 마케도니아로 귀향하는 것으로 결정됐다. 크라테로스는 마케도니아에 도착하면 안티파트로스와 유럽 대륙의 권력을 나눠 갖게 될 터였다.

알렉산드로스가 남기고 간 거대한 제국을 유지하기 위해 디아도코이들은 각자에게 할당된 주로 내려갔다. 알렉산드로스가 죽기 전에 계획했던 아라비아반도 원정과 뒤이은 거대한 서방 원정 계획은 디아도코이들에 의해 폐기됐다. 지금은 원정을 벌여 제국을 확장할 때가 아니었다. 손에 있는 제국을 잘 지켜야 할 때였다. 그들의 판단은 옳았다. 알렉산드로스의 죽음은 제국 곳곳에 동요를 일으켰고, 반란을 부추겼다.

아테네, 다시 자유를 꿈꾸다

아테네는 알렉산드로스가 죽었다는 소문이 나자마자 반란의 물결에 휩싸였다. 지난 15년간 그리스의 상황은 마케도니아 섭정 안티파트로스의 통치하에서 안정적이었다. 알렉산드로스 원정의 승리와 마케도니아 제국의 확대는 그리스인들에게도 이익이었다. 특히 그리스 최대의 해운국인 아테네는 제국의 확대가 가져온 교역과 교류의 증가에서 가장 크게 혜택을 보고 있었다. 섭정 안티파트로스 체제는 비록 아테네를 비롯한 그리스의 자유를 제한했지만 안정성, 확실성, 번영을 보장했다. 이제 그리스 폴리스들은 스스로의 힘으로 예측 불가능한 위험한 시대에 대처해야만 했다.

아테네 민회에 몰린 시민들은 알렉산드로스의 죽음을 기정사실로 받아들이고 당장 행동해야 한다고 아우성쳤다. 시민들을 겨우 진정시킨 이는 노정객 포키온이었다. 신중한 현실주의자였던 포키온은 소문이 확인될 때까지 기다리자며 다음과 같이 말했다. "만일 알렉산드로스가 오늘 죽었다면, 내일도 여전히 죽은 사람일 것이고, 모레도 죽은 사람일 것이다. 그때 가서 더 차분하게 토론을 하면 실수하지 않을 수 있다." 그 대척점에 열렬한 반ⓧ마케도니아 성향의 히페리데스가 있었다.

그는 데모스테네스가 추방된 이후 아테네에 남아 있는 반마케도니아 세력의 유일한 지도자였다. 히페리데스는 지금이야말로 아테네가 잃어버린 자유와 옛 위상을 되찾을 절호의 기회라고 생각했다. 알렉산드로스라는 태양을 잃은 급조된 제국에는 후계자조차 없지 않은가? 마케도니아 궁정과 군부는 제국의 권력을 나눠 갖기 위해 투쟁할 것이고, 제국에 속한 다양한 민족과 지방은 반란을 꾀할 것이 분명했다. 히페리데스가 보기에 아테네 봉기의 유일한 걸림돌은 포키온과 그의 지지 세력이었다. 팍스 마케도니카Pax Macedonica 아래서 금전적인 이득을 보는 사람들, 자유와 돈을 맞바꾼 부역자들! 그러나 포키온은 알렉산드로스가 즉위했을 때 아테네를 죽음으로부터 구한 원로였다. 당시 데모스테네스는 알렉산드로스를 '무능한 10대'라며 봉기를 촉구했지만, 포키온이 이를 막았다.

아테네가 주저하는 사이 테베는 과감히 떨쳐 일어났다. 그 결과 테베의 모든 시민은 살해되거나 노예로 팔렸고, 도시는 지구상에서 사라졌다. 데모스테네스의 말을 따랐다면 아테네의 운명도 같았을 것이다. 그런 포키온을 꺾으려면 제대로 된 대안이 필요했다. 마침 펠로폰네소스반도에는 히페리데스가 필요로 하는 사람이 있었다. 아테네 출신으로 능력을 검증받은 용병대장이며 철저하게 마케도니아를 미워하는 레오스테네스였다. 히페리데스는 그를 민회로 데려옴으로써 자신의 정치적 목적을 달성했다.

레오스테네스는 서전을 승리로 장식하고, 안티파트로스를 라미아에 가둠으로써 아테네를 기쁘게 했다. 레오스테네스가 예상했던 대로 마케도니아군은 굶주리고 있었다. 안티파트로스는 난국을 타개하기 위해 아테네에 유리한 조건으로 휴전을 제안했지만, 레오스테네스는 거만하게 '조건은 승자가 정하는 것'이라며 무조건 항복을 요구했다. 이런 소식은 아테네를 더욱 들뜨게 만들었다. 그러나 기쁨은 거기까지였다. 레오스테네스가 성벽 가까이 다가갔다가 날아온 돌에 머리를 맞아 사망한 것이다. 의미 있는 승리를 거두기 직전에 찾아온 어이없는 죽음이었다.

레오스테네스의 부재는 패배의 시작이었다. 아테네에는 그에 필적할 열정과 단호함, 용기를 갖춘 장군이 없었기 때문이다. 결국 마케도니아에서 지원군이 내려온 틈을 타 안티파트로스는 라미아를 탈출하는 데 성공했다. 안티파트로스는 바빌론으로부터 1만 명의 제대군인을 이끌고 오는 크라테로스에게 기대를 걸었다. 그들은 페르시아 제국 전체를 정복한 베테랑이었다. 급조된 아테네 병사들과는 질적으로 달랐다. 아테네도 이 같은 사실을 알고 있었기에 해군을 보내 헬레스폰트 해협 봉쇄에 나섰다. 그러나 아테네 해군은 마케도니아 해군에 참패했다. 그들은 더 이상 에게해를 지배하던 예전의 아테네 해군이 아니었다.

무사히 해협을 건너온 크라테로스 군대가 합류하자 안티파트로스의 군대는 이제 5만 명에 달했다. 섭정은 당당히 다시 남부로 진군했다. 레오스테네스 후임인 안티필로스Antiphilus, ?~?와 메논Menon, B.C. ?~321은 크라논Crannon이라는 곳에서 마케도니아 군대와 격돌했다. 아테네군은 높은 지대로 후퇴함으로써 패배를 면했다. 그러나 자유와 해방에 대한 열의는 페르시아를 정복한 마케도니아 팔랑크스의 창날 앞에서 순식간에 식어버렸다. 안티필로스와 메논은 병사들의 사기가 너무 낮아 전투는 고

사하고 더 이상 군대를 유지하는 것조차 어렵다고 판단했다. 전투 다음 날 두 사람은 안티파트로스에게 항복 조건을 알려달라고 요청했다. 허무한 종말이었다. 아테네와 아테네의 자유는 전사하지 않았다. 조용히 자연사했을 뿐이다(B.C. 322).

안티파트로스, 무조건 항복을 요구하다

안티파트로스는 항복 조건을 알려주지 않았다. 자신을 벼랑 끝까지 몰았던 아테네를 상대로 협상할 기분이 아니었던 것이다. 안티파트로스는 아테네를 확실히 무릎 꿇리기 위해 다음 공격을 준비했다. 아테네는 겁에 질려 어쩔 줄 몰랐다. 테베의 운명이 겹쳐졌다. 어제까지 영웅 대접을 받던 히페리데스와 데모스테네스는 역적으로 몰렸다. 반대로 시민들은 찬밥 취급하던 포키온과 또 다른 친親마케도니아 정치인 데마데스 Demades, B.C. 380?~319에게 매달렸다.

열정만이 진정한 애국은 아니라는 사실을 아테네인들은 죽음을 눈앞에 두고서야 깨달았다. 이제 그들의 유일한 생명줄은 포키온이 평생 유지해온 안티파트로스와의 우정뿐이었다. 안티파트로스는 테베의 폐허를 회담 장소로 정했다. 마케도니아에 도전한 대가가 어떠한지를 아테네인들에게 똑똑히 경고하기 위한 상징적 선택이었다. 처음에 안티파트로스는 레오스테네스가 라미아에서 자신에게 했던 말을 그대로 되돌려줬다. "조건은 승자가 정하는 것이다." 그러나 포키온과의 우정을 생각해 섭정은 무조건 항복에서 한발 물러서 네 가지 조건을 제시했다. 반란을 선동

〈포키온의 죽음〉(Charles Brocas, 1804). 포키온은 안티파트로스의 대리인으로 아테네를 다스렸으나, 안티파트로스의 죽음 이후 민주정을 회복하려는 아테네인들에 의해 반역죄로 처형당했다.

한 사람을 내놓을 것, 민주정을 과두정으로 바꿀 것, 피레우스에 마케도니아군을 주둔시킬 것, 전쟁배상금을 지급할 것. 아테네인들에게는 선택의 여지가 없었다. 유일한 위안은 테베와 같은 꼴은 당하지 않았다는 것이었다.

데모스테네스의 죽음

데모스테네스와 히페리데스만큼은 예외였다. 둘은 항복 협상이 끝나기도 전에 아테네를 탈출했다. 마케도니아의 섭정이 둘의 목숨을 원할 것은 뻔했고, 아테네인들에게는 둘을 지킬 힘이 없었다. 지키기는커녕

에게해의 시대

민회에 모인 사람들은 자신들이 살기 위해 어제의 지도자들에게 사형을 선고했다. 한때 위대했던 아테네의 한순간 강력했던 지도자들은 이제 도망자 신세가 되었다. 그 뒤를 아르키아스Archias라는 악명 높은 현상금 사냥꾼이 쫓았다. 히페리데스가 먼저 잡혀 안티파트로스에게 보내졌다. 섭정은 웅변가를 처형했다. 데모스테네스는 칼라우레이아Calauria(오늘날의 포루스)의 포세이돈Poseidon 신전에서 따라잡혔다. 데모스테네스는 자살을 선택함으로써 아테네의 마지막 자유인으로 생을 마감했다. 기원전 322년 10월의 어느 날이었다.

〈아테네 학당〉(Raphael, 1511). 라파엘로가 바티칸 궁전에 그린 프레스코화. 중앙의 플라톤, 아리스토텔레스를 필두로 고대 그리스 세계의 학문과 정신을 빛낸 50여 명의 학자들이 담겨 있다. 서양의 철학과 사상의 원류를 형성한 고대 그리스의 위대함을 상징적으로 보여주는 작품이다.

사람들은 데모스테네스가 '황금의 혀'를 가지고 있다고 말했다. 사람들을 설득하는 웅변 능력이 그만큼 탁월했다는 이야기다. 아테네 민주주의와 제국의 역사를 통틀어 가장 위대했던 페리클레스는 지도자의 자질로 통찰력, 설득력, 애국심, 청렴결백의 네 가지를 꼽았다. 데모스테네스는 설득력을 포함한 세 가지를 갖췄으나 페리클레스가 지도자의 첫 번째 덕목으로 꼽은 통찰력을 갖추지 못했다. 그는 마케도니아의 국력을 정확하게 평가하지 못했고, 아테네의 현실도 바로 보지 못했다. 적에 대한 지나친 분노와 자신에 대한 근거 없는 낙관 때문이었을 것이다.

데모스테네스는 비록 '황금의 혀'를 가졌지만 진정 그에게 필요했던 '황금의 뇌'는 갖지 못했다. 그 결과 위대한 웅변가는 비참한 최후를 맞이했고, 그를 따랐던 아테네 시민들은 그나마 누리던 자유와 민주주의마저 빼앗겨야 했다. 테베, 스파르타에 이어 아테네가 몰락함으로써 위대한 그리스 문명의 모태였던 폴리스 시대는 종언을 고했다. 그런 시절은 다시 돌아오지도 않을 터였다.

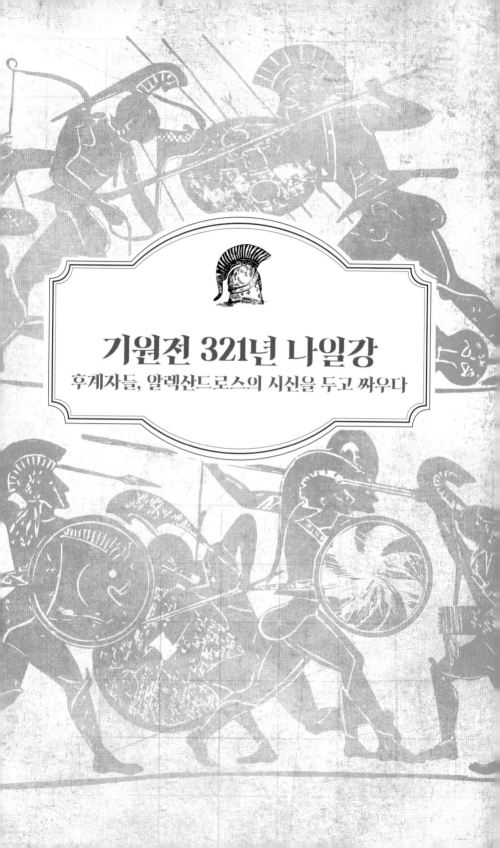

기원전 321년 나일강

후계자들, 알렉산드로스의 시신을 두고 싸우다

페르디카스는 어떻게든 나일강을 건너 멤피스로 진군하려 안간힘을 쓰고 있었다. 나일강을 건너 멤피스에 똬리를 튼 역사상 최악의 도둑 프톨레마이오스를 반드시 잡아야 했다. 몇 개월 전 프톨레마이오스는 바빌론을 출발해 마케도니아로 실려 가던 알렉산드로스의 시신을 훔쳐 이집트로 달아났다(B.C. 321). 당시 알렉산드로스의 시신은 마케도니아 병사들은 물론이고 그가 정복한 세 대륙에 공통적으로 작용하는 유일한 권위의 원천이었다. 그 귀중한 보물을 프톨레마이오스가 훔친 것이다. 그의 만행은 제국의 섭정이며 공동왕

(알렉산드로스 4세Alexander Ⅳ, 재위 B.C. 323~309와 필리포스 3세Philip Ⅲ, 재위 B.C. 323~317)의 후견인인 페르디카스에 정면으로 도전하는 행동이었다. 이를 바로잡지 못한다면 자신의 권위는 무너지고, 권력조차 위협받게 될 게 뻔했다.

페르디카스는 알렉산드로스의 시신을 되찾고, 노상강도나 다름없는

〈알렉산드로스의 임종〉(작자 미상, 14세기). 그림 중앙의 인물이 알렉산드로스의 유명을 받는 페르디카스다.

(왼쪽부터) 프톨레마이오스 1세가 새겨진 금화와 알렉산드로스, 셀레우코스 1세가 새겨진 드라크마 동전.

프톨레마이오스를 응징하기 위해 강력한 군대를 이끌고 나일강으로 왔다. 대의를 상기시키고, 누가 권력의 정통 후계자인지 과시하기 위해 공동왕들도 원정에 참여시켰다. 알렉산드로스가 물려준 군대의 도강 수준은 세계 최고였지만 여름의 나일강은 만만치 않은 장애였다. 더군다나 꾀돌이 프톨레마이오스가 철저하게 대비했기 때문에 알렉산드로스처럼 '빠르고 은밀하게' 강을 건널 수 없었다. 결국 페르디카스의 군대는 여기저기 이동하며 도강 지점을 찾아 헤매야 했다. 지친 병사들에게는 휴식이 필요했지만 페르디카스는 허락하지 않았다. 빨리 강을 건너지 않으면 군의 사기가 더 떨어져 통제 불능 상태에 직면할 것 같은 불안감 때문이었다.

결국 무리한 도강 작전이 실패로 돌아가 병사들을 되돌리는 순간 최악의 참사가 빚어졌다. 나일 강변의 악어 떼가 지친 병사들을 습격한 것이다. 나일강과 악어 떼는 무려 2,000명 이상의 병사를 집어삼켰다. 병사들은 알렉산드로스와 함께 수많은 전투를 치르며 세상을 정복했지만, 한번도 오늘 같은 참사를 경험한 적이 없었다. 알렉산드로스의 제1 후계자는 시험을 통과하는 데 실패한 것이다. 제국을 두고 싸우는 비정한 권력 다툼에서 실패의 대가는 목숨뿐이었다. 그날 밤 페르디카스는 자신의 최측근인 셀레우코스Seleucus I Nacator,

에게해의 시대

B.C. 358?~281, 페이톤Peithon, B.C. 355?~316?, 안티게네스Antigenes, B.C. ?~316에게 살해됐다.

다음 날 페르디카스를 살릴 수 있었던 소식이 전해졌다. 페르디카스의 우군인 에우메네스 장군이 아나톨리아에서 프톨레마이오스의 동맹인 안티파트로스·크라테로스 연합군을 상대로 대승을 거둔 것이다. 심지어 이 전투에서 에우메네스는 알렉산드로스 후계자 중 최고의 장군인 크라테로스까지 전사시켰다. 누구도 예상치 못했던 충격적인 결과였다. 만약 이 소식이 하루만 빨리 도착했다면, 최종 승리에 대한 기대감으로 페르디카스는 권위를, 군대는 질서를 되찾았을 것이다. 그러나 이미 페르디카스는 살해당해버렸다. 살아남은 자들의 생각은 일치했다. '운명이 그를 버렸다.' 기원전 321년 여름이었다.

페르디카스가 죽고 바빌론 타협이 깨지다

정복으로 급조된 알렉산드로스의 제국은 그가 아닌 다른 사람이 홀로 통치하기에는 너무나 방대했고, 다양했다. 제국의 통치자에게는 신에 가까운 절대적인 권위, 군대의 맹목적인 충성, 모두를 포용할 수 있는 새로운 비전이 필요했는데 오직 알렉산드로스만이 가질 수 있는 것이었다. 그러나 권력에 취한 인간은 누구나 자신의 한계를 잊고 만다. 페르디카스가 제국의 섭정과 공동왕의 후견인이라는 일인자의 자리에 앉아 있음에도 더 큰 욕심을 가지게 된 건 당연했다.

바빌론 타협에 의해 제국의 일부를 담당하게 된 장군들은 여기에 반발했다. 그들이 보기에 페르디카스는 알렉산드로스를 대신할 탁월한 일인자가 아니라, 주변의 여러 장군 중 한 명일 뿐이었기 때문이다. 유럽을 책임지고 있는 섭정 안티파트로스, 이제는 그의 사위가 된 마케도니아 최고의 용장 크라테로스, 소아시아 프리기아의 총독 안티고노스, 이집트의 총독 프톨레마이오스가 페르디카스의 야망을 꺾기 위해 뭉쳤다. 소아시아 카파도키아의 총독 에우메네스, 메디아의 총독 페이톤, 알렉산드로스 군대의 최정예인 3,000명의 방패부대는 여전히 왕실의 정통성을 책임지는 페르디카스를 지지했다. 알렉산드로스의 장군과 군대는 양분되었고, 서로를 향해 칼을 겨눴다. 내전의 시작이었다.

혼란한 틈을 타 프톨레마이오스는 알렉산드로스의 시신을 훔쳐 이집트로 달아났고, 안티파트로스와 크라테로스는 군대를 이끌고 아시아로 건너왔다. 페르디카스는 에우메네스에게 안티파트로스·크라테로스 군대의 진격을 지체시키는 역할을 맡기고, 자신은 주력군을 이끌고 나일강으로 쳐들어갔다. 우선 알렉산드로스의 시신을 되찾아 권위를 바로 세우고, 이집트의 돈으로 군대를 강화해 유럽에서 온 군대와 맞서겠다는 계획이었다. 에우메네스는 유럽의 군대를 상대로 결정적인 승리를 거뒀고, 전투에서 마케도니아 병사들 사이에서 '전설'로 불리는 크라테로스까지 죽임으로써 자신의 역할을 기대 이상으로 해냈다. 이와 달리 페르디카스는 제대로 된 전투 한번 치르기 전에 나일강과 악어 떼에 패해 살해되고 말았다. 반페르디카스 세력의 승리였다.

안티파트로스 주도로 새로운 체제가 출범하다

알렉산드로스 사후 제국의 일인자로 공동왕의 후견인이었던 페르디카스의 짧은 치세가 종말을 고하면서 그가 만든 바빌론 타협도 깨졌다. 그

에게해의 시대

해 겨울, 승자들은 시리아의 트리파라데이소스Triparadisus라는 곳에 모여 제국의 권력 지도를 다시 그렸다. 이제 권력은 안티파트로스에게 넘어가 있었다. 가장 큰 수혜자는 '애꾸눈'으로 알려진 프리기아의 총독 안티고노스였다. 안티파트로스는 애꾸눈에게 공동왕을 맡겼고, 아시아 전체의 총사령관이란 타이틀도 부여했다. 대신 안티고노스는 안티파트로스의 아들 카산드로스Cassander, B.C. 358?~297를 부사령관으로 임명했고, 안티파트로스의 맏딸 필라Phila, B.C. ?~287?를 며느리로 받아들였다. 페르디카스를 제거하는 데 앞장선 셀레우코스는 제국의 중심지인 바빌론의 총독에 임명됐다. 비록 뒤늦게 후계자 쟁탈전에 참가했지만, 셀레우코스는 결국 이 거대한 게임에서 승리하는 최후의 3인 중 한 명이 될 운명이었다.

이로써 바빌론 타협에 이은 두 번째 청사진이 완성됐다. 유럽은 여전히 안티파트로스의 손아귀에 있었고, 아시아의 일인자는 페르디카스에서 안티고노스로 교체됐다. 얼마 후 안티파트로스는 안티고노스에게 맏

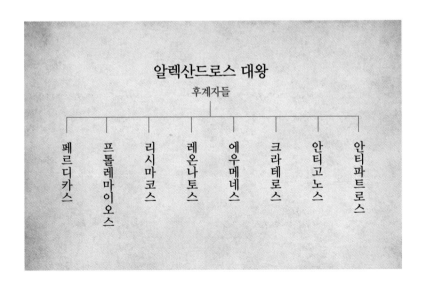

알렉산드로스 대왕
후계자들

페르디카스 | 프톨레마이오스 | 리시마코스 | 레온나토스 | 에우메네스 | 크라테로스 | 안티고노스 | 안티파트로스

겨놓았던 공동왕을 데리고 마케도니아로 귀향했다. 이 체제의 수명은 안티파트로스의 죽음과 함께 종말을 고했다. 페르디카스는 살해됐지만 안티파트로스는 자연사했다(B.C. 319). 제국의 일인자는 죽으면서 막강한 권력을 아들 카산드로스가 아닌 부하 폴리페르콘Polyperchon, ?~?에게 물려줬다. 폴리페르콘은 알렉산드로스의 원정에 동참했던 역전의 용사였지만 크게 두각을 나타내지는 못했던 평범한 장군이었다. 왜 그랬을까? 아마도 아들 카산드로스에 대한 뿌리 깊은 불신 때문이었을 것이다.

안티파트로스는 단 한 번도 아들에게 독자적인 지휘권이나 권력을 행사할 기회를 준 적이 없다. 매번 누군가를 보좌하는 역할만 맡겼다. 죽음에 직면해서도 안티파트로스는 자신의 아들이 제국을 통제하기에는 역부족이라고 생각했음이 틀림없다. 아버지의 결정이 옳았음을 아들은 훗날의 행적을 통해 증명해 보일 터였지만 그것은 한참 후의 일이다. 당장 카산드로스가 아버지의 결정에 수긍하기에는 폴리페르콘이 평범했다. 카산드로스는 아시아의 안티고노스와 아프리카의 프톨레마이오스에게 도움을 요청했다. 온 제국을 휩쓸던 분열과 전쟁의 불길이 마케도니아까지 번지는 순간이었다.

알렉산드로스 가족들이 모두 비참하게 죽다

안티파트로스의 아들 카산드로스와 그의 부하 폴리페르콘의 권력 투쟁은 곧바로 마케도니아 왕가의 분열로 이어졌다. 필리포스 3세는 카산드로스를 지지했고, 태후 올림피아스Olympias, B.C. 375?~316는 손자 알렉산드로스 4세를 위해 폴리페르콘과 손을 잡았다. 올림피아스는 알렉산드로스의 어머니라는 휘황찬란한 아우라가 있었지만, 지금껏 안티파트로스라는, 자신의 아들이 직접 마케도니아의 섭정으로 임명한 거목에 가로막혀 정치적 역할이 제한됐다. 안티파트로스가 사망하면서 드디어 족쇄에서 풀려난 올림피아스는 이제 손자를 위해서 죽음을 불사할 각오였다. 그녀는 안티파트로스의 젊고 야심만만한 아들 카산드로스보다는 늙고 평범한 폴리페르콘을 파트너로 선택했다. 그녀의 선택은 옳았다. 문제는 폴리페르콘이 카산드로스와 싸워 이길 수 있느냐였다.

올림피아스와 폴리페르콘은 카산드로스가 지지자를 규합하기 위해 펠로폰네소스반도로 떠난 틈을 타 마케도니아를 장악했다. 올림피아스는 손자의 경쟁자인 필리포스 3세를 죽였다. 알렉산드로스 어머니 입장에서 필리포스 2세의 비정상적인 아들은 처음부터 마케도니아의 왕위에 오를 수 있는 인물이 아니었다. 마케도니아의 왕은 비록 혼혈이라 하더라도 알렉산드로스의 핏줄이어야만 했다. 올림피아스는 카산드로스의 지지자 100명도 처형했다. 그러나 카산드로스가 군대를 이끌고 나타나자 태후의 권력은 순식간에 허물어졌다. 올림피아스는 알렉산드로스가 아니었던 것이다. 태후는 손자와 며느리 록사나를 데리고 해안 도시 피드나Pydna로 피신했다. 뒤따라온 카산드로스는 피드나를 포위했다. 알렉산드로스 혈족들의 운명이 백척간두에 섰다.

이들을 구할 유일한 구원자는 아시아에서 알렉산드로스와 마케도니아 왕가Aread Dynasty의 대의를 위해 애꾸눈 안티고노스와 사투를 벌이고 있는 에우메네스였다. 아이러니하게도 그리스인이라는 태생적 한계 때문에 더 큰 꿈을 펼칠 수 없었던 에우메네스만이 알렉산드로스의 사후 유일하게 그의 이상, 그의 제국, 그의 가족을 지키는 데 헌신했다. 그러나 에우메네스는 아시아의 최강자인 안티고노스와 그를 따르는 마케도니아

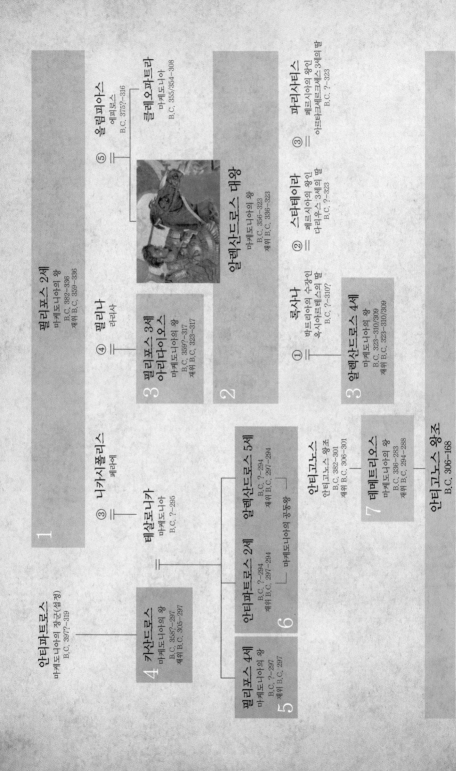

필리포스 2세
마케도니아의 왕
B.C. 382~336
재위 B.C. 359~336

③ 니카시폴리스
페라이에

④ 필리나
라리사

⑤ 올림피아스
에페이로스
B.C. 375?~316

클레오파트라
마케도니아
B.C. 355/354~308

안티파트로스
마케도니아의 장군(섭정)
B.C. 397?~319

테살로니카
마케도니아
B.C. ?~295

알렉산드로스 대왕
마케도니아의 왕
B.C. 356~323
재위 B.C. 336~323

필리포스 3세 아리다이오스
마케도니아의 왕
B.C. 359?~317
재위 B.C. 323~317

① 록사나
박트리아의 수장인 옥시아르테스의 딸
B.C. ?~310?

② 스타테이라
페르시아의 왕인 다리우스 3세의 딸
B.C. ?~323

③ 파리사티스
페르시아의 왕인 아르타크세르크세스 3세의 딸
B.C. ?~323

알렉산드로스 4세
마케도니아의 왕
B.C. 323~310/309
재위 B.C. 323~310/309

안티고노스
안티고노스 왕조
B.C. 382~301
재위 B.C. 306~301

7 데메트리오스
마케도니아의 왕
B.C. 336~283
재위 B.C. 294~288

안티고노스 왕조
B.C. 306~168

4 카산드로스
마케도니아의 왕
B.C. 358?~297
재위 B.C. 305~297

5 필리포스 4세
마케도니아의 왕
B.C. ?~297
재위 B.C. 297

6 안티파트로스 2세
B.C. ?~294
재위 B.C. 297~294

알렉산드로스 5세
B.C. ?~294
재위 B.C. 297~294
마케도니아의 공동왕

1

2

3

군대와 싸워 이길 수 없었다. 에우메네스가 가베네 전투Battle of Gabiene에서 패해 죽는 순간 알렉산드로스 일족의 운명은 결정됐다. 카산드로스의 철통같은 포위는 피드나를 서서히 굶주림으로 몰아갔다. 아사의 공포가 올림피아스의 의지를 부쉈고, 태후는 안전을 보장받고 항복했다. 그러나 카산드로스는 자신의 목표를 위해서라면 약속 따위는 언제든지 내팽개칠 수 있는 파렴치한 사람이었다. 올림피아스가 항복한 그해 초겨울, 카산드로스는 재판의 형식을 빌려 그녀를 살해했다(B.C. 316).

알렉산드로스의 부하는 알렉산드로스 어머니의 시신을 매장하지 않고 들짐승에게 던져줬다. 그리스 문화에서는 가장 모욕적이고 잔혹한 처사였다. 함께 카산드로스의 포로가 된 록사나와 알렉산드로스 4세는 몇 년

〈카산드로스와 올림피아스〉(Jean Joseph Taillasson, 연대 미상).

더 살 수 있었다. 그러나 오래지 않았다. 알렉산드로스의 아들이 자랄수록, 카산드로스의 권력은 약해질 수밖에 없었기 때문이다. 카산드로스는 록사나와 알렉산드로스 4세도 죽였다. 독살설이 있지만 정확한 살해 방법은 알려져 있지 않다. 언제 죽었는지 확실한 날짜도 모른다.

카산드로스는 결국 알렉산드로스의 어머니, 아내, 아들을 모두 죽이고 마케도니아의 권력을 차지했다. 가장 많은 알렉산드로스의 핏줄을 죽였고, 방법도 잔인했지만 카산드로스만이 악인은 아니었다. 폴리페르콘은 카산드로스와 화해하는 조건으로 알렉산드로스의 서자 헤라클레스Heracles, B.C. ?~309?를 교살했다. 애꾸눈 안티고노스는 알렉산드로스의 친누나 클레오파트라Cleopatra, B.C. 355/354~308를 암살했다. 기원전 308년, 알렉산드로스의 모든 피붙이는 알렉산드로스의 부하들 혹은 다른 가족들에 의해 살해됐다. 왕이 바빌론에서 급사한 지 15년 만의 일이었다. 알렉산드로스가 죽은 후 가장 먼저 사라진 건 그의 이상이었다. 제국은 부하들의 다툼 속에 무너졌다. 이제 왕가마저 끊어졌다. 오직 그의 이름만이 남았다. 위대한 정복자, 알렉산드로스 대왕!

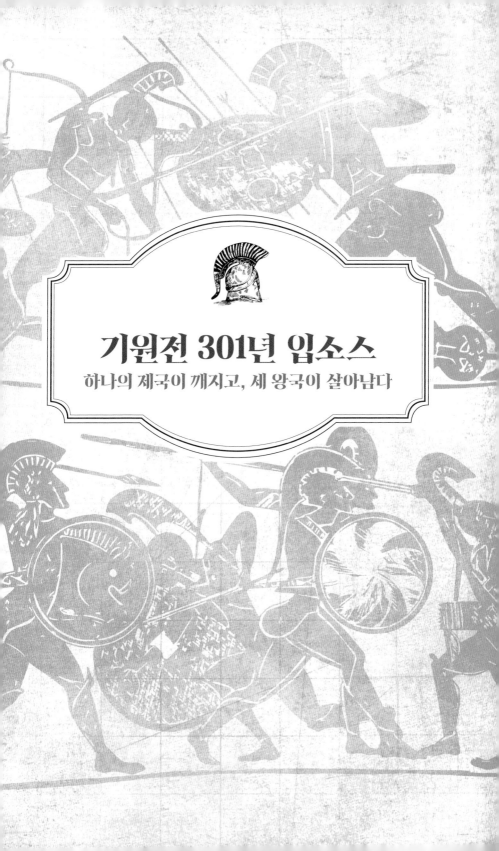

기원전 301년 입소스

하나의 제국이 깨지고, 세 왕국이 살아남다

소아시아 한복판에 위치한 프리기아 지방의 입소스Ipsos 평원으로 속속 부대들이 모여들었다. '애꾸눈' 안티고노스Antigonus I Monophthalmus, 재위 B.C. 306~301와 그의 아들 데메트리오스Demetrius I Poliorcetes, B.C. 336~283 부자가 이끄는 군대는 보병 7만 명에 기병 1만 명 그리고 75마리의 전투 코끼리로 구성되었다. 이 정도 규모의 군대는 알렉산드로스조차 한 번도 지휘해본 적이 없었다. 적들의 군대도 만만치 않았다. 보병은 6만 4,000명으로 조금 적었지만, 기병은 1만 5,000명으로 많았다.

무엇보다 전투 코끼리가 400마리로 안티고노스에 비해 압도적으로 많았다. 셀레우코스Seleucus I Nacator, 재위 B.C. 305~281가 인도 마우리아 제국Mauryan Empire의 찬드라굽타Chandragupta, 재위 B.C. 321?~297?에게서 받아왔다. 안티고노스에 맞서는 군대의 지휘관들은 트라키아의 리시마코스Lysimachus, 재위 B.C. 306~281, 페르시아·박트리아의 셀레우코스, 마케도니아의 카산드로스Cassander, 재위 B.C. 305~297였다. 이집트의 왕인 프톨레마이오스Ptolemy I Soter, 재위 B.C. 305~285를 제외한 알렉산드로스의 모든 '후계자'가 한자리에 모인 것이다. 오늘 이 전투로 제국과 후계자들의 운명이 결정될 것임을 병사들조차 느끼고 있었다.

전투는 안티고노스 군대의 우익에서 강력한 정예 기병대를 이끌고 포진해 있던 데메트리오스의 질주로 시작되었다. 데메트리오스의 정예 기병대는 명성에 걸맞게 셀레우코스의 아들 안티오코스Antiochus I Soter, B.C. 324~262/261 가 이끄는 기병대를 일거에 무찔렀다. 그러나 데메트리오스는 승리에 도취한 나머지 도망치는 적들을 쫓아가느라 전쟁터에서 멀리 벗어나고 말았다. 치명적인 실수였다. 어느 순간, 아버지를 혼자 전쟁터에 남겨두고 너무 멀리 왔다는 생각에 말머리를 돌렸으나 이미 늦었다. 셀레우코스가 재빠르게 코끼리 부대로 살아 있는 벽을 쌓아 데메트리오스의 기병대를 가로막았기 때문이다.

한편 기병대의 지원을 받지 못하게 된 안티고노스의 보병들은 사기를 잃고 당황했다. 셀레우코스가 기병대로 당장이라도 공격할 것처럼 겁을 주면서 시간을 끌자 안티고노스의 보병들은 무리 지어 항복하거나 도망치기 시작했다. 아들이 돌아오리라는 믿음을 가지고 끝까지 전쟁터를 떠나지 않고 버티던 안티고노스는 결국 빗발처럼 날아오는 적의 창에 맞아 죽었다(B.C. 301). 페르디카스에 이어 제2의 알렉산드로스를 꿈꾸던 장군치고는 허무한 죽음이었다. 패전의 원인을 제공한 아들 데메트리오스는 1만 명이 안 되는 병사들을 이끌고 해안 도시 에페소스로 도망쳤다.

안티고노스는 알렉산드로스의 후계자들 중 최강자였다. 그는 여러 명의 후계자가 난립하는 가운데 유지되는 불안한 평화와 조각난 제국 대신 통합된 하나의 제국 아래 항구적인 평화를 달성하고자 했다. 이는 알렉산드로스의 꿈과 일맥상통했다. 입소스 전투에서 안티고노스가 전사함으로써 그의 이상은 산산조각 났다. 알렉산드로스의 꿈도 마찬가지였다. 이제 세상은 쪼개진 왕국들 위에서 헬레니즘Hellenism이라는 새로운 문명을 꽃피울 터였다.

에게해의 시대

애꾸눈 안티고노스의 야망과
그에 맞선 동맹들

알렉산드로스의 갑작스런 죽음 이후 '후계자들'이라 일컫는 그의 부하 장수들은 20년 넘게 자신들이 정복한 땅을 피로 적셔왔다. 그러나 결정된 것도, 안정된 것도 없었다. 권력자들의 욕망은 더 많은 피를 요구하고 있었다. 페르디카스와 안티파트로스가 죽은 이후 후계자들 중 최강자는 애꾸눈 안티고노스였다. 알렉산드로스 제국의 중심부에 자리한 터키, 시리아, 팔레스타인이 권력 기반이었다. 그의 외아들 데메트리오스는 아테네와 남부 그리스를 장악했기 때문에 안티고노스는 실질적으로 에게해도 지배했다. 만약 이 시기에 안티고노스 부자가 평화와 질서를 추구했다면, 역사가 달라졌을 것이다. 그러나 이 욕심 많은 부자는 모든 강자가 그러하듯 더 많은 것을 원했다.

후계자들 중 유일하게 알렉산드로스 왕가에 헌신했던 에우메네스를

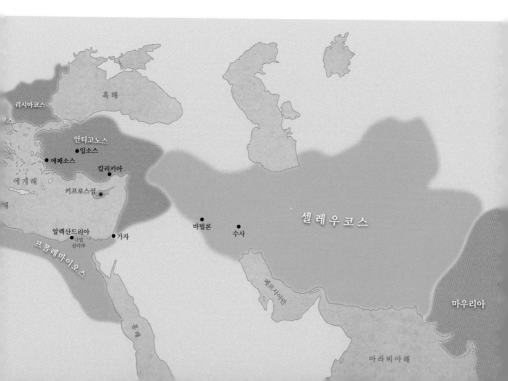

성공적으로 제거한 안티고노스는, 어제까지 전쟁터에서 자신을 돕던 셀레우코스로부터 풍요로운 바빌론 지방을 빼앗았다. 셀레우코스는 굴복하지 않고 프톨레마이오스가 다스리는 이집트로 도망가 후일을 기약했다. 셀레우코스는 그곳에서 프톨레마이오스(이집트), 리시마코스(트라키아), 카산드로스(마케도니아)를 설득해 안티고노스의 야망에 맞서는 동맹을 결성하는 데 성공했다. 1차 동맹 전쟁의 시작이었다(B.C. 315~311).

안티고노스 부자의 다음 목표는 이집트였다. 알렉산드로스 사망 직후부터 프톨레마이오스가 다스리고 있는 이 부유한 속주를 장악하게 된다면 안티고노스의 왕국은 에게해는 물론이고 동지중해 전체를 지배하게 될 터였다. 데메트리오스는 육로로 이집트를 향해 나아갔다. 그러나 그의 진격은 프톨레마이오스의 군대를 이끌고 방어에 나선 셀레우코스에 의해 가자에서 막혔다.

〈가자 전투〉(Heinrich Leutemann, 1882).

에게해의 시대

이집트 방어에 성공하자마자 셀레우코스는 소수의 군대를 이끌고 빼앗긴 근거지인 바빌론으로 향했다. 안티고노스는 알렉산드로스의 동방 원정 기간 내내 소아시아의 프리기아 총독으로 근무했기 때문에 바빌론 지역에 연고가 없었다. 이와 달리 셀레우코스는 알렉산드로스 군대의 주요 장교로, 제국의 섭정 페르디카스 진영의 이인자로, 4년 전까지는 총독으로 지냈기 때문에 바빌론과 관계가 각별했다. 소수의 군대밖에 없었던 셀레우코스가 바빌론을 재정복할 수 있었던 이유다.

바빌론을 장악한 셀레우코스는 자신만의 제국을 건설할 토대를 쌓아가기 시작했다. 2차 동맹 전쟁은 프톨레마이오스가 소아시아 남동부 해안가인 킬리키아Cilicia를 공격하면서 시작되었다. 안티고노스 부자는 아테네를 비롯한 그리스 전역에서 카산드로스의 권력을 무너트렸고, 이집트를 재차 침공하기 위해 함대를 파견했다. 데메트리오스의 함대는 키프로스 부근에서 프톨레마이오스의 함대를 격파하고, 섬을 장악했다. 이 승리에 고무된 병사들은 안티고노스를 왕이라 선언했다(B.C. 306). 필리포스와 알렉산드로스의 후손들이 아닌, 새로운 왕이 탄생한 것이다. 이는 알렉산드로스의 후계자들이 드디어 기존의 마케도니아 왕조로부터 벗어나 자신의 힘으로 왕국을 세우고 역사를 만들어가겠다는 선언이나 마찬가지였다. 안티고노스에 이어 카산드로스, 프톨레마이오스, 셀레우코스가 줄줄이 왕위에 올랐다.

만약 이때 안티고노스가 지나친 야심을 조금만 억눌렀더라면, 한때 동료였던 후계자들에게 조금만 양보했더라면, 그는 죽는 날까지 최고의 권력을 누리고 아들에게 온전히 물려줄 수 있었을 것이다. 다른 후계자들도 각자의 왕국에서 뿌리를 내리기 위해 노력했을 것이다. 그러나 안티고노스는 거만하고 양보를 모르는 성격이었다. 그는 전부를 원했고, 그

탓에 입소스 전투에서 모두 잃었다. 권력에 취한 인간이라면 누구나 맞닥뜨리게 되는 휴브리스와 네메시스였다.

안티고노스의 왕국을 승자들이 나눠 가지다

입소스 전투의 승자들은 안티고노스의 제국을 나눠 가졌다. 가장 큰 전리품을 챙긴 건 트라키아의 군주 리시마코스였다. 그는 이제 안티고노스 왕국의 핵심이었던 소아시아의 서쪽 대부분을 차지했다. 그 결과 리시마코스의 왕국은 유럽과 아시아의 가교인 헬레스폰트 해협을 완벽하게 통제하고, 흑해와 에게해에서 영향력을 행사하게 됐다. 셀레우코스는 소아시아의 동쪽과 시리아를, 프톨레마이오스는 팔레스타인에서 시리아 남부까지를 손에 넣었다. 생존을 위해 안티고노스를 상대로 전략적 동반자 관계를 맺어왔던 두 사람은 장차 시리아 남부를 놓고 첨예하게 대립

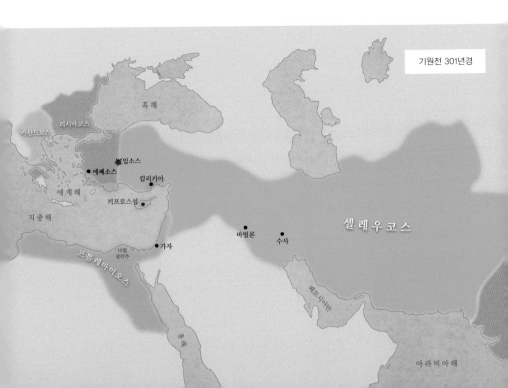

하게 된다.

마케도니아와 그리스 본토는 카산드로스의 영향력 아래 들어갔다. 그러나 여전히 평화는 멀리 있었다. 안티고노스처럼 알렉산드로스의 유산 전체를 하나로 통합해서 차지하겠다는 과도한 야심가는 사라졌지만, 더 많은 영토와 전략적 요충지를 차지하기 위한 왕들의 투쟁은 아직 끝나지 않았다. 안티고노스의 아들 데메트리오스가 죽지도, 사로잡히지도 않고 그리스 세계를 떠도는 것도 정국의 불안 요소였다. 공성전에 능해서 '공성자the Besieger'라는 별칭이 붙은 데메트리오스는 그리스 세계 곳곳에 지지자가 있었다. 입소스 전투에서 패배한 후에도 굴하지 않고 여기저기 떠돌면서 권토중래를 노렸던 것도 그러한 지지 기반이 있었기 때문이다.

데메트리오스에게 권좌로 돌아올 기회를 제공한 건 카산드로스였다. 입소스 전투 이후 카산드로스는 알렉산드로스의 어머니, 부인, 아들까지 죽여 손에 넣고자 했던 마케도니아의 왕권을 확실하게 자신의 것으로 만들었다. 그러나 이 패륜에 가까운 만행조차 거리낌없이 행사하며 권력의 정상을 향해 달려갔던 카산드로스의 운은 여기까지였다. 그는 경쟁자들 중 가장 먼저 부종으로 죽었다(B.C. 297). 여전히 위험한 시대에 왕비와 어린 세 아들만을 남겼다. 왕비 테살로니카Thessalonike, B.C. ?~295는 필리포스 2세의 딸 중 한 명으로 카산드로스에게 아들 셋을 낳아줬다. 카산드로스는 알렉산드로스의 직계 가족을 제거하는 한편, 테살로니카를 통해 자신의 후손들에게 왕가의 핏줄을 더했던 것이다.

왕위는 큰아들 필리포스Philip Ⅳ, B.C. ?~297가 물려받았으나 곧바로 죽었다. 둘째 안티파트로스에게 차례가 왔을 때 막내 알렉산드로스Alexander Ⅴ, B.C. ?~294를 지극히 사랑했던 왕비가 개입해 둘을 공동왕으로 삼았다. 이에 분노한 안티파트로스는 결국 어머니를 살해했고, 동생을 쫓아냈다.

형에 의해 추방된 알렉산드로스는 왕위를 되찾기 위해 데메트리오스에게 도움을 요청했다. 데메트리오스는 마케도니아로 와서 안티파트로스를 축출한 후, 알렉산드로스마저 죽이고 왕좌에 올랐다(B.C. 294). 카산드로스 왕조는 2대에 걸쳐 네 명의 왕을 배출하고 11년 만에 단명했다. 반면에 입소스에서 사망 선고를 받았던 안티고노스 왕가는 기적적으로 되살아나 마케도니아의 왕관을 차지했다. 이 왕조는 기원전 168년, 로마에 의해 멸망할 때까지 마케도니아를 지배했다.

안티고노스, 셀레우코스, 프톨레마이오스가 살아남다

카산드로스에 이어 두 번째로 탈락한 입소스 전투의 승자는 리시마코스였다. 안티고노스를 권력 다툼에서 영원히 축출한 이후에 승자들은 더 많은 영토를 차지하기 위해 싸우는 한편, 기존의 왕국을 지키기 위해서 다양한 합종연횡을 실시했다. 왕조 간의 복잡한 결혼 동맹이 맺어진 이유다. 리시마코스도 예외가 아니었다. 그의 첫 번째 부인은 마케도니아 섭정이었던 안티파트로스의 딸이었고, 두 번째 부인은 알렉산드로스가 수사의 합동결혼식 때 맺어준 페르시아의 공주였다. 세 번째 부인은 이집트의 왕 프톨레마이오스의 나이 어린 딸이었다.

세 번째 부인이 자신의 아들을 후계자로 만들기 위해 첫 번째 부인의 아들로 기존의 후계자였던 아가토클레스Agathocles, ?~?를 모함했다. 죄목은 셀레우코스와 짜고 모반을 꾀했다는 것이었다. 리시마코스는 세 번째 부인의 말을 믿고 후계자를 처형했다. 그 과정에서 리시마코스의 궁정은

에게해의 시대

몇 년에 걸쳐 극심한 내부 권력투쟁을 겪어야 했다.

아가토클레스의 죽음 이후 투쟁의 정도는 나이 든 왕이 통제하기 힘든 상황으로까지 치달았고, 셀레우코스는 이때를 이용해 리시마코스 왕국을 공격해 들어왔다. 역시 어제의 동지였던 두 사람은 적으로 변신해 치열하게 싸웠고, 결과는 셀레우코스의 승리였다. 기원전 281년 2월, 리시마코스는 코루페디움Corupedium에서 결정적으로 패한 뒤 전사했다. 이로써 셀레우코스는 후계자 중 최강자의 자리에 올랐다. 마케도니아만 정복한다면 프톨레마이오스의 이집트를 제외한 알렉산드로스 제국의 대부분을 손에 넣게 되는 것이었다.

페르디카스, 안티고노스가 품었으나 비참하게 실패했던 꿈이 셀레우코스에게서 되살아났다. 셀레우코스는 큰 꿈을 안고 헬레스폰트 해협을 통해 아시아에서 유럽으로 건너갔다. 기원전 281년의 여름이 끝나고 가을이 시작될 무렵이었다. 그러나 셀레우코스는 살아서 다시 아시아 땅을 밟지는 못했다. 얼마 후 마케도니아 왕위를 노리던 이집트의 왕자 프톨레마이오스 케라우노스Ptolemy Ceraunus, 재위 B.C. 281~279에게 암살됐기 때문이다.

프톨레마이오스 케라우노스는 아버지로부터 이집트 왕위 계승에서 배제되자 스스로의 힘으로 왕국을 차지하기 위해 리시마코스 궁정에 와 있었던 야심가였다. 결국 셀레우코스 역시 페르디카스, 안티고노스가 걸었던 길을 따라갔다. 그러나 셀레우코스의 제국은 건국자의 죽음에도 흔들리거나 분열되지 않았다. 이미 셀레우코스가 장남 안티오코스를 중심으로 한 후계 구도를 확실하게 만들어놓았기 때문이다. 이 왕조는 기원전 64년 로마에 의해 멸망할 때까지 존속되었다.

후계 왕국 중 가장 먼저 자리를 잡기 시작한 건 프톨레마이오스의 이집트였다. 장군으로서는 물론, 특별한 외교적·전략적 재능을 보유했던 프톨레마이오스는 알렉산드로스 사후에 벌어진 긴 계승 전쟁에서 최대의 승자였다. 그는 처음부터 알렉산드로스의 제국은 유지될 수 없고, 여러 왕국으로 쪼개질 것이라고 예측했다. 알렉산드로스의 제국은 오직 알렉산드로스만이 통치하고 유지할 수 있는 것이었다. 프톨레마이오스는 변변한 후계자가 없고, 주변의 장군들 중에는 제2의 알렉산드로스가 될 만큼의 능력자도 없다고 판단했다.

그래서 그는 처음부터 이집트만 원했다. 풍요롭고 거대한 이집트는 나일강 삼각주라는 천혜의 자연 방어막으로 잘 방어되고 있었고, 배후의 아프리카 내륙에는 이집트를 위협할 세력도 존재하지 않았다. 나일강만 잘 지키면 생존을 도모하는 데는 가장 수월한 곳이었다. 프톨레마이오스는 집요하게 이집트에 집착했고, 결국 이곳에 자신의 왕조를 뿌리내렸다. 알렉산드로스의 제국 전체를 차지하겠다는 과도한 욕심을 내지 않은 것도 그가 살아남는 데 크게 기여했다.

프톨레마이오스의 확장 전략은 언제나 이집트를 좀 더 잘 보존하고자 하는 제한적, 방어적 목표를 추구했다. 팔레스타인과 남부 시리아를 장악해 이집트로 들어오는 길목을 군사적으로 보호했고, 지중해 동부의 제해권은 바다로부터 이집트가 공격받는 것을 막기 위해서 차지했다. 그리고 내부적으로는 행정을 개선하고, 이집트인과의 관계를 강화하며, 학문과 예술을 후원하고, 교역을 활성화하는 데 노력했다. 그 결과 프톨레마이오스는 후계자들 가운데 유일하게 자신의 왕궁에서 안락한 노후를 보냈고, 자신의 침대에서 편안하게 죽음을 맞이했다(B.C. 283/282). 그의 왕조는 기원전 30년 로마에 의해 멸망될 때까지 존속되었다.

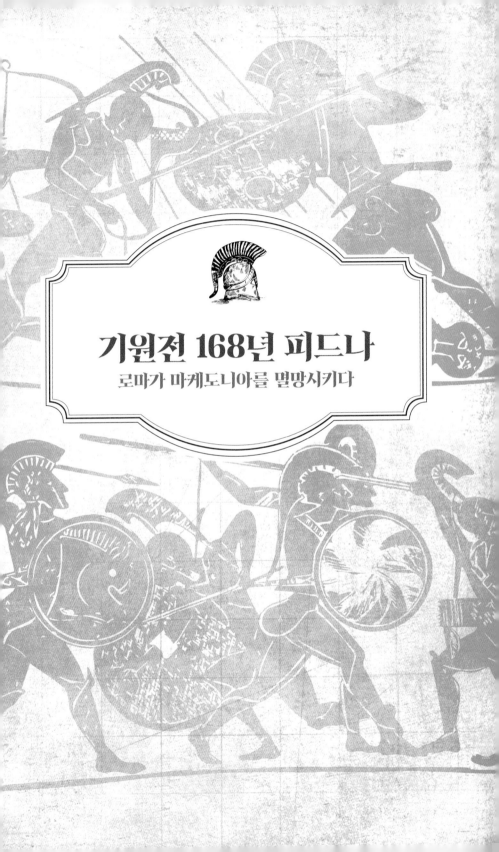

기원전 168년 피드나

로마가 마케도니아를 멸망시키다

정오 무렵 피드나 인근에서 말에 물을 먹이던 로마 병사들은 갑작스럽게 마케도니아 병사들과 마주치자 깜짝 놀랐다. 예상치 못했던 만남에 놀라기는 마케도니아 병사들도 마찬가지였다. 양측이 서로를 향해 달려들면서 예정에 없던 전투가 벌어졌다. 로마군 총사령관 루키우스 아이밀리우스 파울루스Lucius Aemilius Paullus Macedonicus, B.C. 229?~160는 병사들 사이를 정신없이 뛰어다닌 끝에 부대를 정렬하는 데 성공했다. 얼마나 다급했던지 갑옷도 입지 못한 채였다. 그 순간 마케도니아의 중장보병으로 구성된 팔랑크스가 무시무시한 기세로 쳐들어왔다. 훗날 파울루스 스스로가 '나도 두려웠다'고 고백할 정도로 마케도니아군의 돌격은 거침없었다.

로마 군대의 전열은 파괴되었고, 일부 부대는 거의 전멸에 가까운 타격을 입었다. 로마군은 재빨리 언덕 위의 진영으로 후퇴했다. 마케도니아 팔랑크스

〈피드나 전투〉(Andrea del Verrocchio, 1475년경).

　는 승리의 기세를 몰아 추격해 들어갔다. 이 순간 전쟁의 승패가 갈렸다. 로마
군 진지로 가는 울퉁불퉁한 오르막길을 달려가다가 팔랑크스의 견고했던 대
오가 무너지면서 틈이 생겨난 것이다. 노련한 로마 병사들은 이때를 놓치지
않고 뛰어 내려와 사이를 파고 들어가 팔랑크스를 측면에서 공격하기 시작
했다.
　이 당시 마케도니아 팔랑크스는 갑옷과 무기의 무게를 늘려 파괴력을 강화
했기 때문에 알렉산드로스 시절의 유연성과 기동성을 발휘하기가 힘들었다.
그러다 보니 정면이 아닌 옆과 뒤에서 받는 공격에 약할 수밖에 없었다. 병사
들이 교전 중에 집단으로 회전하는 게 거의 불가능했기 때문에 이때 마케도니
아의 팔랑크스가 붕괴되는 것을 막는 유일한 방법은 기병이 출동해 로마 병사
들의 공격을 방어하는 것뿐이었다. 그러나 마케도니아 기병대는 이 처참한 살
육을 지켜만 보다 도주했다. 그 선두에는 마케도니아의 왕, 페르세우스Perseus,
재위 B.C.179~168가 있었다.

　　　　　　　　　　　　　　　　　　　　에게해의 시대

〈루키우스 아이밀리우스 파울루스의 개선〉(Antoine Charles Horace Vernet, 1789).

　이제 로마군은 마케도니아 팔랑크스를 옆뿐 아니라 뒤에서도 공격하기 시
작했다. 3,000명의 정예 병사가 순식간에 전멸했다. 나머지 마케도니아 병사
들은 무질서하게 후퇴했고, 로마 병사들은 이를 쫓아 살육했다. 4만 명이 넘는
마케도니아의 병사 가운데 2만 명 이상이 죽었고, 1만 명 정도 포로가 되었다.
알렉산드로스의 후계 왕국인 마케도니아가 멸망하는 데까지는 한 시간밖에
걸리지 않았다(B.C. 168. 6.22.). 마케도니아 왕 페르세우스는 소수의 측근만을
데리고 사모트라키아Samothrace섬으로 도망쳤다. 그가 챙겨 간 유일한 것은 막
대한 황금이었다. 암군에 걸맞은 행동이었다. 보다 못해 측근들마저 곁을 떠나
자 홀로 남은 왕은 로마의 집정관이자 마케도니아 전선의 총사령관인 루키우
스 아이밀리우스 파울루스에게 항복의 편지를 썼다. 마케도니아 왕국은 이해
에 멸망했다.

헬레니즘 왕국의 발전과 로마의 성장

알렉산드로스의 제국은 그의 사후 수십 년간 계속된 격렬한 투쟁 끝에 마케도니아, 셀레우코스Seleucid, 이집트 세 왕국으로 정리되었다. 이들 헬레니즘 왕국을 통해 그리스인과 그리스 문명은 전례 없이 넓은 지역에서 막강한 영향력을 행사했다. 에게해 주변에 머물던 그리스 문명의 지평이 나일강, 티그리스-유프라테스강, 인더스강이라는 고대 세계의 가장 오랜 문명 지대까지 확장된 것이다.

헬레니즘 왕국의 왕실은 모두 마케도니아인이었고, 그들은 서로 통혼하며 핏줄의 순수성을 유지하려고 노력했다. 마케도니아 왕국을 제외한 이집트와 셀레우코스 왕국은 마케도니아-그리스인들의 이민을 활발하게 받아들였고, 그들은 주로 도시에 거주하며 왕국의 상류층을 형성했다. 여전히 농업이 경제의 기반이었지만 그리스인들의 주도 아래 국제

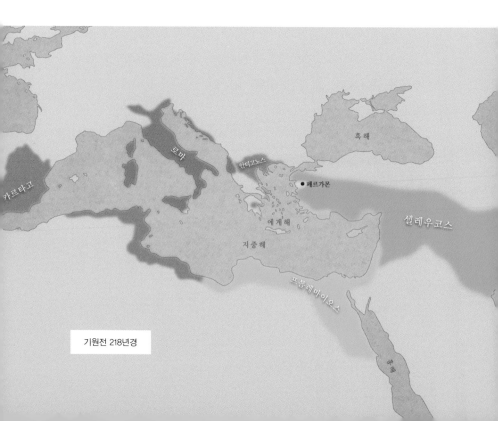

기원전 218년경

해상 무역도 번성했다. 에게해의 로도스섬과 델로스섬, 이집트의 새로운 수도 알렉산드리아 등이 거점이었다.

그리스어는 당연하게도 헬레니즘 세계의 공용어로 통치자를 비롯한 상류층과 지식인은 모두가 배우고 사용했다. 헬레니즘 세계와 소통하기 위해서 외부의 비그리스인조차 그리스어를 사용했다. 인도 마우리아 제국이 지배하던 오늘날의 아프가니스탄에서 그리스어로 표기된 기념비가 발견된 것이 대표적인 예다. 헬레니즘 왕국들의 경제는 번영했고, 문화·철학·과학은 다양하고 의미 있는 발전을 이뤘다.

아프가니스탄 칸다하르에 있는 아소카 대왕의 칙령.

그러나 정치와 군사에서는 그렇지 못했다. 정체되었거나 오히려 퇴보했다. 계속되는 궁정 음모와 권력투쟁은 왕실의 권위를 떨어트렸다. 자기도취에 빠진 왕들은 불필요한 대외 원정으로 국력을 낭비했다. 군대는 용병이 근간을 이뤘다. 헬레니즘 시대를 가능케 했던 시민병의 전통이 헬레니즘 시대에 들어와 종말을 고한 것이다. 용병을 고용하는 비용이 높아 왕실의 재정에 큰 부담이 됐다. 그들의 전투력은 비용에 비해 형편없었지만, 주변 국가들의 상황이 비슷했기 때문에 크게 문제가 되지는 않았다. 헬레니즘 군대의 민낯이 드러난 건 외부의 새로운 적인 로마와 충돌했을 때였다.

로마는 이탈리아반도 중부의 라티움Latium에서 시작됐다(B.C. 753). 일곱 언덕 위의 작은 촌락에서 출발했지만 착실하게 국력을 키워 나갔다. 기원전 509년에 중요한 정치적 혁명이 발생해 왕정을 폐지하고 공화정을 수립했다. 아테네가 귀족정을 폐지하고 민주정을 창조할 때, 로마는 왕정을 폐지하고 공화정을 창조한 것이다. 공화정의 제도적 핵심은 권력에 대한 견제와 균형이었다. 이를 위해 로마는 권력을 집정관Consul, 원로원Senate, 민회Comitia로 분산시켰다.

모든 공직자는 민회에서 복수로 선출됐고, 임기는 1년으로 한정했다. 공화정은 '정부는 공동체 전체에 의해 구성되고, 공동체 전체를 위해 존재한다'는 이념적 토대 위에 세워졌다. 그러나 현실은 그렇지 못했다. 귀족과 평민 간에 거대한 정치·경제·사회적 격차가 존재했다. 귀족과 평민 사이의 충돌은 불가피했다. 로마는 법을 제정해 평민의 이익과 권리를 보호하는 방식으로 갈등을 해결했다. 귀족은 평민이 고위직에 진출하고 부를 획득해 새로운 귀족이 되는 것을 받아들여야 했다. 이런 과정을 통해 로마는 내부 분란을 해소하고, 공동체의 단합을 이뤄냈다.

로마의 국력은 점차 주변 지역을 압도하기 시작했다. 강인하고 투박한 자영농들을 토대로 한 군대를 앞세워 로마는 기원전 3세기 중반에 이탈리아반도의 대부분을 통일했다. 로마의 세력이 지중해까지 뻗어 나가자 카르타고Carthage 제국과 충돌이 불가피해졌다. 카르타고는 지중해 동부에서 활동하던 페니키아인Phoenician이 기원전 800년 전후에 오늘날의 튀니지에 세운 상업 국가였다. 시칠리아를 포함한 서부 지중해 전체를 무대로 상업 활동을 벌였고, 막강한 해군을 보유했다. 로마는 지중해의 심장이라 불리는 시칠리아섬을 둘러싸고 카르타고와 전쟁에 돌입했다 (B.C. 264).

이러한 포에니 전쟁Punic Wars(B.C. 264~146)은 기원전 146년 로마가 카

에게해의 시대

르타고를 완전히 파괴할 때까지 무려 118년 동안 세 차례에 걸쳐 진행됐다. 세 번의 포에니 전쟁 가운데 두 번째에 해당하는 한니발 전쟁(B.C. 218~201)은 로마를 멸망 직전까지 몰아갔다. 그러나 로마는 모든 사회 구성원의 헌신과 희생, 열정과 분투로 한니발Hannibal, B.C. 247~183/181이라는 천재적인 장군의 파상 공세를 막아냈다. 결국 한니발에 필적하는 뛰어난 장군 푸블리우스 코르넬리우스 스키피오Publius Cornelius Scipio Africanus, B.C. 236~183가 등장하면서 전세는 로마로 기울기 시작했다.

스키피오는 카르타고 본국을 공격해 한니발을 이탈리아반도로부터 끌어냈고, 자마Zama에서 격파해 승리를 확정 지었다(B.C. 202). 이로써 로마는 카르타고를 대신해 서부 지중해 전체를 지배하는 제국으로 급성장

〈스키피오의 개선〉(작자, 연대 미상).

했다. 오랜 세월 외부로부터의 충격 없이 자기들끼리의 소소하고 덜 위험한 충돌에 익숙했던 헬레니즘 국가들에 로마 제국의 출현은 위기의 징조였다. 그러나 언제나 그렇듯이 위기가 되돌릴 수 없는 현실이 될 때까지 깨닫는 사람들은 없었다.

마케도니아, 시리아와 로마의 분쟁

로마를 헬레니즘 세계로 끌어들인 건 마케도니아 왕국이었다. 한니발 전쟁 중 마케도니아의 왕 필리포스 5세Philip Ⅴ, 재위 B.C. 221~179는 로마에 맞서 한니발과 동맹을 맺었다. 생사의 기로에 선 로마의 등에 비수를 꽂는 행위였다. 마케도니아의 공격에 대비해 로마는 제2의 전선을 만들어야 했다. 비록 필리포스 5세는 한니발의 충실한 동맹이 아닌 것으로 밝혀졌지만, 로마는 잊지 않을 터였다. 로마가 가장 위험한 시기에 누가 적의 편에 서서 생존을 위협했는지. 모든 강대국이 그러하듯이 적을 용서하지도 않을 터였다. 기원전 205년 필리포스 5세는 로마와 우호적인 강화조약을 맺고 한니발 전쟁에서 발을 뺐다. 한니발과 최후의 결전을 노리던 때라 로마도 강화를 받아들였다. 한니발 전쟁이 끝나자마자 다시 마케도니아 문제가 원로원의 의제에 올랐다.

필리포스 5세는 과도한 야망에 불타는 왕이었다. 그는 그리스 세계 전체로 영향력을 확산하려고 평생 애썼다. 로마와 강화조약을 맺자마자 그는 마케도니아의 창끝을 그리스 세계의 만만한 국가들로 돌렸다. 이집트의 프톨레마이오스 필로파토르Ptolemy Ⅳ Philopator, 재위 B.C. 221~205가 사망하고 다섯 살배기인 아들Ptolemy Ⅴ Epiphanes, 재위 B.C. 205~180이 왕위를 이은 것도 필리포스 5세의 야망을 부채질하는 요인이 되었다. 그는 셀레우코스 제국과 손잡고 이집트를 포함한 그리스 세계 전체를 정복한 후 두 나라가 나눠 갖기로 약속했다. 두 나라의 국력과 두 군주의 역량을 고려하면 백일몽에 지나지 않았지만, 자신을 과대평가하는 데 익숙해진 권력자의 눈에 현실은 원래 잘 보이지 않는 법이다.

필리포스의 전쟁은 그렇게 허황되게 시작하고, 무자비하게 진행됐다. 온 그리스 세계가 공포와 분노에 휩싸였고, 그들 중 몇몇은 로마에 구원을 요청했다. 소아시아 서부의 작지만 부유한 페르가몬Pergamum이 대표적이었다. 셀레우코스와 마케도니아 사이에 끼어 있던 페르가몬은 언제나 두 나라로부터 독립을 위협받았다. 태생적으로 페르가몬은 먼 곳에 위치한 로마와 좋은 관계를 유지했다. 특히 페르가몬의 왕들은 대체로 현명하고 냉철해서 로마의 국력을 헬레니즘 세계의 어느 군주보다 정확하게

페르가몬 아크로폴리스 원형극장.

판단하고 있었다. 그들은 언제나 로마의 편에 섰다.

그런 페르가몬이 한니발과 손잡고 절체절명의 위기에 처한 자신의 뒤통수를 쳤던 마케도니아에 정복당하는 것을 그냥 두고 볼 로마가 아니었다. 이제 막 파괴적인 한니발 전쟁을 끝낸 후였기 때문에 지쳤고, 무엇보다 민심이 안정을 원했지만 원로원은 마케도니아와의 전쟁을 결심했다. 이제 서지중해의 유일한 강자가 된 로마는 제국의 입장에서 지중해 세계 전체를 바라보고, 개입해야 했다. 로마는 헬레니즘 세계의 현상 유지를 원했다. 로마의 또 다른 충실한 동맹인 이집트의 주인이 바뀌는 것도 원치 않았고, 마케도니아와 셀레우코스가 일으킨 전쟁으로 지중해 교역이 무너지는 것도 원치 않았다. 정치적으로나 경제적으로나 심리적으로나 마케도니아와의 전쟁은 불가피했다.

로마군 총사령관은 이제 갓 서른을 넘긴 젊은 티투스 퀸크티우스 플라미니누스Titus Quinctius Flamininus, B.C. 229?~174였다. 필리포스 5세는 처음부터 수세였다. 명분 없고 무자비한 전쟁 수행에 많은 그리스 도시들이 마케도니아에 등을 돌렸기 때문이다. 로마군과 마케도니아군은 테살리아 남부의 키노스케팔레Cynoscephalae라는 높고 가파른 언덕을 사이에 두고 조우했다. 양쪽 군대의 규모는 2만 6,000명씩으로 비슷했다.

초반에는 양측이 엎치락뒤치락하며 혼전 양상을 보였으나, 점차 마케도니아가 승기를 잡았다. 필리포스 5세가 이끄는 우익의 팔랑크스가 먼저 키노스케팔레 언덕을 점령한 뒤, 강력한 전투태세를 갖추고 로마 군단을 향해 언덕 아래로 밀고 내려갔기 때문이다. 로마군의 좌익은 뒤로 밀릴 수밖에 없었다. 마케도니아군의 좌익을 지휘하던 장군은 왕의 우세를 보고 급하게 자신의 부대에 돌격을 명령했다. 그것이 패착이었다. 마케도니아군의 좌익은 미처 전투태세도 갖추지 못한 채 무질서하게 언덕

〈이스트미아 제전에서 그리스에 자유를 부여하는 플라미니누스〉(Jean Pierre Saint Ours, 1780).

을 내려가기 시작했다.

팔랑크스는 견고하게 진을 짜서 전진할 때만 가공할 파괴력을 발휘하기 때문에 이런 무질서한 진격은 자살행위나 다름없었다. 로마군의 우익은 이 틈을 놓치지 않고 빠르게 진격해 마케도니아군의 좌익을 격퇴하기 시작했다. 로마군 우익의 일부가 승기를 잡고 전진하던 마케도니아 우익의 배후를 공격하면서 전투는 끝이 났다. 후미 공격에 무방비 상태였던 마케도니아 팔랑크스는 거의 학살되다시피 했다. 마케도니아군의 절반이 죽거나 포로로 잡혔다. 로마의 대승이었다(B.C. 197).

죽음의 전쟁터에서 빠져나온 필리포스 5세는 마케도니아로 도망쳤다. 그는 로마와의 강화조약을 통해 사실상 주권을 제약받게 되었고, 특히 그리스 세계에서 군사적 패권을 잃었다. 로마인들은 그리스 세계에 자유를 선물하고 이탈리아반도로 되돌아갔다. 그리스 세계는 로마의 이 같은 조치에 반신반의했다. 자신들의 피를 흘려 거둔 승리의 열매를 대가 없이 돌려준다는 것을 이해할 수 없었다.

그러나 로마는 그렇게 했다. 그때까지만 해도 로마는 지중해 전체를 지배하려는 야망보다는 현재의 평화를 유지함이 낫다고 생각했기 때문일 것이다. 총사령관 플라미니누스의 그리스 문화에 대한 사랑도 그리스 세계의 해방에 크게 기여했다. 어쨌든 필리포스 2세 이래로 오랜 세월 마케도니아의 족쇄에 묶여 있던 그리스 세계는 자유를 되찾았다. 하지만 진짜 불행은 그때부터 시작이었다. 이미 그리스 세계는 자신들의 자유를 누리거나 지킬 자격을 상실했기 때문이다.

로마의 관용은 불필요한 분쟁을 불러일으켰다. 이번 상대는 헬레니즘 세계의 또 다른 강국 셀레우코스 제국이었다. 당시 셀레우코스의 군주는 안티오코스 3세Antiochus Ⅲ the Great, 재위 B.C. 223~187였다. 그 역시 필리포스 5세와 마찬가지로 젊어서 왕위에 올랐고, 능력 이상의 성취를 추구했다. 그는 로마가 필리포스 5세를 굴복시키는 과정을 보고도 로마의 잠재적 힘에 대해 깊이 생각하지 않았다. 특히 그 시점이 최악의 한니발 전쟁에서 가까스로 이긴 직후임을 감안하면 로마의 일방적인 승리가 주는 사인은 분명했다. 로마는 헬레니즘 왕국과는 전혀 다른 차원의 군사 대국으로 성장했던 것이다.

어리석은 안티오코스 3세는 필리포스의 몰락을 이집트와 이집트의 해외 영토를 독차지할 절호의 찬스라고 생각했다. 한발 더 나아가 무주공산이 된 그리스 남부와 에게해도 장악하려고 시도했다. 로마가 이 문제를 외교적으로 해결하려 하자 더욱 기고만장해진 안티오코스 3세는 전쟁을 결심했다. 사태가 여기에 이르자 로마로서도 선택의 여지가 없었다. 원로원은 다시 전쟁을 결의했고, 4만 대군이 그리스로 향했다.

안티오코스 3세도 군대를 이끌고 그리스 본토로 진입했으나, 그의 전쟁 수행 능력은 형편없었다. 전쟁을 하겠다는 결심은 했지만, 제대로 싸

에게해의 시대

위 승리하겠다는 생각은 전혀 없는 사람처럼 행동했다. 총사령관인 왕이 그러니 병사들의 기강이 해이하고 명령이 잘 이행되지 않는 것은 당연했다. 제대로 된 전투 한 번 해보지 못하고 천혜의 요새인 테르모필레를 빼앗겼다. 왕은 배를 타고 소아시아로 도망쳤다. 로마군은 아시아 진출을 결정했다. 이번에야말로 거만하고 어리석은 안티오코스 3세에게 로마의 힘을 아시아의 전쟁터에서 직접 보여줄 때라고 생각한 것이다.

아시아 원정을 위해 로마는 필승의 카드를 뽑았다. 자마 전투의 승전 장군, 아프리카 대륙의 정복자 스키피오 아프리카누스를 총사령관으로 선택한 것이다. 그가 총사령관에 임명되자 한니발 전쟁에 참전했던 베테랑 5,000명이 자발적으로 재입대해서 전쟁의 결의를 다졌다. 안티오코스 3세는 겁에 질렸고, 판단력을 상실했다. 로마의 침입에 대비해 아무것도 하지 않았다. 그저 쓸모 없는 병사들만 잔뜩 모아 오합지졸의 규모만 키웠을 뿐이다.

그사이 로마 군단은 무사히 헬레스폰트 해협을 건너 아시아로 진출하는 데 성공했다. 이미 신화가 된 장군이 이끄는 결의에 가득 찬 군대와 그 정반대의 군대는 스미르나 Smyrna에서 멀지 않은 마그네시아 Magnesia(오늘날 터키 마니사)에서 조우했다. 안티오코스 3세의 군대는 8만 명에 이르렀다. 그중 1만 2,000명은 기병이었다. 로마군은 그 절반에도 미치지 못했다. 그러나 병사

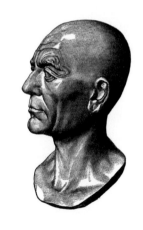

〈스키피오 아프리카누스〉
(Mattia di Nanni di Stefano, 15세기).

의 수와는 상관없이 로마가 대승을 거뒀다. 안티오코스 3세는 무려 5만 명의 병사를 잃었다. 로마 군단의 피해는 400명도 안 되었다(B.C. 190). 안티오코스 3세는 도망쳤고, 로마는 단 한 번의 전투로 소아시아 전부를 정복했다.

로마, 마케도니아를 멸망시키다

로마의 군단은 마케도니아 왕국과 셀레우코스 제국의 군대를 가볍게 제압하면서 천하무적임을 세상에 과시했다. 그러나 모든 사람들의 눈에 보이는 명백한 사실조차 직시하지 못하는 어리석은 이는 동서고금을 막론하고 존재하는 법이다. 필리포스 5세의 뒤를 이어 마케도니아의 왕위에 오른 페르세우스가 그랬다. 몸집이 크고 육체적으로 강건하며 아버지

에게해의 시대

를 따라 오랜 시간을 전쟁터에서 보낸 페르세우스는 로마에 대한 반감으로 가득 차 있었다.

불행히도 그는 조국이 당한 굴욕에 분노할 줄만 알았지, 모든 사람에게 명확하게 보이는 로마의 힘을 직시할 능력은 없는 사람이었다. 그는 마케도니아 왕국과 그리스 세계의 해방을 위한 새로운 전쟁을 준비했다. 전쟁은 기원전 172년에 시작됐다. 페르세우스가 즉위하고 7년이 지난 후였다. 오랜 세월 해방 전쟁을 준비했지만 그의 대의명분에 동참할 만큼 어리석은 나라는 없었다. 페르세우스의 동서인 소아시아 비티니아 Bithynia의 왕조차 중립을 선언했다.

비록 혼자였지만 페르세우스의 군대는 4만 3,000명에 달하는 대군이었다. 하지만 로마군은 상대를 얕잡아보았고, 계속되는 승리로 기강은

〈루키우스 아이밀리우스 파울루스 앞의 페르세우스왕〉(Jean Francois Pierre Peyron, 1802).

해이해져 있었다. 덕분에 페르세우스는 전쟁 초반에 몇 차례 국지전을 승리로 이끌었다. 그러나 그는 운 좋게 잡은 승기를 활용할 줄은 몰랐다. 결국 로마가 무능한 장군들 대신 유능한 루키우스 아이밀리우스 파울루스를 총사령관으로 임명하면서 마케도니아 왕의 운명은 결정됐다. 우연찮게 벌어진 피드나 전투에서 마케도니아 팔랑크스는 전멸했고, 왕과 기병대는 달아났다. 사모트라키아섬으로 도망쳤다 파울루스에게 항복한 왕은 로마로 끌려갔다. 그는 고작 3년을 더 살고 죽었다. 로마는 마케도니아 왕국을 해체시켰고 그 자리에 4개의 연방제 성격의 동맹체를 수립했다.

마케도니아가 페르세우스왕의 무모한 행동으로 허무한 종말을 맞이하는 동안 셀레우코스의 군주는 이에 못지않은 행동으로 국가의 위상을 떨어뜨렸다. 로마와 마케도니아가 전쟁을 하는 사이에 이집트를 침공해 정복하려 했던 것이다. 당시 헬레니즘 왕국들 중 군사적으로 가장 약체였던 이집트는 동맹국인 로마에 중재를 요청했다. 알렉산드리아 성벽 앞에 진을 친 안티오코스 4세에게 로마의 사절 가이우스 포필리우스 라이나스Gaius Popillius Laenas, ?~?가 찾아온 건 피드나 전투가 끝난 후였다. 라이나스는 이집트로부터 점령한 땅을 당장 반환하고 본국으로 돌아가라는 원로원의 명령을 전달했다. 이집트 정복을 눈앞에 두었다고 착각하던 안티오코스 4세로서는 받아들이기 힘든 제안이었다.

그는 라이나스에게 생각할 시간을 달라고 요청했다. 그러자 연로한 사절은 자신의 지팡이로 왕 주변에 원을 그렸다. "이 원을 벗어나기 전에 확실하게 답을 하시오." 너무나 공개적인 모욕에 경악했으나 오히려 이 무례가 왕의 정신을 번쩍 들게 했다. 마케도니아를 답습하지 않으려면 로마의 명령을 따르는 수밖에 없었다. 안티오코스 4세는 원을 나가자마

〈이집트의 참화를 막기 위해 안티오코스에게 사절로 간 포필리우스〉
(Louis Jean François Lagrenée, 1779).

자 군대를 데리고 자신의 왕국으로 되돌아갔다. 로마는 셀레우코스 제국
의 군대를 사절의 말 한마디로 물리쳤다. 이제 지중해 전역에서 로마의
힘은 군대를 동원하지 않고도 뜻을 관철하는 수준에 이르렀다. 헬레니즘
세계의 몰락이 다가오고 있었다.

기원전 31년 악티움

헬레니즘 시대가 가고 로마의 시대가 열리다

옥타비아누스Gaius Julius Caesar Octavianus, B.C. 63 ~ A.D. 13의 시선은 한참 동안 푸른 바다에 고정되어 있었다. 그리스 서부의 암브라키아Ambracian만과 이오니아해가 만나는 곳, 악티움Actium. 이제 곧 눈이 시리게 푸르른 저 바다에서 로마 제국의 주인을 가릴 건곤일척의 해전이 벌어질 터였다. 32세의 젊은 권력자는 조심스럽게 자신의 승리를 자신했다. 그는 자신의 오른팔인 아그리파Marcus Vipsanius Agrippa, B.C. 63? ~ A.D. 12의 전투 지휘 능력을 믿어 의심치 않았다.

이미 아그리파는 안토니우스Marcus Antonius, B.C. 83~30와 클레오파트라 Cleopatra Ⅶ Thea Philopator, 재위 B.C. 51~30의 군대를 굶주림으로 몰아넣고, 전투를 강요하는 데 성공하지 않았던가? 더군다나 며칠 전부터 안토니우스의 진영을 탈출해 전향한 고위급 인사들의 말에 따르면 안토니우스는 싸워 이기기보다 무사히 빠져나가는 것이 목표인 듯했다. 그 정보가 정확하다면 더욱이 승산은 자신에게 있다고 옥타비아누스는 생각했다. 잠시 후 옥타비아누스와 아그리파는 400척에 달하는 대함대를 이끌고 악티움 앞바다로 나아가 길게 포진했다. 바다로 나오는 적을 포위 공격하기 위해서였다.

비슷한 시간에 안토니우스 진영도 출항 준비를 마치고 바다로 서서히 나아가기 시작했다. 안토니우스의 함대는 총 240여 척이었고, 2만 명의 군단병이

로마의 초대 황제 가이우스 옥타비아누스 아우구스투스.

에게해의 시대

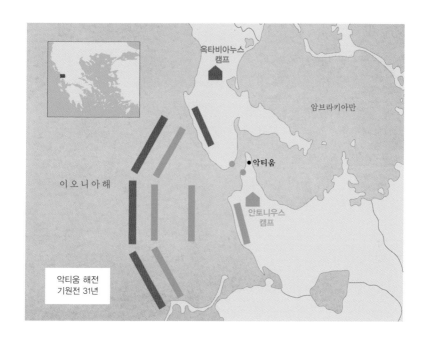

타고 있었다. 안토니우스는 함대를 4개의 소함대로 나눴고, 그중 하나는 클레
오파트라에게 지휘를 맡겼다. 클레오파트라는 기함 안토니아스Antonias 호를
타고 있었는데 이 호화로운 전함에는 전쟁 자금으로 쓰기 위해 이집트에서 가
져온 엄청난 양의 금화와 금괴, 보물이 실려 있었다. 나머지 5만 명에 달하는
병사들은 젊은 크라수스Publius Canidius Crassus, B.C. ?~30 장군에게 맡겨 육지에 남
겨졌다.

안토니우스는 출항에 앞서 함대의 함장들에게 배에 돛을 실으라고 명령했
다. 돛은 전투에서는 방해가 되지만 바람을 타고 항해하는 데는 도움이 되니
안토니우스의 명령이 뜻하는 바는 명확했다. 그는 전투에서 목숨을 걸고 싸워
승리하기보다는 여차하면 탈출해서 이집트에 제2의 전선을 구축하려는 것이
었다. 총사령관의 이런 마음가짐은 처음부터 병사들의 사기를 떨어트리는 중

요한 원인이 되었다.

전투는 정오 무렵 시작됐다. 옥타비아누스의 함대가 수적 우세를 이용해 안토니우스의 함대를 포위 공격했다. 안토니우스의 배들도 이에 맞서 배 위에 설치된 목재 망루에서 쇠뇌로 화살을 쏘며 공격했다. 전투가 진행될수록 전선이 확대됐고, 불가피하게 옥타비아누스 함대의 전열 중앙에 틈이 생겼다. 안토니우스 함대 뒤쪽에서 참전하지 않고 상황을 지켜보던 클레오파트라의 기함이 빠르게 그 사이를 뚫고 나아갔다. 큰 바다로 나가자마자 돛을 올리고 때마침 불어온 바람을 타고 남쪽으로 쏜살같이 달아났다. 곧이어 안토니우스도 타고 있던 기함에서 속도가 빠른 갤리선으로 옮겨 가 자신이 직접 지휘하던 40척의 소함대를 이끌고 클레오파트라의 뒤를 따랐다. 한창 전투에 열을 올리던 옥타비아누스의 함대는 안토니우스와 클레오파트라를 추격할 수 없었다.

총사령관들이 사라진 뒤에도 전투는 계속됐지만 결국 안토니우스의 군대

〈악티움 해전〉(Lorenzo A. Castro, 1672).

는 무너졌다. 육지에 남아 있던 5만 명의 대군도 끝내 안토니우스의 부재를 견뎌내지 못하고 협상을 통해 옥타비아누스에게 항복했다. 유럽, 아시아, 아프리카의 세 대륙에 걸쳐 있고, 지중해를 자신의 호수라 부르는 대제국 로마의 운명을 건 전투치고는 허무한 결말이었다. 안토니우스는 비록 끝이 아니라고 생각했겠지만, 스스로도 곧 깨닫게 될 터였다. 병사들을 버리고 도망치는 순간, 그것이 아무리 작전상의 후퇴였다 하더라도 장군 안토니우스의 생명은 끝이 났다는 것을. 기원전 31년 9월 2일이었다.

지중해의 패자 로마가 내전에 휩싸이다

마케도니아를 지도에서 지워버린 로마는 거칠 것이 없었다. 한때 서지중해를 두고 처절한 패권 투쟁을 벌였다 패배한 카르타고는 이제 더 이상 재기할 가능성이 없었다. 그러나 로마는 카르타고 문제의 최종 해결을 원했다. 기원전 146년 로마는 3년간의 포위 공격 끝에 카르타고를 정복하고 멸망시켰다. 이해에 그리스 남부도 자유를 잃고 로마의 속주가 됐다. 막강한 힘을 바탕으로 로마는 점차 엄격한 제국으로 변하고 있었다. 그 변화는 로마 사회 전체에 충격을 가져왔고, 불가피한 성장통으로 이어졌다.

자영농의 몰락이 대표적이었다. 자영농은 농업 국가 로마에서 생산의 중추였다. 공화국의 시민이자 군대의 병사였다. 그랬기 때문에 공화국 정부는 국유지를 빌려주면서까지 자영농을 육성해왔다. 이 자영농에 위기가 닥친 건 로마의 위상과 전쟁의 양상이 변하면서부터다. 로마가 성장하면서 전선은 지중해 전역으로 확대됐고, 전쟁 기간은 길어졌다. 로

〈카르타고의 함락〉(Giovanni Battista Tiepolo, 18세기).

마의 자영농들은 더 오랜 시간을 군인으로 복무해야 했다. 전사자의 수
도 늘었다. 남자들이 오랫동안 집을 비우거나 죽자 농지를 경작할 사람
이 부족해졌다. 농지는 황폐해졌고, 자영농의 가족들은 가난해졌다. 견
디다 못한 사람들은 땅을 팔고 고향을 떠났다.

　돈 많은 귀족들은 이 땅을 사들여 라티푼디움Latifundium이라 불리는 대
농장을 만들었다. 경작은 계속되는 전쟁을 통해 얻어지는 노예들에게 맡
겼다. 대농장과 자영농은 경쟁이 되지 않았기 때문에 갈수록 더 많은 자

영농이 무너졌다. 자영농의 붕괴는 로마 전체의 위기였기 때문에 개혁이 필요했다. 로마 최고의 평민 귀족 가문 출신의 티베리우스Tiberius Sempronius Gracchus, B.C. 169/164~133·가이우스 그라쿠스Gaius Sempronius Gracchus, B.C. 160/153~121 형제가 총대를 멨다. 그러나 형제의 농지개혁에 대한 기득권 세력의 반발은 거셌다. 개혁은 불가피하게 찬성하는 쪽과 반대하는 쪽의 정치적 대립을 가져왔다. 대화가 실종됐고, 결국은 폭력이 등장했다. 그 라쿠스 형제는 개혁에 반대하는 귀족파에 의해 재판 없이 길거리에서 살 해되거나 살해 직전 자살했다.

형제의 죽음은 문제를 해결하기는커녕 더욱 악화시켰다. 정치와 법이 실종되고 선동과 폭력이 그 자리를 대신했다. 그라쿠스 형제가 예견했듯 이 자영농의 몰락은 군대의 질을 떨어트렸다. 평민 출신의 위대한 장군 마리우스Gaius Marius, B.C. 157?~86는 군대의 질을 올리기 위해 군제 개혁을

〈가이우스 그라쿠스의 죽음〉(François Jean Baptiste Topino Lebrun, 1798).

〈마리우스의 개선〉(Giovanni Battista Tiepolo, 18세기).

에게해의 시대

실시했다. 그 핵심은 자영농뿐 아니라 무산계급에게도 군대의 문호를 개방하고, 자신의 사비로 군을 무장시킨다는 것이었다. 이제 로마군은 더이상 공화국의 군대가 아니라 점차 유력한 장군으로부터 월급을 받는 사병으로 성격이 변질됐다. 부유하고 탁월한 장군을 중심으로 군벌이 등장하는 것을 공화국과 귀족들은 막을 수 없었다. 이제 로마는 군벌을 내세운 내전에 휘말리기 시작했다.

평민파의 마리우스와 귀족파의 술라Lucius Cornelius Sulla, B.C. 138~79가 차례로 권력을 장악했고, 그때마다 상대편을 숙청했다. 메텔루스Metellus 가문을 중심으로 한 대귀족들이 술라로부터 권력을 물려받았으나 오래가지 못했다. 카이사르Gaius Julius Caesar, B.C. 100~44, 폼페이우스Gnaeus Pompeius Magnus, B.C. 106~48, 크라수스Marcus Licinius Crassus, B.C. 115?~53 같은 새로운 인물이 대귀족의 권력에 도전했기 때문이다. 몰락했지만 유서 깊은 명문가 출신의 카이사르는 로마가 낳은 천재중의 한 사람이었다.

카이사르의 흉상(Andrea di Pietro di Marco Ferrucci, 16세기).

당시 로마에는 능력과 재능을 가졌지만 대귀족의 질시와 두려움 때문에 권력으로부터 소외된 사람들이 있었는데 폼페이우스와 크라수스가 대표적이었다. 폼페이우스는 20대에 이미 술라로부터 인정받은 뛰어난 장군이었다. 지중해의 해적을 소탕했고, 소아시아와 오리엔트 지역을 평정했다. 헬레니즘 왕국의 하나였던 셀레우코스 왕조의 시리아를 멸망시킨 것도 폼페이우스였다. 크라수스는 로마의 대부호로 로마 사

〈폼페이우스의 개선〉(Gabriel de Saint Aubin, 1765).

회에서 귀족 다음으로 서열이 높은 기사 계급의 이해관계를 대변했다.

　카이사르는 두 사람을 끌어들여 사적 동맹을 맺고 로마의 권력을 장악했다. 이른바 삼두정치三頭政治, Triumvirate의 시작이다(B.C. 60). 카이사르의 전략과 인기, 폼페이우스의 군대, 크라수스의 돈은 막강한 힘을 발휘했다. 동맹을 강화하기 위해 카이사르는 딸 율리아Julia, B.C. ?~54를 아버지 뻘인 폼페이우스에게 시집보냈다. 결혼 동맹으로 로마에서의 권력을 안정시킨 카이사르는 군대를 이끌고 알프스 이북으로 건너가 오늘날의 프랑스-벨기에에 해당하는 갈리아Gallia 지방을 정복했다(B.C. 58~50). 그 과정에서 카이사르는 로마 최고의 영웅이 되었으며 엄청난 부와 충성스러운 군대를 확보할 수 있었다. 이제 카이사르는 명실상부한 로마의 일인자로 떠올랐다.

에게해의 시대

이집트가 로마의 내전에 휩싸이다

삼두정치는 카이사르의 딸 율리아와 삼두의 한 명인 크라수스의 죽음으로 깨졌다. 폼페이우스와 율리아는 정략결혼을 했지만 둘은 진정으로 사랑했다. 폼페이우스는 율리아가 살아 있는 동안에는 카이사르가 자신의 군사적 명성을 위협해도 개의치 않았다. 그러나 율리아의 죽음으로 두 사람의 관계는 변하기 시작했다(B.C. 54). 크라수스는 자신에게 부족한 군사적 업적과 명성을 얻기 위해 로마 제국 동부의 파르티아Parthia로 군사 원정을 나섰다가 전사했다Battle of Carrhae(B.C. 53). 두 명의 조정자가 사라진 틈을 타 귀족들은 폼페이우스를 포섭했다.

이제 폼페이우스는 평민파에서 귀족파로, 카이사르의 사위에서 적으

〈율리우스 카이사르에게 투항하는 베르킨게토릭스〉(Lionel Royer, 1899). 갈리아 지방을 정복해가던 카이사르에 반기를 든 베르킨게토릭스는 알레시아 공방전(B.C. 52)의 패배 후 로마에 항복한다. 이로써 카이사르의 갈리아 원정이 마무리되었다.

로 돌변했다. 폼페이우스를 자기편으로 끌어들인 귀족파는 기고만장해져서 카이사르를 압박해 들어갔다. 카이사르는 과감하게 군대를 이끌고 루비콘Rubicon강을 건넘으로써 귀족파에게 새로운 전쟁을 선포했다(B.C. 49). 귀족들의 예상과 달리 이탈리아의 많은 도시와 로마의 평민들은 카이사르의 로마 진군을 열렬히 환영했다. 탐욕스럽고 무능한 귀족들에 대한 분노가 카이사르의 불법적 군사행동에 대한 반감보다 컸던 탓이다.

카이사르의 군대가 전광석화처럼 로마를 향해 다가오자, 폼페이우스와 귀족파는 그리스로 건너가 군대를 모으고 전열을 가다듬었다. 카이사르도 군대를 이끌고 그리스로 뒤따라갔다. 두 사람은 그리스 중동부의 파르살루스Pharsalus에서 격돌했다. 수적 열세에도 투지와 용맹에서 앞섰던 카이사르의 군대가 승리했다(B.C. 48). 폼페이우스는 도망자 신세가 되어 이집트로 향했다. 이집트는 실질적으로는 로마의 보호를 받는 처지였지만 여전히 헬레니즘 세계의 강국이었다. 알렉산드로스의 후계 왕국 중 유일하게 남아 있는 국가이기도 했다.

이때 이집트 역시 내전 상태였다. 풍요로운 왕국의 권력을 두고 싸우는 두 사람은 남매이자 부부인 프톨레마이오스 13세Ptolemy XIII Theos Philopator, B.C. 62/61~47와 그의 누나 클레오파트라 7세였다. 둘 다 알렉산드로스의 후계자 중 가장 영리했고 전략적이었던 프톨레마이오스의 후손들이었다. 누나를 내쫓고 권력을 독점하던 소년왕은 내전에서 폼페이우스를 지지했다. 그러나 폼페이우스가 패장으로 도망쳐 오자 알렉산드리아 궁정의 권력자들은 순식간에 편을 바꿔 그를 살해했다. 승자에게 선물로 바치기 위해서였다.

알렉산드리아 궁정의 야만적인 행위에 카이사르는 분노했고, 결국 소년왕을 몰아내고 누나 클레오파트라를 왕위에 복귀시켰다. 그리고 카이

에게해의 시대

〈카이사르의 죽음〉(Patrick Bruel, 1804~1805).

사르와 클레오파트라는 사랑에 빠졌다. 클레오파트라는 로마 최고의 권력자로 등극한 카이사르의 사랑을 등에 업고 이집트를 완전히 장악했다. 클레오파트라는 카이사르의 아들까지 낳았다. 그러나 이국의 여왕이 낳은 혼혈 왕자는 절대 로마의 권력자가 될 수 없었기 때문에 카이사르는 처음부터 아들을 상속자로 생각하지 않았다. 카이사르는 기원전 45년까지 제국 내에 존재하는 자신의 적들을 모조리 소탕했다. 내전에서 승리한 다음해인 기원전 44년 봄, 카이사르는 크라수스가 해결하지 못했던 파르티아와의 국경분쟁을 해결하기 위해 동방 출정을 결정했다. 그러나 카이사르는 원정을 떠나기 직전에 암살당했다.

'해방자들'이라고 자칭했던 암살자들은 카이사르의 부하였거나 카이사르로부터 용서받은 적들이었다. 일부는 폭군 타도라는 명분 아래, 또 일부는 개인적인 원한 때문에 칼을 들었다. 해방자들은 카이사르만 죽으면 다시 귀족들이 권력을 장악할 수 있을 것이라고 생각해 암살 이후에 로마를 다스릴 구체적인 계획을 세우지 않았다. 결론적으로 그들은 로마의 평민들이 '공화정'의 껍데기를 쓰고 행해지는 소수 귀족 가문의 집단 독재 체제를 얼마나 증오하는지 알지 못했다. 로마의 평민들이 해방자들이 가져다준 자유를 원치 않는다는 것이 분명해졌을 때 그들은 로마를 떠나야 했다.

권력은 카이사르의 후계자들인 안토니우스와 옥타비아누스가 장악했다. 안토니우스는 카이사르의 오른팔 역할을 했던 장군이었다. 그는 호탕하고 용맹하며 부하들과 스스럼없이 어울렸기 때문에 병사들과 민중에게 인기가 좋았다. 옥타비아누스는 고작 19세의 허약하고 조용한, 알려진 것이라곤 카이사르 조카딸의 아들이란 것뿐이었다. 그러나 카이사르는 유언으로 이 병약해 보이는 소년을 양자로 삼아 자신의 이름을 물려줬다. 카이사르의 이름을 물려받는다는 것은 곧 그의 막강한 권력과 마법 같은 영향력을 상속받는다는 의미였다. 결과적으로 카이사르의 선택은 놀랍도록 정확했다. 이 소년은 강력한 권력 의지와 냉철한 사고, 투철한 사명감으로 자신을 향한 모든 도전을 이겨내고 로마 제국을 반석 위에 올려놓게 될 터였다. 그러나 그것은 먼 훗날의 일이었다.

카이사르의 양자 옥타비아누스는 먼저 양아버지의 복수를 해야 했다. 카이사르는 태생적으로 관대했고, 귀족 출신답게 로마의 귀족들에 대해서 본능적인 반감을 가지고 있지는 않았다. 심지어 그는 정적에게조차 관용을 베푸는 걸 당연하게 여겼다. 하지만 옥타비아누스는 달랐다. 그는 냉철했고, 아버지가 기사계급이었기 때문에 로마의 무능력하고 탐욕스러운 귀족들을 멸시했다. 암살자 중 상당수가 카이사르에게 용서받았거나 그의 부하였다는 사실에서 옥타비아누스는 관용과 은혜의 덧없음

에게해의 시대

을 확인했다. 옥타비아누스와 안토니우스는 살생부를 만들어 정적들을 무자비하게 제거했다.

'해방자들'에 대한 최종적인 복수는 기원전 42년 그리스 북부의 필리피Philippi에서 벌어진 전투에서 행해졌다. 카이사르 암살을 뒤에서 조정했던 카시우스Gaius Cassius Longinus, B.C. ?~42와 암살의 상징과도 같았던 브루투스Marcus Junius Brutus, B.C. 85?~42는 전투에 패해 자살했다. 이로써 공화정을 지지하던 귀족파는 사실상 궤멸됐다. 이제 로마는 다시는 과거로 돌아가지 못할 터였다. 그러나 아직 평화와 질서가 찾아온 것은 아니었다. 최고의 권력을 추구하고, 그것을 이룰 자격과 힘을 가진 두 사람이 존재했기 때문이다. 안토니우스와 옥타비아누스! 아직 내전은 끝나지 않았다.

안토니우스와 클레오파트라

카이사르의 두 후계자는 제국을 양분했다. 옥타비아누스가 이탈리아와 갈리아를 중심으로 한 서방을, 안토니우스가 그리스와 소아시아를 중심으로 한 동방을 맡았다. 이집트는 안토니우스의 관할 지역에 속했다. 시간이 갈수록 두 사람, 정확하게는 두 사람을 중심으로 한 두 진영의 대립은 격화됐다. 권력의 속성상 최고 권력자는 한 명일 수밖에 없다는 사실이 갈수록 명확해졌다.

안토니우스는 다가오는 옥타비아누스와의 전쟁에서 이기기 위해 클레오파트라가 필요했다. 이집트의 황금이야말로 승리의 열쇠나 다름없었다. 클레오파트라 역시 안토니우스를 필요로 했다. 이집트는 풍요로웠지

옥타비아누스와 안토니우스 세력권

갈리아

히스파니아

이탈리아
로마

마케도니아
& 그리스
필리피

악티움
파르살루스

흑해

에게해

지중해

이집트

옥타비아누스
안토니우스

만 허약했기 때문에 그녀는 지중해 세계의 강자인 안토니우스의 보호 아
래 이집트의 위상을 높이고 자신의 권력을 강화하고자 했다. 클레오파트
라는 자신의 모든 매력을 동원해 안토니우스를 애인으로 만들었다. 카이
사르에 이어 두 번째로 클레오파트라는 로마의 권력자와 특별한 관계를
맺는 데 성공한 것이다. 안토니우스는 카이사르에 비해 훨씬 다루기 쉬
웠다. 카이사르가 천재적이고 복잡한 정치가였다면, 안토니우스는 뛰어
나고 용맹하지만 단순한 장군이었기 때문이다.

　겉으로 보기에 안토니우스와 클레오파트라의 동맹은 강력하고 위협적
이었다. 그러나 애정과 이해관계가 묘하게 얽힌 이 동맹이야말로 안토니
우스에게는 치명적 약점이었다. 안토니우스는 소탈한 성품과 전장에서
의 용맹으로 병사들과 로마 민중에게 인기가 높았다. 그런 안토니우스를
상대로 함부로 전쟁을 시작하는 것은 극도로 위험한 일이었다. 클레오파

에게해의 시대

트라는 사정이 달랐다. 로마인들은 전제적이며 사치스럽고 타락한 동방의 군주들을 경멸했다. 클레오파트라는 그런 동방 군주의 전형이었다. 옥타비아누스 일파는 안토니우스 대신 집요하게 클레오파트라를 공격했다.

로마와 이탈리아에서 클레오파트라에 대한 여론이 악화되면서 안토니우스의 인기도 떨어지기 시작했다. 그러나 이 동맹은 여론에는 아랑곳하지 않는다는 듯이 함부로 행동했다. 기원전 34년 가을, 안토니우스는 알렉산드리아에서 열린 대규모 연회에서 클레오파트라에게 '왕들의 여왕'이라는 칭호를, 그녀의 공동 통치자인 10대 소년 카이사리온Caesarion·Ptolemy Philopator Philometor Caesar, B.C. 44~30에게 '왕 중의 왕'이라는 칭호를 카이사르의 이름으로 하사했다. 동시에 자신과 클레오파트라 사이에서 낳은 아이들에게 로마 제국의 동방 영토 여기저기를 나눠주겠다고 선언했다.

〈안토니우스와 클레오파트라의 만남〉(Giovanni Battista Tiepolo, 18세기).

이 가운데에는 안토니우스가 미래에 정복할 파르티아 제국 전체가 포함되어 있었다.

사랑에 취했는지 권력에 취했는지 아니면 둘 다인지 알 수 없지만, 안토니우스는 넘어서는 안 될 선을 넘고 있었다. 옥타비아누스가 성스러운 베스타Vesta 신전에 보관된 안토니우스의 유언장을 탈취해서 공개하자 상황은 돌이킬 수 없을 만큼 악화됐다. 그의 유언장에는 자신이 설령 로마 땅에서 죽더라도 시신은 이집트의 클레오파트라에게 보내달라고 적혀 있었다. 안토니우스는 로마보다, 로마의 민중보다, 로마의 병사보다 이집트의 타락한 전제군주를 선택한 것이다. 안토니우스에 대한 배신감은 클레오파트라에 대한 분노로, 분노는 전쟁 결의로 불타올랐다. 안토니우스를 지지하던 사람들은 입을 다물었고, 옥타비아누스는 클레오파트라에게 선전포고했다. 기원전 31년 초, 제국의 서쪽은 옥타비아누스의 기치 아래 일치단결했다.

제국의 서쪽과 동쪽의 충돌은 악티움에서 벌어진 불완전한 한 번의 전투로 사실상 막을 내렸다. 안토니우스의 행동은 아무리 작전상 후퇴였다 하더라도 사람들에게는 패배로 비쳤고, 그는 여자 꽁무니를 쫓아 도망간 보잘것없는 남자로 인식되었다. 명예와 권위를 잃은 사람이 로마의 지배자일 수는 없는 일이었다. 안토니우스가 기대했던 북아프리카 군단들은 전투를 거부했고 옥타비아누스에게로 넘어갔다. 클레오파트라와 안토니우스가 할 수 있는 일은 알렉산드리아의 화려한 궁정 안에서 측근들을 모아 놓고 술과 여흥으로 시간을 보내는 것이 전부였다.

악티움 전투 이듬해 8월 초, 옥타비아누스는 군대를 이끌고 알렉산드리아에 무혈입성했다. 안토니우스와 클레오파트라는 스스로 목숨을 끊었다. 클레오파트라의 죽음에 대한 진실은 그때나 지금이나 베일에 싸여

에게해의 시대

〈클레오파트라의 죽음〉(Reginald Arthur, 1892).

있다. 스스로 준비한 독사에 물려 죽었다는 이야기는 한 가지 가능성일 뿐이다. 사실 중요한 건 죽음에 이른 방식이 아니라 죽음 그 자체였다. 그녀는 알렉산드로스가 위대한 이상과 모험심으로 개척하고, 그의 후계자들이 피나는 권력투쟁으로 완성한 헬레니즘 세계의 마지막 군주였다. 클레오파트라의 죽음으로 한 시대가 종말을 고했다. 그리고 한 시대가 새롭게 열렸다.

그리스 세계와 페르시아 제국의 투쟁으로 시작된 에게해의 혼돈은 500년 만에 끝이 났다. 최종 승자는 로마 제국이었다. 그들은 알렉산드로스 대왕과 그의 후계자들이 창조한 헬레니즘 세계를 모두 손에 넣었고 에게해를 독차지했다. 더 나아가 지중해 전체를 자신의 호수로 만들며 유럽, 아시아, 아프리카 세 대륙에 거대한 제국을 건설했다. 그러나 영원한 것은 없다. 시작이 있으면 반드시 끝이 있다. 로마 제국에 의한 평화라 불리는 팍스 로마나Pax Romana는 지역마다 차이는 있지만 기본적으로 300년간 굳건하게 유지됐다. 라인강, 다뉴브강, 티그리스-유프라테스강을 따라 구축된 제국의 내륙 국경선은 3세기부터 흔들리기 시작했지만, 에게해를 포함한 지중해의 평화는 서로마 제국이 무너지는 순간까지도 지속되었다. 지중해 역사상 가장 긴 평화와 안정, 질서와 번영의 시기였다.

에게해의 패권을 물려받은 건 동로마 제국이었다. 콘스탄티노플을 수도로 삼은 이 제국은 이탈리아반도의 로마가 수도인 로마 제국과는 성격을 달리했다. 옛 제국의 동쪽을 배경으로 한 좀 더 그리스적인 제국이었다. 서로마 제국이 여러 게르만 부족에 정복되면서 깊은 암흑기에 빠져들던 순간 동로마 제국은 문명의 수호자로, 법통의 계승자로 에게해와 동지중해 전역을 지켜냈다. 그러나 게르만 부족들에 잃은 서로마 제국의 옛 영토를 되찾지는 못했다. 동쪽으로는 페르시아 제국의 후손을 자처하는 사산조 페르시아 제국과 격렬한 투쟁을 벌여야 했다. 그 와중에 에게 해에서는 불안한 평화가 그럭저럭 유지됐다.

종말은 이슬람교의 탄생과 함께 찾아왔다. 7세기 초 예언자 무함마드는 아라비아반도의 메카에서 새로운 종교를 창시했다. 무함마드가 토착 세력의 박해를 피해 메디나로 자리를 옮긴 헤지라(622)를 시작으로 이슬람교는 급성장했다. 무함마드는 630년 메카를 정복했고 아라비아반도 곳곳에 이슬람교를 전파했다. 632년 예언자는 아라비아반도에 이슬람교를 토대로 한 열정적인 정치-종교 공동체를 확립한 후 사망했다.

예언자의 후계자인 칼리프들은 아라비아반도를 벗어나 중동으로 진출하기 시작했다. 동로마 제국과 사산조 페르시아 제국은 오랜 세월 싸워왔기 때문에 모두 지쳐 있었다. 칼리프의 군대는 그 틈을 파고들었다. 사산조 페르시아 제국은 이슬람 군대와의 전투에서 패배한 끝에 멸망했다(651). 동로마 제국도 피해를 입기는 마찬가지였다. 제국의 가장 부유한 영토인 이집트를 이슬람 세력에 빼앗겼고(642), 북아프리카의 카르타고 총독부도 상실했다(647). 팔레스타인, 레바논, 시리아도 연이어 잃었다. 제국의 영역은 발칸반도와 소아시아로 축소됐다. 이 무렵 제국의 정체성도 바뀌었다. 제국의 공용어가 라틴어에서 그리스어로 바뀌고, 황궁의 의식에서는 옛 로마 제국과 관련된 명칭들이 사라졌다. 동로마 제국이 비잔티움 제국이 된 것이다.

이슬람의 등장으로 시작된 대격변은 에게해의 평화를 파괴했다. 이슬람 해군은 키프로스에 이어 로도스까지 손에 넣고 에게해로 진출했다(654). 1,000년 동안 에게해를 둘러싸고 계속될 십자가와 초승달의 투쟁이 시작된 것이다. 심지어 이슬람 해군은 바다를 통해 비잔티움 제국의 수도인 콘스탄티노플까지 공략했다. 비잔티움 제국은 아직까지도 제조 방법이 확인되지 않은 '그리스의 불'이라는 비밀 병기를 이용해 적들을 물리쳤다. 그러나 초승달 깃발을 에게해에서 완전히 몰아내지는 못했다. 에게해를 둘러싸고 두 문명은 격렬하게 충돌했다. 제국의 이름과 지도자가 바뀌어도 일진일퇴는 거듭됐다.

오랜 세월 혼돈과 침체 속에 잠들어 있던 중세 유럽이 깨어나면서 상황은 다시 바뀌기 시작했다. 서유럽의 군주와 기사 들은 십자군의 이름 아래 중동으로 쳐들어오기 시작했다(1096). 초창기 이슬람교에 맞먹는 종교의 열정으로 무장한 십자군은 이슬람 세력이 분열된 틈을 타 팔레스타인 지역에 성공적으로 뿌리를 내렸다. 베네치아와 제노바 등 이탈리아 해양 공화국들이 서유럽에서 팔레스타인에 이르는 바닷길을 장악하고 병력과 물자를 실어 날랐다. 이탈리아의 해양 공화국들은 비잔티움을 대신해 에게해에서 이슬람 해군을 몰아냈다.

그들의 교역망은 콘스탄티노플과 알렉산드리아를 거점으로 흑해와 지중해 전역을 커버했다. 특히 베네치아는 동지중해 전역에 강력한 해양 상업 제국을 만드는 데 전념했다. 이를 위해 베네치아는 4차 십자군과 함께 콘스탄티노플을 점령해 비잔티움 제국을 무너트리고 라틴 제국을 세웠다. 펠로폰네소스반도를 비롯한 그리스 세계 곳곳의 전략적 요충지가 베네치아 손에 들어갔다. 크레타섬과 키프로스섬이 대표적이다. 베네치아는 작은 도시국가였음에도 짧게는 200년에서 길게는 400년 동안 에게해와 동지중해의 전략적 요충지를 지배했다. 이 기간, 이슬람 국가들의 해군력은 대체로 허약했다.

에게해의 평화는 오스만튀르크의 등장과 함께 찾아왔다. 소아시아를

에게해의 시대

기반으로 성장한 이 제국은 옛 동로마 제국의 영토 대부분을 차지했다. 특히 1453년 콘스탄티노플 정복에 성공함으로써 에게해와 흑해, 유럽과 아시아를 연결하는 전략적 요충지를 손에 넣었다. 이스탄불로 바뀐 이 도시는 세계 제국의 수도로 번성했고, 에게해 전역에는 초승달 깃발이 휘날렸다. 물론 오스만 제국이 에게해 전역에서 베네치아 세력을 몰아내기까지는 오랜 시간이 걸렸지만 전반적으로 이 지역에 대한 패권은 성공적으로 유지했다. 그러나 평화는 대항해시대 이후 유럽 각국이 맹렬하게 바다로 진출함에 따라 깨졌다.

스페인과 이탈리아를 지배함으로써 지중해에 전략적 이해관계를 갖게 된 합스부르크 왕조는 오스만 제국과 정면으로 충돌했다. 그들은 각자가 십자가와 초승달로 상징되는 전혀 다른 종교와 문명의 챔피언이라는 소명 의식으로 무장했다. 두 세력의 충돌이 격렬했던 이유다. 17세기까지는 오스만 제국의 국력이 전반적으로 충실했기 때문에 에게해를 비롯한 동지중해에 대한 패권을 유지할 수 있었다. 18세기에 접어들어 오스만 제국이 흔들리기 시작하면서 권력의 추가 기울었다. 19세기에 에게해는 다시 혼란과 투쟁의 공간이 됐다. 영국과 러시아가 쓰러져 가는 오스만 제국을 둘러싸고 대립했다. 에게해에 다시 평화가 찾아온 것은 제2차 세계대전이 끝난 후였다. 비록 자유 진영과 공산 진영의 날 선 대립이 세계 곳곳에서 무장 충돌로 비화됐지만 에게해는 나토NATO의 우세 속에 연약한 평화를 유지했다.

에게해의 평화는 당분간 더 유지될 것이다. 소련 이후 등장한 러시아는 지정학적으로나 경제적으로나 군사적으로나 미국에 맞서 지구적 차원의 패권을 추구할 수 없는 나라가 되었다. 그 거대한 나라의 경제 규모가 대한민국과 비슷한 수준이라는 게 단적인 증거다. 평화에 대한 전망을 높이는 또 다른 이유는 지정학적 중요성의 감소다. 세계의 중심은 냉전 종식 이후 급속하게 아시아로 이전되었다. 러시아를 대신한 중국의 부상이야말로 미국에는 가장 중요한 현안이다. 미국 입장에서는 에게해에 신경을 쓸 이유가 없는 것이다. 중요성이 떨어졌기 때문에, 더 이상 세상의 중심이 아니기 때문에 평화의 가능성이 커졌다는 것은 서글픈 역설이다.

이와 달리 대한민국 주변에서는 전쟁 가능성이 커지고 있다. 지정학적으로 경제적으로 군사적으로 모든 면에서 중요해졌기 때문이다. 미국은 공공연히 스스로가 아시아의 일원이라고 천명하며 인도-태평양 전략이라는 이름 아래 아시아 전체를 두고 더 큰 그림을 그려 중국의 부상에 대응하고 있다. 장차 21세기 대한민국을 둘러싼 역사는 어떻게 기록될까? 2,500년 전에 에게해를 배경으로 그리스 폴리스들과 페르시아 제국이 충돌했듯이, 아테네와 스파르타가 싸웠듯이, 알렉산드로스 대왕이 페르시아 제국을 정복했듯이, 헬레니즘 왕국들과 로마 제국이 투쟁했듯이 21세기의 태평양도 불타오를까? 만약 그런 일이 벌어진다면 우리는 생존할 수 있을까? 살아남기 위해서는 어떻게 해야 할까? 역사는 마치 델포이의 신탁 같아서 우리에게 정답을 알려주지는 않는다. 그러나 언제나 방향을 제시한다. 신탁에서 답을 찾는 것이 그 사람의 능력이듯이, 역사에서 길을 찾는 것도 우리 사회에 달렸다. 에게해를 중심으로 펼쳐진 역사는 그런 점에서 우리가 더 나은 방향을 향해 가는 데 도움을 줄 것이다.

찾아보기

에게해의 시대

에게해의 시대

참고 문헌

W. W. 탄, 《알렉산더 大王史》, 지동식 옮김, 삼성미술문화재단출판부, 1986.

도널드 케이건, 《전쟁과 인간》, 김지원 옮김, 세종연구원, 1998.

도널드 케이건, 《펠로폰네소스 전쟁사》, 허승일·박재욱 옮김, 까치, 2006.

로널드 사임, 《로마혁명사 1·2》, 허승일·김덕수 옮김, 한길사, 2006.

마르탱 콜라, 《마지막 파라오 클레오파트라》, 임헌 옮김, 해냄출판사, 2006.

마이클 파렌티, 《카이사르의 죽음》, 이종인 옮김, 무우수, 2004.

모우지즈 해더스, 《로마 帝國》, 타임라이프북스 편집부 옮김, (주)한국일보 타
    임-라이프, 1981.

버나드 로 몽고메리, 《전쟁의 역사 I》, 송영조 옮김, 책세상, 1995.

베리 스트라우스, 《살라미스 해전》, 이순호 옮김, 갈라파고스, 2006.

베터니 휴즈, 《아테네의 변명》, 강경이 옮김, 옥당, 2012.

B. H. 리델 하트, 《스키피오 아프리카누스》, 박성식 옮김, 1999.

빅터 데이비스 핸슨, 《고대 그리스 내전, 펠로폰네소스 전쟁》, 임웅 옮김, 가인비
    엘, 2009.

빅터 데이비스 핸슨, 《살육과 문명》, 남경태 옮김, 푸른숲, 2002.

송동훈, 《그랜드투어 지중해 편》, 김영사, 2012.

스테이시 시프, 《더 퀸 클레오파트라》, 정경옥 옮김, 21세기북스, 2011.

C. M. 바우러, 《古代 그리이스》, 타임라이프북스 편집부 옮김, (주)한국일보 타

에게해의 시대

임-라이프, 1978.

아더 훼릴, 《전쟁의 기원》, 이춘근 옮김, 북앤피플, 2019.

아리아노스, 《알렉산드로스 원정기》, 박우정 옮김, 글항아리, 2017.

앙드레 보나르, 《그리스인 이야기》 1·2·3, 김희균·양영란 옮김, 책과함께, 2011.

앤서니 에버렛, 《로마 최초의 황제 아우구스투스》, 조윤정 옮김, 다른세상, 2008.

에이드리언 골즈워디, 《가이우스 율리우스 카이사르》, 백석윤 옮김, 루비박스, 2009.

에이미 추아, 《제국의 미래》, 이순희 옮김, 비아북, 2008.

H. D. F. 키토, 《古代 그리스, 그리스인들》, 박재욱 옮김, 갈라파고스, 2008.

윌리엄 I. 랭어, 《호메로스에서 돈키호테까지》, 박상익 옮김, 푸른역사, 2001.

이디스 해밀턴, 《고대 그리스인의 생각과 힘》, 이지은 옮김, 까치, 2009.

자클린 드 로미이, 《왜 그리스인가?》, 이명훈 옮김, 후마니타스, 2010.

장 카르팡티에·프랑수아 르브룅, 《지중해의 역사》, 강민정·나선희 역, 한길사, 2006.

J. M. 로버츠·O. A. 베스타, 《세계사 I》, 노경덕 외 옮김, 까치, 2015.

제임스 롬, 《알렉산드로스, 제국의 눈물》, 정영목 옮김, 섬섬, 2015.

존 R. 헤일, 《완전한 승리, 바다의 지배자》, 이순호 옮김, 다른세상, 2011.

존 워리, 《서양 고대 전쟁사 박물관》, 임웅 옮김, 르네상스, 2006.

존 줄리어스 노리치, 《지중해 5,000년의 문명사 상》, 이순호 옮김, 뿌리와이파리, 2009.

지오프리 파커, 《아틀라스 세계사》, 김성환 옮김, 사계절, 2004.

크세노폰, 《페르시아 원정기》, 천병희 옮김, 숲, 2011.

타임라이프북스, 《그리스인 이야기: 고대 그리스 BC 525-BC 322》, 신현승 옮김, 가람기획, 2004.

타임라이프북스, 《로마, 세계의 정복자: 고대 로마 BC 100-AD 200》, 윤영호 옮김, 가람기획, 2004.

테오도르 몸젠, 《몸젠의 로마사 1》, 김남우·김동훈·성중모 옮김, 푸른역사, 2013.

테오도르 몸젠, 《몸젠의 로마사 2》, 김남우·김동훈·성중모 옮김, 푸른역사, 2014.

테오도르 몸젠, 《몸젠의 로마사 3》, 김남우·김동훈·성중모 옮김, 푸른역사, 2015.

테오도르 몸젠, 《몸젠의 로마사 4》, 김남우·김동훈·성중모 옮김, 푸른역사, 2019.

토머스 R. 마틴, 《고대 그리스사》, 이종인 옮김, 책과함께, 2015.

토머스 R. 마틴, 《고대 로마사》, 이종인 옮김, 책과함께, 2015.

톰 홀랜드, 《페르시아 전쟁》, 이순호 옮김, 책과함께, 2007.

투퀴디데스, 《펠로폰네소스 전쟁사》, 천병희 옮김, 숲, 2011.

티투스 리비우스, 《리비우스 로마사 Ⅰ》, 이종인 옮김, 현대지성, 2018.

티투스 리비우스, 《리비우스 로마사 Ⅱ》, 이종인 옮김, 현대지성, 2019.

페르낭 브로델, 《지중해의 기억》, 강주헌 옮김, 한길사, 2012.

폴 카트리지, 《스파르타 이야기》, 이은숙 옮김, 어크로스, 2011.

폴 카트리지, 《알렉산더》, 이종인 옮김, 을유문화사, 2004.

폴 카틀리지, 《고대 그리스》, 이상덕 옮김, 교유서가, 2019.

프랑수아 슈아르, 《알렉산더》, 김주경 옮김, 해냄, 2004.

플루타르크, 《플루타르크 영웅전 전집 1·2》, 이성규 옮김, 현대지성사, 2013.

필립 드 수자·발데마르 헤켈·로이드 루엘린-존스, 《그리스 전쟁》, 오태경 옮김, 플래닛미디어, 2009.

필립 프리먼, 《제국을 만든 남자 카이사르》, 이주혜 옮김, 21세기북스, 2009.

헤로도토스, 《역사》, 천병희 옮김, 숲, 2009.

Anna Maria Liberti·Fabio Bourbon, *Rome : Splendours of an Ancient Civilization*, Thames & Hudson, 2005.

Donald Kagan, *Pericles of Athens and the Birth of Democracy*, The Free Press, 1990.

National Geographic, *National Geographic History 2020*. 1/2, Generic, 2019.

Nigel Rodgers, *The Ancient Greek World : People and Places*, Lorenz Books, 2010.

Russell Meiggs, *The Athenian Empire*, Oxford University Press, 1979.

Thomas Harrison, *The Great Empire of the Ancient World*, Thames & Hudson, 2009.

Tim Cornell·John Matthews, *Atlas of the Roman World*, Fact On File, 1982.

Encyclopedia Britannica (https://www.britannica.com/)

그림 및 사진 출처

페르시아 전쟁

기원전 546년 사르디스
리디아가 멸망하고 페르시아가 일어서다

21쪽 〈Bust of Herodotus〉, Metropolitan Museum

22쪽 Gaspar van den Hoecke, 〈Croesus showing his treasures to Solon〉, 1630s

25쪽 Getty Images Bank

기원전 480년 테르모필레
스파르타의 300 전사, 자유를 위해 죽다

65쪽 Joseph Pulitzer Bequest, 〈Head of a Persian guard〉(B.C. 486~B.C. 465), 1955, Metropolitan Museum

72쪽 Jacques Louis David, 〈Leonidas at Thermopylae〉, 1814, Musée du Louvre

기원전 480년 살라미스
민주주의에 의한, 민주주의를 위한 전쟁이 시작되다

79쪽 〈Bust of Themistocles〉, B.C. 400, Vatican Museum

91쪽 Wilhelm von Kaulbach, 〈Battle of Salamis〉, 1868, Munich

펠로폰네소스 전쟁

기원전 432년 스파르타
스파르타와 아테네, 전쟁을 결심하다

기원전 429년 아테네
페리클레스가 죽고, 아테네가 흔들리다

기원전 427년 미틸레네
수많은 폴리스가 비참한 운명에 처하다

기원전 422년 암피폴리스
브라시다스와 클레온이 죽고, 가짜 평화가 찾아오다

기원전 414년 시라쿠사
아테네의 대규모 원정이 실패로 돌아가다

205쪽 William Jennings Bryan, Francis Whiting Halsey, *The World's Famous Orations*, Vol. 1, 1906

206쪽 〈Bust Alcibiades〉, B.C. 4C, Capitoline Museum

207쪽 François André Vincent, 〈Alcibiade recevant les leçons de Socrate〉, 1776, Fabre Museum

213쪽 〈Terracotta votive plaque dedicated by Ninnion to the two great goddesses of Eleusis〉, The National Archaeological Museum of Athens

218쪽 Getty Images Bank

219쪽 *The illustrated history of the world*, 1881~1884

기원전 406년 아르기누사이
아테네가 패배하고, 스파르타가 승리하다

228쪽 Francesco Antonio Grue, 〈Meeting between Cyrus the Younger and Lysander〉, 17C

234쪽 *The illustrated history of the world*, 1881~1884

238쪽 *The illustrated history of the world*, 1881~1884

알렉산드로스 전쟁
기원전 371년 레욱트라
스파르타의 패권이 무너지다

251쪽 〈Marble Bust of Aristotle〉, The National Archaeological Museum of Athens

253쪽 Séran de la Tour, *Histoire D'epaminondas*, 1752, The Archaeological Museum of Thebes

에게해의 시대

255쪽 Isaac Walraven, 〈The death bed of Epaminondas, commander of the Theban army in the battle against Sparta〉, 1726, Rijksmuseum Twenthe

256쪽 Getty Images Bank

기원전 334년 그라니쿠스
알렉산드로스의 동방 원정이 시작되다

277쪽 〈Relief inspired by the everyday life of Alexander the Great〉, Athens War Museum

278쪽 Charles Le Brun, 〈Le Passage du Granique〉, 1665, Louvre Museum

286쪽 Antonio Tempesta, 〈Alexander Cutting the Gordian Knot, from The Deeds of Alexander the Great〉, 1608, The Metropolitan Museum of Art

287쪽 〈Alexander Mosaic〉, House of the Faun, Pompeii, B.C. 100c

기원전 331년 가우가멜라
페르시아를 정복하고 인도로 나아가다

292쪽 Jan Brueghel the Elder, 〈Battle of Gaugamela〉, 1602

293쪽 André Castaigne, 〈The charge of the Persian scythed chariots at the battle of Gaugamela〉, 1898~1899

295쪽 Antonio Tempesta, 〈Alexander's triumphal entry into Babylon〉, 1608, The Metropolitan Museum of Art

297쪽 Antonio Tempesta, 〈Alexander attacking Tyre from the sea〉, 1608, The Metropolitan Museum of Art

299쪽 Placido Costanzi, 〈Alexander the Great founding Alexandria〉, 1736/1737

300쪽 〈Marble head of Zeus Amon〉, 1C, The Metropolitan Museum of Art

303쪽 Peter Paul Rubens, 〈The Coronation of Roxana by Alexander the Great〉, 1640

기원전 323년 바빌론
알렉산드로스, 불멸의 존재가 되다

308쪽 Charles F. Horne and Julius A. Bewer(ed.), *The Bible and its Story Taught by One Thousand Picture Lessons*, Francis R. Niglutsch, New York, 1908

312쪽 Nicolaes Pieterszoon Berchem, 〈The army of Porus and its elephants are conquered by Alexander〉, 1670c

313쪽 Charles Le Brun, 〈Alexander and Porus〉(부분), 1665, Louvre Museum

314쪽 Giuseppe Cades, 〈Alexander the Great refuses to take water〉, 1792, Hermitage Museum

316쪽 〈The weddings at Susa〉, 19C

320쪽 Andre Castaigne, 〈The killing of Cleitus by Alexander the Great〉, 1899

헬레니즘 전쟁

기원전 323년 라미아
아테네의 항복으로 찬란한 폴리스 시대가 끝나다

338쪽 Charles Brocas, 〈The death of Phocion〉, 1804

339쪽 Raphael, 〈School of Athens〉, 1511, Vatican Museums

기원전 321년 나일강
후계자들, 알렉산드로스의 시신을 두고 싸우다

343쪽 〈Alexander death bed〉, *Hellenic Institute Codex gr5*, 14C

344쪽 〈Gold stater of Ptolemy Ⅰ〉, B.C. 305?~284?, The Metropolitan Museum of Art

344쪽 〈Tetradrachm of Seleucus Ⅰ〉, B.C. 312~281, The Metropolitan Museum of Art

351쪽 Jean Joseph Taillasson, 〈Cassandre et Olympias〉, Musée des Beaux Arts de Brest

기원전 301년 입소스
하나의 제국이 깨지고, 세 왕국이 살아남다
358쪽 Getty Images Bank

기원전 168년 피드나
로마가 마케도니아를 멸망시키다
367쪽 Andrea del Verrocchio, 〈The Battle of Pydna〉, 1475c, Musée Jacquemart André

368쪽 Antoine Charles Horace Vernet, 〈The Triumph of Aemilius Paulus〉, 1789, The Metropolitan Museum of Art

371쪽 〈Bilingual edict (Greek and Aramaic) 3rd century BC by Indian Buddhist King Ashoka, see Edicts of Ashoka〉, from Kandahar, Kabul Museum

373쪽 Getty Images Bank

377쪽 Jean Pierre Saint Ours, 〈Titus Quincticus Flaminius Granting Liberty to Greece at the Isthmian Games〉, 1780, Los Angeles County Museum of Art

379쪽 Getty Images Bank

381쪽 Jean François Pierre Peyron, 〈King Perseus before Aemilius Paulus〉, 1802, Museum of Fine Arts(Budapest)

383쪽 Louis Jean François Lagrenée, 〈Popilius envoyé en ambassade auprès d'Antiochus Epiphane pour arrêter le cours de ses ravages en Egypte〉, 1779

기원전 31년 악티움
헬레니즘 시대가 가고 로마의 시대가 열리다

388쪽 Getty Images Bank

390쪽 Lorenzo A. Castro, 〈The Battle of Actium〉, 1672, National Maritime Museum

392쪽 Giovanni Battista Tiepolo, 〈The Caprture of Carthage〉, 18C, The Metropolitan Museum of Art

393쪽 François Jean Baptiste Topino Lebrun, 〈The Death of Gaius Gracchus〉, 1798

394쪽 Giovanni Battista Tiepolo, 〈The Triumph of Marius〉, 18C, The Metropolitan Museum of Art

395쪽 Andrea di Pietro di Marco Ferrucci, 〈Julius Caesar〉, 16C, The Metropolitan Museum of Art

396쪽 Gabriel de Saint Aubin, 〈The Triumph of Pompey〉, 1765, The Metropolitan Museum of Art

397쪽 Lionel Royer, 〈Vercingetorix Throwing down His Weapons at the feet of Julius Caesar〉, 1899, Musée Crozatier

399쪽 Patrick Bruel, 〈Morte di Giulio Cesare〉, 1804/1805, Galleria nazionale d'arte moderna e contemporanea

403쪽 Giovanni Battista Tiepolo, 〈The Meeting of Antony and Cleopatra〉, 18C, The Metropolitan Museum of Art

405쪽 Reginald Arthur, 〈The Death of Cleopatra〉, 1892, Roy Miles Gallery, London

* 출처를 표기하지 않은 사진은 모두 저자가 제공한 것입니다.
* 본문의 도판은 《펠로폰네소스 전쟁사》(도널드 케이건, 까치, 2006), 《아틀라스

세계사》(지오프리 파커, 사계절, 2004), 〈내셔널지오그래픽 히스토리〉(2020년 1·2월 호, 내셔널지오그래픽, 2019) 등의 자료를 참고해 구성했습니다.

에게해의 시대

초판 1쇄 발행일 2020년 6월 25일
초판 2쇄 발행일 2021년 12월 30일

지은이 송동훈

발행인 박헌용, 윤호권
편집 김예지 **디자인** 김지연
발행처 ㈜시공사 **주소** 서울시 성동구 상원1길 22, 6-8층(우편번호 04779)
대표전화 02-3486-6877 **팩스(주문)** 02-585-1755
홈페이지 www.sigongsa.com / www.sigongjunior.com

ISBN 978-89-527-7009-7 03900

*시공사는 시공간을 넘는 무한한 콘텐츠 세상을 만듭니다.
*시공사는 더 나은 내일을 함께 만들 여러분의 소중한 의견을 기다립니다.
*잘못 만들어진 책은 구입하신 곳에서 바꾸어 드립니다.